Phaedrus | Fabulae/Fabeln

Phaedrus
Fabulae
Fabeln

Lateinisch / Deutsch

Herausgegeben und übersetzt
von Carolin Ritter

Reclam

RECLAMS UNIVERSAL-BIBLIOTHEK Nr. 14340
2023 Philipp Reclam jun. Verlag GmbH,
Siemensstraße 32, 71254 Ditzingen
info@reclam.de
Gestaltung: Cornelia Feyll, Friedrich Forssman
Druck und Bindung: Elanders Waiblingen GmbH,
Anton-Schmidt-Straße 15, 71332 Waiblingen
Printed in Germany 2025
RECLAM, UNIVERSAL-BIBLIOTHEK und
RECLAMS UNIVERSAL-BIBLIOTHEK sind eingetragene Marken
der Philipp Reclam jun. GmbH & Co. KG, Stuttgart
ISBN 978-3-15-014340-7
reclam.de

Liber Fabularum
Das Buch der Fabeln

Liber primus

Prologus

Aesopus auctor quam materiam repperit,
hanc ego polivi versibus senariis.
Duplex libelli dos est: quod risum movet
et quod prudentis vitam consilio monet.
Calumniari si quis autem voluerit,
quod arbores loquantur, non tantum ferae,
fictis iocari nos meminerit fabulis.

1. Lupus et agnus

Ad rivum eundem lupus et agnus venerant
siti compulsi. Superior stabat lupus
longeque inferior agnus. Tunc fauce improba
latro incitatus iurgii causam intulit:
»Cur«, inquit, »turbulentam fecisti mihi
aquam bibenti?« Laniger contra timens:
»Qui possum, quaeso, facere, quod quereris, lupe?
A te decurrit ad meos haustus liquor.«
Repulsus ille veritatis viribus,
»Ante hos sex menses male«, ait, »dixisti mihi.«
Respondit agnus: »Equidem natus non eram.«
»Pater hercle tuus«, ille inquit, »male dixit mihi«;
atque ita correptum lacerat iniusta nece.
   Haec propter illos scripta est homines fabula,
qui fictis causis innocentes opprimunt.

Erstes Buch

Prolog

Diesen Stoff, den Äsop als Erster fand, habe ich in senarischen Versen zum Glänzen gebracht. Die Gabe des Büchleins ist zweifach: Es regt zum Lachen an und gibt Rat für das Leben des klugen Lesers. Wenn jemand aber böse Kritik üben wollte, dass die Bäume, nicht nur die Tiere reden, soll er daran denken, dass ich mit erfundenen Fabeln meine Scherze treibe.

1. Der Wolf und das Lamm

Ein Wolf und ein Lamm waren, von Durst getrieben, an denselben Bach gekommen. Weiter oben stand der Wolf und viel tiefer darunter das Lamm. Dann fand der Räuber einen Grund zum Streit, da sein gieriger Schlund ihn antrieb: »Warum«, sagte er, »hast du mir, als ich trank, das Wasser aufgewirbelt?« Das wolletragende Tier dagegen sprach ängstlich: »Wie kann ich denn bitte das tun, was du beklagst, Wolf? Das Wasser fließt von dir zu meiner Trinkstelle hinab.« Von der Macht der Wahrheit widerlegt, sagte jener: »Vor sechs Monaten hast du mich beleidigt.« Das Lamm erwiderte: »Ich für meinen Teil war da noch nicht geboren.« »Dein Vater, beim Herkules«, sagte jener, »hat mich beleidigt.« Und so packt er es und zerfleischt es in einem ungerechten Mord.

Diese Fabel wurde wegen jener Menschen verfasst, die aus erfundenen Gründen Unschuldige bedrängen.

2. Ranae regem petierunt

Athenae cum florerent aequis legibus,
procax libertas civitatem miscuit
frenumque solvit pristinum licentia.
Hic conspiratis factionum partibus
arcem tyrannus occupat Pisistratus.
Cum tristem servitutem flerent Attici
(non quia crudelis ille, sed quoniam grave
omnino insuetis onus), et coepissent queri,
Aesopus talem tum fabellam rettulit:
Ranae, vagantes liberis paludibus,
clamore magno regem petiere ab Iove,
qui dissolutos mores vi compesceret.
Pater deorum risit atque illis dedit
parvum tigillum, missum quod subito vadi
motu sonoque terruit pavidum genus.
Hoc mersum limo cum iaceret diutius,
forte una tacite profert e stagno caput
et explorato rege cunctas evocat.
Illae timore posito certatim annatant
lignumque supra turba petulans insilit.
Quod cum inquinassent omni contumelia,
alium rogantes regem misere ad Iovem,
inutilis quoniam esset qui fuerat datus.
Tum misit illis hydrum, qui dente aspero
corripere coepit singulas. Frustra necem
fugitant inertes, vocem praecludit metus.
Furtim igitur dant Mercurio mandata ad Iovem,
afflictis ut succurrat. Tunc contra deus:

2. Die Frösche forderten einen König

Als Athen durch gleiche Rechte in seiner Blüte stand, brachte ungehemmte Freiheit die Bürgerschaft durcheinander und Ausgelassenheit lockerte den ehemals straffen Zügel. Da verschwören sich verschiedene Parteien, und der Tyrann Peisistratos besetzt die Burg. Als die Athener ihre bittere Knechtschaft beweinten (nicht weil jener grausam war, sondern weil die Bürde für die, die es nicht gewohnt waren, überhaupt schwer war) und zu klagen begonnen hatten, da erzählte Äsop die folgende Fabel:

Als die Frösche in ihren freien Sümpfen umhersprangen, forderten sie von Jupiter lauthals einen König, der die losen Sitten mit Gewalt in den Griff bekommen sollte. Der Göttervater lachte und gab jenen einen kleinen Holzbalken. Plötzlich fallen gelassen, erschreckte dieser durch die Bewegung des Wassers und das Geräusch das furchtsame Geschlecht. Als er länger im Schlamm versenkt dalag, erhebt zufällig ein Frosch lautlos seinen Kopf aus dem Tümpel und ruft alle herbei, nachdem er den König näher erforscht hat. Jene verlieren ihre Furcht, schwimmen um die Wette heran, und frech springt die Schar oben auf das Holz. Nachdem sie es mit jeder Schmach beschmiert hatten, schickten sie Frösche zu Jupiter, die um einen neuen König baten, da ja der, der ihnen gegeben worden war, untauglich sei. Darauf schickte er jenen eine Wasserschlange, die begann, mit ihrem spitzen Zahn über sie einzeln herzufallen. Schwach flüchten sie vergeblich vor dem Tod, die Furcht verschlägt ihnen die Stimme. Heimlich übergeben sie Merkur also die Botschaft an Jupiter, dass er ihnen in ihrem Elend zu Hilfe komme. Dann entgegnet der Gott: »Weil ihr

»Quia noluistis vestrum ferre«, inquit, »bonum,
malum perferte.« »Vos quoque, o cives«, ait,
»hoc sustinete, maius ne veniat, malum.«

3. Graculus superbus et pavo

Ne gloriari libeat alienis bonis
suoque potius habitu vitam degere,
Aesopus nobis hoc exemplum prodidit.
Tumens inani graculus superbia
pennas, pavoni quae deciderant, sustulit
seque exornavit. Deinde contemnens suos
se immiscuit pavonum formoso gregi.
Illi impudenti pennas eripiunt avi
fugantque rostris. Male mulcatus graculus
redire maerens coepit ad proprium genus;
a quo repulsus tristem sustinuit notam.
Tum quidam ex illis, quos prius despexerat:
»Contentus nostris si fuisses sedibus
et quod natura dederat voluisses pati,
nec illam expertus esses contumeliam
nec hanc repulsam tua sentiret calamitas.«

4. Canis per fluvium carnem ferens

Amittit merito proprium qui alienum appetit.
Canis per flumen carnem cum ferret natans,
lympharum in speculo vidit simulacrum suum,
aliamque praedam ab alio cane ferri putans
eripere voluit; verum decepta aviditas

das Gute, das ihr hattet, nicht ertragen wolltet, ertragt nun das Schlechte.« »Auch ihr, o Bürger«, sagt er [Äsop], »haltet dieses Übel aus, damit kein größeres komme.«

3. Die hochmütige Dohle und der Pfau

Damit man nicht gern mit fremden Gütern prahlt und sein Leben lieber in eigenen Verhältnissen verbringt, hat Äsop uns dieses Beispiel hinterlassen.

Eine von eitlem Hochmut aufgeblähte Dohle hob Federn auf, die dem Pfau abgefallen waren, und schmückte sich mit ihnen. Dann mischte sie sich unter die schöne Pfauenschar, weil sie auf ihresgleichen herabsah. Diese reißen dem unverschämten Vogel die Federn heraus und verjagen ihn mit ihren Schnäbeln. Die übel zugerichtete Dohle machte sich daran, traurig zu ihrer eigenen Art zurückzukehren. Von dieser zurückgestoßen, musste sie das bittere Schandmal ertragen. Darauf sprach eine von jenen, die sie zuvor verachtet hatte: »Wenn du mit einem Platz unter uns zufrieden gewesen wärst und gerne das angenommen hättest, was die Natur dir gegeben hatte, dann hättest du weder jene Schmach erfahren, noch bekäme dein Unglück solche Zurückweisung zu spüren.«

4. Der Hund, der ein Stück Fleisch durch einen Fluss trug

Wer Fremdes begehrt, verliert das Eigene verdientermaßen. Als ein Hund durch einen Fluss schwamm und dabei ein Stück Fleisch trug, sah er sein Bild im Spiegel des Wassers, und weil er glaubte, dass ein anderer Hund andere Beute trug, wollte er sie ihm entreißen. Aber die Gier

et, quem tenebat, ore dimisit cibum
nec, quem petebat, potuit adeo attingere.

5. Vacca et capella, ovis et leo

Numquam est fidelis cum potente societas;
testatur haec fabella propositum meum.
Vacca et capella et patiens ovis iniuriae
socii fuere cum leone in saltibus.
Hi cum cepissent cervum vasti corporis,
sic est locutus, partibus factis, leo:
»Ego primam tollo, nominor quoniam leo;
secundam, quia sum fortis, tribuetis mihi;
tum, quia plus valeo, me sequetur tertia;
malo afficietur si quis quartam tetigerit.«
Sic totam praedam sola improbitas abstulit.

6. Ranae ad solem

Vicinis furis celebres vidit nuptias
Aesopus et continuo narrare incipit:
Uxorem quondam Sol cum vellet ducere,
clamorem ranae sustulere ad sidera.
Convicio permotus quaerit Iuppiter
causam querelae. Quaedam tum stagni incola:
»Nunc«, inquit, »omnes unus exurit lacus
cogitque miseras arida sede emori.
Quidnam futurum est, si crearit liberos?«

wurde getäuscht, und er ließ die Speise, die er hielt, aus dem Maul fallen, und nicht konnte er die so berühren, nach der er zu greifen versuchte.

5. Die Kuh und die Ziege, das Schaf und der Löwe

Ein Bündnis mit einem Mächtigen ist niemals verlässlich. Die folgende Fabel bestätigt meine Annahme.

Eine Kuh, eine Ziege und ein Schaf, das geduldig darin war, Unrecht zu ertragen, waren in den Wäldern mit einem Löwen verbündet. Als sie einen Hirsch von ungeheurer Körpergröße erbeutet hatten, sprach der Löwe nach Aufteilung der Beute so: »Ich nehme das erste Stück, weil ich Löwe heiße. Das zweite werdet ihr mir schenken, weil ich stark bin. Dann wird mir das dritte zufallen, weil ich mehr Macht habe. Wenn irgendjemand das vierte berührt, wird er Unheil erleiden.«

So strich die Schamlosigkeit allein die ganze Beute ein.

6. Die Frösche an die Sonne

Äsop sah die von vielen Gästen besuchte Hochzeit eines Diebes in der Nachbarschaft und begann sogleich zu erzählen:

Als der Sonnengott eines Tages heiraten wollte, erhoben die Frösche ein Geschrei zu den Sternen. Aufgebracht von dem lauten Gequake, fragt Jupiter nach dem Grund für die Klage. Da entgegnet ein Tümpelbewohner: »Jetzt trocknet schon eine einzige Sonne alle Seen aus und zwingt uns arme Geschöpfe, auf trockenem Grund zu sterben. Was wird denn erst geschehen, wenn sie Kinder gezeugt hat?«

7. Vulpis ad personam tragicam

Personam tragicam forte vulpes viderat:
»O quanta species«, inquit, »cerebrum non habet!«
Hoc illis dictum est, quibus honorem et gloriam
Fortuna tribuit, sensum communem abstulit.

8. Lupus et gruis

Qui pretium meriti ab improbis desiderat,
bis peccat: primum quoniam indignos adiuvat,
impune abire deinde quia iam non potest.
Os devoratum fauce cum haereret lupi,
magno dolore victus coepit singulos
illicere pretio, ut illud extraherent malum.
Tandem persuasa est iure iurando gruis,
gulaeque credens colli longitudinem,
periculosam fecit medicinam lupo.
Pro quo cum pactum flagitaret praemium:
»Ingrata es«, inquit, »ore quae nostro caput
incolume abstuleris et mercedem postules!«

7. Der Fuchs zur Tragödienmaske

Durch Zufall hatte ein Fuchs eine Tragödienmaske gesehen: »O welch schönes Angesicht«, sprach er, »hat aber kein Gehirn!«

Dieser Spruch ist für jene, denen Fortuna Ehre und Ruhm gegeben, aber den gesunden Menschenverstand genommen hat.

8. Der Wolf und der Kranich

Wer von Bösewichten einen Lohn für einen Dienst verlangt, sündigt doppelt: erstens, weil er denen hilft, die es nicht verdienen, zweitens, weil er nicht mehr ohne Blessuren davonkommt.

Als ein hinuntergeschlungener Knochen in der Kehle eines Wolfes feststeckte, begann er, von großem Schmerz überwältigt, einen nach dem anderen mit einer Belohnung anzulocken, damit sie ihm jenen üblen Fremdkörper herausziehen. Schließlich ließ sich ein Kranich mit einem Eid überreden, und indem er dem Schlund die Länge seines Halses anvertraute, unterzog er den Wolf einer gefahrvollen Behandlung. Als er die dafür abgemachte Belohnung einforderte, sagte der Wolf: »Du bist undankbar, weil du deinen Kopf unversehrt aus meinem Maul gezogen hast und Lohn forderst.«

9. Passer ad leporem consiliator

Sibi non cavere et aliis consilium dare
stultum esse paucis ostendamus versibus.
Oppressum ab aquila, fletus edentem graves,
leporem obiurgabat passer: »Ubi pernicitas
nota«, inquit, »illa est? Quid ita cessarunt pedes?«
Dum loquitur, ipsum accipiter necopinum rapit
questuque vano clamitantem interficit.
Lepus semianimus: »Mortis en solacium!
Qui modo securus nostra irridebas mala,
simili querela fata deploras tua.«

10. Lupus et vulpis iudice simio

Quicumque turpi fraude semel innotuit,
etiam si verum dicit, amittit fidem.
Hoc attestatur brevis Aesopi fabula.
Lupus arguebat vulpem furti crimine;
negabat illa se esse culpae proximam.
Tunc iudex inter illos sedit simius.
Uterque causam cum perorassent suam,
dixisse fertur simius sententiam:
»Tu non videris perdidisse quod petis;
te credo surripuisse quod pulchre negas.«

9. Der Sperling als Ratgeber zum Hasen

Dass es töricht ist, sich selbst nicht in Acht zu nehmen und anderen Ratschläge zu erteilen, will ich in wenigen Versen zeigen.

Nachdem ein Hase in den Griff eines Adlers geraten war, machte ein Sperling dem bitterlich weinenden Hasen Vorhaltungen. »Wo ist denn«, sagte er, »deine berühmte Flinkheit? Warum waren deine Läufe so langsam?« Während er spricht, reißt ein Habicht den Nichtsahnenden selbst und tötet ihn, als er in vergeblicher Klage laut aufschreit. Noch halblebendig spricht der Hase: »Da ist Trost im Tode! Du, der du gerade noch sorglos über mein Unglück lachtest, beweinst nun mit ähnlicher Klage dein eigenes Schicksal.«

10. Der Wolf und der Fuchs vor dem Affen als Richter

Wer einmal durch einen schändlichen Betrug bekannt geworden ist, verliert seine Glaubwürdigkeit, auch wenn er die Wahrheit spricht. Dies bezeugt die kurze Fabel des Äsop.

Ein Wolf bezichtigte einen Fuchs des Diebstahls. Jener leugnete, dass er mit dem Vergehen irgendetwas zu tun habe. Dann saß der Affe als Richter zwischen jenen. Nachdem jeder seine Sache vorgetragen hatte, soll der Affe seinen Urteilsspruch vorgebracht haben: »Du, Wolf, scheinst nicht verloren zu haben, was du zurückforderst. Du, Fuchs, glaube ich, hast gestohlen, was du auf so schöne Weise leugnest.«

11. Asinus et leo venantes

Virtutis expers, verbis iactans gloriam,
ignotos fallit, notis est derisui.
Venari asello comite cum vellet leo,
contexit illum frutice et admonuit simul,
ut insueta voce terreret feras,
fugientes ipse exciperet. Hic auritulus
clamorem subito totis tollit viribus
novoque turbat bestias miraculo.
Quae dum paventes exitus notos petunt,
leonis affliguntur horrendo impetu.
Qui postquam caede fessus est, asinum evocat
iubetque vocem premere. Tunc ille insolens:
»Qualis videtur opera tibi vocis meae?«
»Insignis«, inquit, »sic ut, nisi nossem tuum
animum genusque, simili fugissem metu.«

12. Cervus ad fontem

Laudatis utiliora quae contempseris
saepe inveniri testis haec narratio est.
Ad fontem cervus, cum bibisset, restitit
et in liquore vidit effigiem suam.
Ibi dum ramosa mirans laudat cornua
crurumque nimiam tenuitatem vituperat,
venantum subito vocibus conterritus

11. Der Esel und der Löwe auf der Jagd

Wer eine Tugend nicht besitzt, aber wortreich mit Ruhm prahlt, täuscht Unbekannte; für Menschen, die ihn kennen, wird er zum Gespött.

Als ein Löwe in Begleitung eines Esels jagen wollte, versteckte er jenen im Gebüsch und schärfte ihm zugleich ein, dass er mit seiner ungewohnten Stimme die wilden Tiere erschrecken solle, er selbst die Tiere abfangen werde, wenn sie fliehen. Und da schreit das Langohr plötzlich mit aller Kraft und scheucht die Tiere mit dem neuen Wundermittel auf. Während diese ängstlich die bekannten Schlupflöcher nehmen, werden sie durch den schrecklichen Angriff des Löwen niedergestreckt. Als dieser von dem Morden erschöpft ist, ruft er den Esel zu sich und befiehlt ihm, seine Stimme zu dämpfen. Da sagt jener unverschämt: »Wie erscheint dir die Leistung meiner Stimme?« »So ausgezeichnet«, antwortet der Löwe, »dass ich, wenn ich dein Gemüt und deine Art nicht gekannt hätte, mit einer ähnlichen Furcht geflohen wäre.«

12. Der Hirsch an der Quelle

Das, was man verachtet hat, ist häufig nützlicher als das, was man gelobt hat. Die folgende Fabel lässt sich als Zeuge dafür finden.

Ein Hirsch blieb an einer Quelle stehen, nachdem er getrunken hatte, und sah sein Spiegelbild im klaren Wasser. Während er dort bewundernd sein verästeltes Geweih lobt und ihm seine allzu dürren Beine missfallen, wird er plötzlich von den Rufen der Jäger erschreckt. Er begann,

per campum fugere coepit et cursu levi
canes elusit. Silva tum excepit ferum,
in qua retentis impeditus cornibus
lacerari coepit morsibus saevis canum.
Tunc moriens edidisse vocem hanc dicitur:
»O me infelicem, qui nunc demum intellego
utilia mihi quam fuerint quae despexeram,
et quae laudaram quantum luctus habuerint.«

13. Vulpis et corvus

Qui se laudari gaudet verbis subdolis,
fere dat poenas turpi paenitentia.
Cum de fenestra corvus raptum caseum
comesse vellet, celsa residens arbore,
vulpes hunc vidit, deinde sic coepit loqui:
»O qui tuarum, corve, pennarum est nitor!
Quantum decoris corpore et vultu geris!
Si vocem haberes, nulla prior ales foret.«
At ille stultus, dum vult vocem ostendere,
emisit ore caseum, quem celeriter
dolosa vulpes avidis rapuit dentibus.
Tum demum ingemuit corvi deceptus stupor.
[Hac re probatur quantum ingenium valet;
virtute semper praevalet sapientia.]

über das Feld zu fliehen, und trickste die Hunde mit seinem leichtfüßigen Lauf aus. Dann nahm der Wald das Wild auf, in dem es sich mit seinem Geweih verfing und zurückgehalten wurde. Langsam wurde es von den wilden Bissen der Hunde zerfleischt. Da soll es im Sterben die folgenden Worte von sich gegeben haben: »O, ich Unglücklicher, der ich jetzt erst erkenne, wie nützlich das für mich war, was ich verachtet hatte, und wie viel Leid mir das eingebracht hat, was ich gelobt hatte.«

13. Der Fuchs und der Rabe

Wer sich freut, wenn er mit hinterlistigen Worten gelobt wird, bezahlt dafür gewöhnlich mit schmachvoller Reue.

Als ein Rabe einen Käse fressen wollte, den er von einem Fenster geraubt hatte, und dabei auf einem hohen Baum saß, erspähte ihn ein Fuchs. Dann begann der, so zu reden: »O Rabe, welch einen Glanz hat dein Gefieder! Wie viel Anmut trägst du am Körper und in der Miene! Wenn du eine Stimme hättest, wäre dir kein Vogel voraus.« Aber während jener Dummkopf seine Stimme ertönen lassen wollte, ließ er den Käse aus seinem Schnabel fallen, den der listige Fuchs ihm schnell mit gierigen Zähnen raubte. Dann erst, nach ihrer Täuschung, stöhnte die Dummheit des Raben auf.

[Mit dieser Geschichte wird gezeigt, wie viel Schlauheit bewirken kann. Klugheit ist immer stärker als Kraft.]

14. Ex sutore medicus

Malus cum sutor inopia deperditus
medicinam ignoto facere coepisset loco
et venditaret falso antidotum nomine,
verbosis acquisivit sibi famam strophis.
Hic cum iaceret morbo confectus gravi
rex urbis, eius experiendi gratia
scyphum poposcit: fusa dein simulans aqua
miscere antidoto illius ⟨se⟩se toxicum,
hoc bibere iussit ipsum posito praemio.
Timore mortis ille tum confessus est
non artis ulla medicum se prudentia,
verum stupore vulgi factum nobilem.
Rex advocata contione haec addidit:
»Quantae putatis esse vos dementiae,
qui capita vestra non dubitatis credere,
cui calceandos nemo commisit pedes?«
Hoc pertinere vere ad illos dixerim,
quorum stultitia quaestus impudentiae est.

15. Asinus ad senem pastorem

In principatu commutando saepius
nil praeter domini nomen mutant pauperes.
Id esse verum parva haec fabella indicat.
Asellum in prato timidus pascebat senex.
Is hostium clamore subito territus

14. Vom Schuster zum Arzt

Als ein schlechter Schuster, durch Armut in den Ruin getrieben, begonnen hatte, an einem fremden Ort Heilkunst zu praktizieren, und ein Gegengift unter falschem Namen zum Verkauf anbot, machte er sich mit wortreichen Tricks einen Namen. Als hier der König der Stadt von schwerer Krankheit niedergestreckt dalag, verlangte er nach einem Becher, um ihn auf die Probe zu stellen. Nachdem der König Wasser hineingegossen hatte, tat er dann so, als vermischte er Gift mit dem Gegengift von jenem, und befahl dem Schuster selbst, es gegen eine in Aussicht gestellte Belohnung auszutrinken. In seiner Todesangst gestand jener dann, dass er nicht durch irgendeine spezielle Kenntnis der Heilkunst, sondern durch die Dummheit des Pöbels ein berühmter Arzt geworden war. Der König rief das Volk zusammen und sprach die folgenden Worte: »Wie groß schätzt ihr euren Wahnsinn ein, die ihr nicht zögert, euer Leben jemandem anzuvertrauen, dem niemand seine Füße gab, um Schuhe für sie anzufertigen?«

Ich darf wohl sagen, dass dies wahrhaft auf jene zutrifft, deren Dummheit die Einnahmequelle der Unverschämtheit ist.

15. Der Esel zu dem alten Hirten

Bei einem Wechsel der Herrschaft wechseln die Armen häufiger nichts als den Namen ihres Herrn. Dass dies wahr ist, zeigt die folgende kleine Fabel.

Einen Esel ließ ein ängstlicher Greis auf einer Wiese grasen. Der, plötzlich vom Geschrei der Feinde erschreckt,

suadebat asino fugere, ne possent capi.
At ille lentus: »Quaeso, num binas mihi
clitellas impositurum victorem putas?«
Senex negavit: »Ergo quid refert mea
cui serviam, clitellas dum portem unicas?«

16. Ovis, cervus et lupus

Fraudator homines cum advocat sponsum improbos,
non rem expedire, sed mala videre expetit.
Ovem rogabat cervus modium tritici
lupo sponsore. At illa praemetuens dolum:
»Rapere atque abire semper assuevit lupus;
tu de conspectu fugere veloci impetu.
Ubi vos requiram cum dies advenerit?«

17. Ovis, canis et lupus

Solent mendaces luere poenas malefici.
Calumniator ab ove cum peteret canis,
quem commendasse panem se contenderet,
lupus citatus testis non unum modo
deberi dixit, verum affirmavit decem.
Ovis damnata falso testimonio,
quod non debebat, solvit. Post paucos dies
bidens iacentem in fovea conspexit lupum:
»Haec«, inquit, »merces fraudis a superis datur.«

versuchte den Esel zur Flucht zu überreden, damit sie nicht gefangen genommen werden konnten. Jener erwiderte jedoch gleichmütig: »Ich bitte dich, glaubst du etwa, der Sieger würde mir zwei Packsättel aufbürden?« Der Greis verneinte. »Was kümmert es mich also, wem ich diene, solange ich nur *einen* Packsattel trage?«

16. Das Schaf, der Hirsch und der Wolf

Wenn ein Betrüger unredliche Menschen zu sich ruft, damit sie für ihn bürgen, strebt er nicht an, die Angelegenheit zu einer Lösung zu bringen, sondern einen unglücklichen Ausgang zu sehen.

Ein Hirsch bat ein Schaf um ein Maß Weizen; dabei war der Wolf Bürge. Doch jenes witterte eine List: »Der Wolf ist es von jeher gewohnt, zu rauben und dann zu verschwinden. Du bist es gewohnt, in Windeseile aus dem Blickfeld zu fliehen. Wo werde ich euch suchen, wenn der Zahltag gekommen ist?«

17. Das Schaf, der Hund und der Wolf

Lügner büßen gewöhnlich für ihre Übeltat. Als ein Hund als falscher Kläger von einem Schaf ein Brot einklagen wollte, von dem er behauptete, dass er es ihm anvertraut hatte, da wurde ein Wolf als Zeuge gerufen. Er gab an, dass es nicht nur eines schuldig sei, sondern behauptete, es seien zehn. Da das Schaf durch die Falschaussage verurteilt worden war, zahlte es, was es nicht schuldig war. Nach wenigen Tagen erblickte das Opfer den Wolf, als der in einer Grube lag, und sagte: »Dieser Lohn wird dir von den Oberen für deinen Betrug gegeben.«

18. Mulier parturiens

Nemo libenter recolit qui laesit locum.
Instante partu mulier actis mensibus
humi iacebat flebilis gemitus ciens.
Vir est hortatus, corpus lecto reciperet,
onus naturae melius quo deponeret.
»Minime«, inquit, »illo posse confido loco
malum finiri, quo conceptum est initio.«

19. Canis parturiens

Habent insidias hominis blanditiae mali;
quas ut vitemus versus subiecti monent.
Canis parturiens cum rogasset alteram,
ut fetum in eius tugurio deponeret,
facile impetravit. Dein reposcenti locum
preces admovit, tempus exorans breve,
dum firmiores catulos posset ducere.
Hoc quoque consumpto flagitare validius
cubile coepit. »Si mihi et turbae meae
par«, inquit, »esse potueris, cedam loco.«

20. Canes familici

Stultum consilium non modo effectu caret,
sed ad perniciem quoque mortales devocat.

18. Die gebärende Frau

Niemand kehrt gerne an den Ort zurück, der ihm Verletzungen einbrachte. Nachdem die Monate ihrer Schwangerschaft vergangen waren, lag eine Frau kurz vor der Geburt weinend und stöhnend am Boden. Der Mann ermunterte sie, ihren Körper ins Bett zu legen, damit sie die Last der Natur besser ablegen könne. »Keineswegs«, sagte sie, »glaube ich daran, dass das Übel dort beendet werden kann, wo es seinen Anfang genommen hat.«

19. Die gebärende Hündin

Die Schmeichelei eines bösen Menschen ist eine Falle. Dass wir ihr aus dem Weg gehen, dazu halten uns die nachfolgenden Verse an.

Als eine Hündin, die in den Wehen lag, eine andere gebeten hatte, ihre Jungen in deren Hütte gebären zu dürfen, erreichte sie es leicht. Als die Hündin dann ihren Platz zurückforderte, flehte sie sie weiter an und bat inständig um einen kurzen Aufschub, so lange, bis ihre Hündchen kräftig genug seien und sie sie wegführen könne. Als auch diese Zeit verstrichen war, begann die Hündin, ihr Lager eindringlicher zurückzufordern. »Wenn du mir und meiner Schar ein ebenbürtiger Gegner sein kannst«, sagte sie, »dann werde ich von diesem Platz weichen.«

20. Die hungrigen Hunde

Ein dummer Plan ist nicht nur wirkungslos, sondern stürzt die Sterblichen auch ins Verderben.

Corium depressum in fluvio viderunt canes.
Id ut comesse extractum possent facilius,
aquam coepere ebibere: sed rupti prius
periere quam quod petierant contingerent.

21. Leo senex, aper, taurus et asinus

Quicumque amisit dignitatem pristinam,
ignavis etiam iocus est in casu gravi.
Defectus annis et desertus viribus
leo cum iaceret spiritum extremum trahens,
aper fulmineis ad eum venit dentibus
et vindicavit ictu veterem iniuriam.
Infestis taurus mox confodit cornibus
hostile corpus. Asinus ut vidit ferum
impune laedi, calcibus frontem extudit.
At ille exspirans: »Fortes indigne tuli
mihi insultare: te, naturae dedecus,
quod ferre cogor, certe bis videor mori.«

22. Mustela et homo

Mustela ab homine prensa cum instantem necem
effugere vellet: »Parce, quaeso«, inquit, »mihi,
quae tibi molestis muribus purgo domum.«
Respondit ille: »Faceres si causa mea,
gratum esset et dedissem veniam supplici.
Nunc quia laboras ut fruaris reliquiis,
quas sunt rosuri, simul et ipsos devores,

Hunde sahen im Fluss eine untergetauchte Tierhaut. Um diese leichter herausziehen und auffressen zu können, begannen sie, das Wasser auszutrinken. Doch sie zerplatzten und kamen um, bevor sie erreichten, was sie begehrt hatten.

21. Der alte Löwe, der Eber, der Stier und der Esel

Wer sein einstiges Ansehen verloren hat, der wird in seinem tiefen Fall sogar zum Gespött für Taugenichtse.

Als ein Löwe, vom Alter geschwächt und von seinen Kräften verlassen, dalag und seinen letzten Atemzug nahm, kam ein Eber mit blitzenden Hauern zu ihm und rächte ein altes Unrecht mit einem Stoß. Bald durchbohrte ein Stier mit seinen angriffslustigen Hörnern den feindlichen Körper. Als ein Esel sah, dass das wilde Tier ungestraft verletzt wurde, schlug er dessen Stirn mit seinen Hufen. Dagegen sprach jener im Sterben: »Grollend habe ich ertragen, dass Starke mich verhöhnten. Zweimal scheine ich gewiss zu sterben, weil ich gezwungen werde, dich, Schande der Natur, zu ertragen.«

22. Das Wiesel und der Mensch

Als ein Wiesel, das von einem Menschen gefangen worden war, seinem bevorstehenden Tod entkommen wollte, sprach es: »Schone mich, ich flehe dich an, der ich dir dein Haus von lästigen Mäusen sauber halten kann.« Jener antwortete: »Wenn du es um meinetwillen tätest, wäre es mir willkommen, und ich hätte dir, der du so demütig bittest, Gnade gewährt. Da du dich nun aber abmühst, um die

noli imputare vanum beneficium mihi.«
Atque ita locutus improbam leto dedit.
Hoc in se dictum debent illi agnoscere,
quorum privata servit utilitas sibi,
et meritum inane iactant imprudentibus.

23. Canis fidelis

Repente liberalis stultis gratus est,
verum peritis irritos tendit dolos.
Nocturnus cum fur panem misisset cani,
obiecto temptans an cibo posset capi:
»Heus«, inquit, »linguam vis meam praecludere,
ne latrem pro re domini? Multum falleris;
namque ista subita me iubet benignitas
vigilare, facias ne mea culpa lucrum.«

24. Rana rupta et bos

Inops, potentem dum vult imitari, perit.
In prato quondam rana conspexit bovem
et tacta invidia tantae magnitudinis
rugosam inflavit pellem: tum natos suos
interrogavit, an bove esset latior.
Illi negarunt. Rursus intendit cutem
maiore nisu et simili quaesivit modo,
quis maior esset. Illi dixerunt: »bovem«.

Reste zu genießen, die die Mäuse abnagen wollen, und um zugleich die Mäuse selbst zu verschlingen, stelle mir keine falsche Wohltat in Rechnung.« Und als er mit solchen Worten sprach, übergab er den Übeltäter dem Tod.

Dass dies an sie selbst gerichtet ist, müssen jene erkennen, die nur auf ihren eigenen Vorteil bedacht sind und Unwissenden gegenüber mit einem Verdienst prahlen, das keines ist.

23. Der treue Hund

Wer sich plötzlich freigebig zeigt, ist bei Dummköpfen beliebt, aber Erfahrenen stellt er vergeblich eine Falle.

Als eines Nachts ein Dieb einem Hund Brot zugeworfen hatte, um zu prüfen, ob er durch das zugeworfene Futter ruhiggestellt werden könne, sagte der: »He! Willst du mir das Maul stopfen, damit ich nicht für den Besitz meines Herrn belle? Da täuschst du dich gewaltig. Denn deine plötzliche Freundlichkeit gebietet mir, auf der Hut zu sein, damit du nicht durch meine Schuld Gewinn machst.«

24. Der zerplatzte Frosch und das Rind

Der Unvermögende geht zugrunde, während er dem Mächtigen gleichkommen will. Einst erblickte ein Frosch auf einer Wiese ein Rind. Da er von Neid auf solche Größe ergriffen war, blies er seine runzelige Haut auf. Dann fragte er seine Kinder, ob er von größerem Umfang sei als das Rind. Jene verneinten. Wieder spannte er seine Haut mit noch größerer Anstrengung und fragte auf ähnliche Weise, wer größer sei. Jene antworteten: »Das Rind.« Während er

Novissime indignata, dum vult validius
inflare sese, rupto iacuit corpore.

25. Canes et corcodilli

Consilia qui dant prava cautis hominibus,
et perdunt operam et deridentur turpiter.
Canes currentes bibere in Nilo flumine,
a corcodillis ne rapiantur, traditum est.
Igitur cum currens bibere coepisset canis,
sic corcodillus: »Quamlibet lambe otio;
noli vereri.« At ille: »Facerem mehercule,
nisi esse scirem carnis te cupidum meae.«

26. Vulpis et ciconia

Nulli nocendum: si quis vero laeserit,
multandum simili iure fabella admonet.
Vulpes ad cenam dicitur ciconiam
prior invitasse et illi in patina liquidam
posuisse sorbitionem, quam nullo modo
gustare esuriens potuerit ciconia.
Quae vulpem cum revocasset, intrito cibo
plenam lagonam posuit; huic rostrum inserens
satiatur ipsa et torquet convivam fame.
Quae cum lagonae collum frustra lamberet,
peregrinam sic locutam volucrem accepimus:
»Sua quisque exempla debet aequo animo pati.«

sich zuletzt, erzürnt, noch stärker aufblasen wollte, zerplatzte sein Körper, und er lag da.

25. Die Hunde und die Krokodile

Wer wachsamen Menschen falsche Ratschläge gibt, verschwendet nicht nur seine Mühe, sondern wird auch schändlich ausgelacht.

Man sagt, dass Hunde im Laufen aus dem Nil trinken, damit sie nicht von Krokodilen fortgerissen werden. Als also ein Hund begonnen hatte, im Laufen zu trinken, sprach ein Krokodil so: »Schlabber nur in Ruhe, wie auch immer du magst. Hab keine Angst.« Aber jener entgegnete: »Beim Herkules, das würde ich tun, wenn ich nicht wüsste, dass du Appetit auf mein Fleisch hast.«

26. Der Fuchs und der Storch

Niemandem darf geschadet werden. Wenn jemand allerdings eine Verletzung verursacht hat, so lehrt die Fabel, muss er nach gleichem Recht bestraft werden.

Ein Fuchs soll zuerst einen Storch zum Essen eingeladen und jenem eine flüssige Brühe in einer flachen Schüssel aufgetischt haben, von der der hungrige Storch auf keine ihm mögliche Weise kosten konnte. Nachdem dieser wiederum den Fuchs eingeladen hatte, reichte er ihm eine Flasche, die mit Essensbrocken gefüllt war. Der Storch selbst steckt seinen Schnabel hinein, isst sich satt und quält seinen Gast mit Hunger. Als der Fuchs vergeblich an dem Hals der Flasche leckte, soll der Zugvogel so gesprochen haben: »Jeder muss das Beispiel, das er selbst gegeben hat, mit Gleichmut ertragen.«

27. Canis et thesaurus et vulturius

Haec res avaris esse conveniens potest
et qui, humiles nati, dici locupletes student.
Humana effodiens ossa thesaurum canis
invenit et, violarat quia Manes deos,
iniecta est illi divitiarum cupiditas,
poenas ut sanctae Religioni penderet.
Itaque aurum dum custodit oblitus cibi,
fame est consumptus. Quem stans vulturius super
fertur locutus: »O canis, merito iaces,
qui concupisti subito regales opes,
trivio conceptus, educatus stercore.«

28. Vulpis et aquila

Quamvis sublimes debent humiles metuere,
vindicta docili quia patet sollertiae.
Vulpinos catulos aquila quondam sustulit
nidoque posuit pullis, escam ut carperent.
Hanc persecuta mater orare incipit,
ne tantum miserae luctum importaret sibi.
Contempsit illa, tuta quippe ipso loco.
Vulpes ab ara rapuit ardentem facem
totamque flammis arborem circumdedit,
hosti dolorem damno miscens sanguinis.
Aquila, ut periclo mortis eriperet suos,
incolumes natos supplex vulpi tradidit.

27. Der Hund, der Schatz und der Geier

Diese Fabel kann für Geizige zutreffend sein und für solche, die aus ärmlichen Verhältnissen stammen und alles daransetzen, als wohlhabend zu gelten.

Ein Hund fand, als er menschliche Knochen ausbuddelte, einen Schatz, und weil er die göttlichen Manen beleidigt hatte, wurde ihm Habgier als Bann auferlegt, damit er eine Strafe im Dienste heiliger Gottesfurcht verbüßte. Während er daher Gold bewachte und darüber sein Essen vergaß, verhungerte er. Ein Geier, der über ihm stand, soll gesagt haben: »Ach, Hund! Verdient liegst du da, der du dir plötzlich königlichen Reichtum gewünscht hast, obwohl du in der Gosse gezeugt und im Dreck erzogen wurdest.«

28. Die Füchsin und der Adler

Noch so Erhabene sollen Menschen niederen Standes fürchten, da Strafe für gelehrige Schlauheit leicht zu ersinnen ist.

Einst nahm ein Adler Jungfüchse mit sich in die Höhe und legte sie zu seinen Küken ins Nest, damit die ihr Futter zerrupften. Die Fuchsmutter folgte ihm und begann, darum zu bitten, dass er ihr, der Unglücklichen, keine so große Trauer bereiten möge. Der Adler behandelte sie geringschätzig; freilich war er an seinem Platz selbst sicher. Die Füchsin riss eine brennende Fackel vom Altar und legte um den ganzen Baum herum Feuer. Dabei vermischte sie für den Feind den Schmerz mit dem Verlust des eigenen Fleisches und Blutes. Um seine eigenen Jungen der Todesgefahr zu entreißen, übergab der Adler demütig der Füchsin die noch unversehrten Kinder.

29. Asinus irridens aprum

Plerumque stulti risum dum captant levem,
gravi destringunt alios contumelia
et sibi nocivum concitant periculum.
Asellus apro cum fuisset obvius:
»Salve«, inquit, »frater«. Ille indignans repudiat
officium et quaerit, cur sic mentiri velit.
Asinus demisso pene: »Similem si negas
tibi me esse, certe simile est hoc rostro tuo.«
Aper, cum vellet facere generosum impetum,
repressit iram et: »Facilis vindicta est mihi,
sed inquinari nolo ignavo sanguine.«

30. Ranae metuentes taurorum praelia

Humiles laborant ubi potentes dissident.
Rana in palude pugnam taurorum intuens,
»Heu, quanta nobis instat pernicies!«, ait.
Interrogata ab alia cur hoc diceret,
de principatu cum illi certarent gregis
longeque ab ipsis degerent vitam boves:
»Est statio separata ac diversum genus;
expulsus regno nemoris qui profugerit,
paludis in secreta veniet latibula
et proculcatas obteret duro pede.
Ita caput ad nostrum furor illorum pertinet.«

29. Der Esel verspottet den Eber

Indem Dummköpfe zu heiterem Gelächter anregen, treffen sie meist andere durch schwere Beleidigung und bereiten sich selbst eine schädliche Gefahr.

Als ein Esel einem Eber begegnete, sagte er: »Sei gegrüßt, Bruder!« Der weist die Begrüßung empört zurück und fragt, warum er so absichtlich lüge. Da lässt der Esel seinen Penis herunter und sagt: »Wenn du leugnest, dass ich dir ähnlich bin, ist dies doch gewiss deinem Rüssel ähnlich.« Als der Eber im Begriff war, ihn nach seiner edlen Art anzugreifen, unterdrückte er seinen Zorn und sagte: »Rache würde mir leichtfallen, aber ich will mich nicht durch feiges Blut verunreinigen.«

30. Die Frösche fürchten die Kämpfe der Stiere

Niedere leiden, wenn Mächtige sich streiten. Ein Frosch sah im Sumpf bei einem Stierkampf zu und rief: »Ach! Welch großes Unglück droht uns!« Auf die Frage eines anderen Froschs, warum er das sage, während jene Stiere doch nur um die Herrschaft über ihre Herde kämpften und ihr Leben weit von ihnen entfernt verbrächten, antwortete er: »Der Ort liegt gewiss weit ab, und ihre Art unterscheidet sich von der unseren. Derjenige aber, der, aus seinem Waldreich vertrieben, flieht, wird in die geheimen Verstecke des Sumpfes kommen, uns niedertreten und mit seinem harten Huf zerquetschen. So betrifft ihre Raserei unser Leben.«

31. Milvus et columbae

Qui se committit homini tutandum improbo,
auxilia dum requirit, exitium invenit.
Columbae saepe cum fugissent milvum
et celeritate pennae vitassent necem,
consilium raptor vertit ad fallaciam
et genus inerme tali decepit dolo:
»Quare sollicitum potius aevum ducitis,
quam regem me creatis icto foedere,
qui vos ab omni tutas praestem iniuria?«
Illae credentes tradunt sese milvo;
qui regnum adeptus coepit vesci singulas
et exercere imperium saevis unguibus.
Tunc de reliquis una: »Merito plectimur.«

31. Der Falke und die Tauben

Wer sich einem bösen Menschen zum Schutz anvertraut, während er Hilfe sucht, findet seinen Untergang.

Nachdem Tauben häufig vor einem Falken geflohen und mit der Schnelligkeit ihrer Flügel dem Tod entkommen waren, verwandelte der Raubvogel seinen Plan in ein betrügerisches Vorhaben und täuschte das wehrlose Geschlecht mit einer solchen List: »Warum führt ihr lieber ein Leben in Sorge, als dass ihr ein Bündnis mit mir schließt und mich zu eurem König wählt, der ich euch vor jedem Unrecht schützen kann?« Jene vertrauen sich leichtgläubig dem Falken an. Nachdem der die Herrschaft erlangt hatte, begann er, eine Taube nach der anderen zu verzehren und seine Macht mit wilden Krallen auszuüben. Dann sprach eine von denen, die noch übrig waren: »Zu Recht werden wir bestraft.«

Liber secundus

Prologus

Auctor

Exemplis continetur Aesopi genus;
nec aliud quicquam per fabellas quaeritur
quam corrigatur error ut mortalium
acuatque sese diligens industria.
Quicumque fuerit ergo narrandi iocus,
dum capiat aurem et servet propositum suum,
re commendatur, non auctoris nomine.
Equidem omni cura morem servabo senis;
sed si libuerit aliquid interponere,
dictorum sensus ut delectet varietas,
bonas in partes, lector, accipias velim,
ita si rependet illi brevitas gratiam.
Cuius verbosa ne sit commendatio,
attende, cur negare cupidis debeas,
modestis etiam offerre quod non petierint.

1. Iuvencus, leo et praedator

Super iuvencum stabat deiectum leo.
Praedator intervenit, partem postulans.
»Darem«, inquit, »nisi soleres per te sumere«;
et improbum reiecit. Forte innoxius
viator est deductus in eundem locum
feroque viso rettulit retro pedem.
Cui placidus ille: »Non est quod timeas«, ait,
»et, quae debetur pars tuae modestiae,

Zweites Buch

Prolog

Der Autor

Die Gattung Äsops besteht (nur) aus Beispielen. Und nichts anderes wird durch die Fabeln angestrebt, als dass der Irrtum der Menschen berichtigt wird und sich ihr sorgsamer Eifer schärft. Darum empfiehlt sich jeder Spaß, den es in der Erzählung gibt, solange er nur das Ohr betört und seinen Zweck erfüllt, durch die Sache, nicht durch den Namen des Autors. Ich werde allerdings mit aller Sorgfalt die Tradition des Alten bewahren. Wenn es mir aber gefällt, irgendetwas einzuschieben, damit die Vielfalt des Ausdrucks die Sinne erfreut, mögest du, Leser, es wohlwollend aufnehmen, unter der Bedingung freilich, dass die Kürze jener (Vielfalt) den angemessenen Dank zollt. Um diese Kürze nicht mit vielen Worten zu empfehlen, pass auf, warum man Gierigen etwas abschlagen, den Bescheidenen sogar etwas anbieten soll, worum sie nicht gebeten haben.

1. Der junge Stier, der Löwe und der Räuber

Ein Löwe stand über einem jungen Stier, den er zu Fall gebracht hatte. Es kam ein Räuber hinzu und forderte einen Teil. »Ich gäbe ihn dir«, sagte er, »wenn du es nicht gewohnt wärst, ihn dir selbst zu nehmen«, und wies den Übeltäter ab. Durch Zufall verschlug es einen unbeteiligten Wanderer an denselben Ort. Nachdem er das wilde Tier erblickt hatte, kehrte er um. Zu ihm sprach jenes friedlich: »Du hast nichts zu befürchten. Und nimm dir getrost den Teil, der

audacter tolle.« Tunc diviso tergore
silvas petivit, homini ut accessum daret.
Exemplum egregium prorsus et laudabile;
verum est aviditas dives et pauper pudor.

2. Anus diligens iuvenem, item puella

A feminis utcumque spoliari viros,
ament, amentur, nempe exemplis discimus.
Aetatis mediae quendam mulier non rudis
tenebat, annos celans elegantia,
animosque eiusdem pulchra iuvenis ceperat.
Ambae, videri dum volunt illi pares,
capillos homini legere coepere invicem.
Qui se putaret fingi cura mulierum,
calvus repente factus est; nam funditus
canos puella, nigros anus evellerat.

3. Aesopus ad quendam de successu improborum

Laceratus quidam morsu vehementis canis,
tinctum cruore panem inmisit malefico,
audierat esse quod remedium vulneris.
Tunc sic Aesopus: »Noli coram pluribus

deiner Bescheidenheit gebührt.« Dann trennte es das Nackenfleisch für sich ab und ging in die Wälder, um dem Menschen den Weg frei zu machen.

Ein ganz und gar außergewöhnliches und lobenswertes Beispiel. In Wahrheit aber ist die Habgier reich und die Zurückhaltung arm.

2. Eine alte Frau und ein junges Mädchen lieben einen Jüngling

Dass Männer von Frauen nach Belieben ausgenommen werden – mögen sie lieben oder sich lieben lassen –, lernen wir ja aus Beispielen.

Eine nicht unerfahrene Frau hatte einen Mann im mittleren Alter als Liebhaber, wobei sie ihr Alter durch ihr elegantes Äußeres verbarg. Und das Herz desselben Mannes hatte ein schönes junges Mädchen erobert. Da beide ihm gleich scheinen wollten, begannen sie, dem Mann abwechselnd seine Haare herauszuziehen. Er, der glaubte, er würde mit der liebevollen Sorge der Frauen frisiert, wurde plötzlich kahl. Denn an der Wurzel hatte das junge Mädchen die grauen, die alte Frau die schwarzen Haare herausgerissen.

3. Äsop zu jemandem über den Erfolg von Übeltätern

Jemand, der vom Biss eines scharfen Hundes zerfleischt worden war, warf dem Missetäter ein mit Blut getränktes Stück Brot hin, weil er gehört hatte, dass es ein Heilmittel für die Wunde sei. Dann sprach Äsop so: »Tu dies ja nicht,

hoc facere canibus, ne nos vivos devorent,
cum scierint esse tale culpae praemium.«
Successus improborum plures allicit.

4. Aquila, feles et aper

Aquila in sublimi quercu nidum fecerat;
feles, cavernam nancta in media, pepererat;
sus nemoris cultrix fetum ad imam posuerat.
Tum fortuitum feles contubernium
fraude et scelesta sic evertit malitia.
Ad nidum scandit volucris: »Pernicies«, ait,
»tibi paratur, forsan et miserae mihi;
nam fodere terram quod vides cotidie
aprum insidiosum, quercum vult evertere,
ut nostram in plano facile progeniem opprimat.«
Terrore effuso et perturbatis sensibus
derepit ad cubile setosae suis:
»Magno«, inquit, »in periclo sunt nati tui;
nam, simul exieris pastum cum tenero grege,
aquila est parata rapere porcellos tibi.«
Hunc quoque timore postquam complevit locum,
dolosa tuto condidit sese cavo.
Inde evagata noctu suspenso pede,
ubi esca se replevit et prolem suam,
pavorem simulans prospicit toto die.
Ruinam metuens aquila ramis desidet;
aper rapinam vitans non prodit foras.

wenn mehr Hunde zusehen, damit sie uns nicht lebendig fressen, wenn sie verstanden haben, dass es eine solche Belohnung für ihre Schuld gibt.«

Der Erfolg von Übeltätern lockt noch weitere an.

4. Der Adler, die Katze und das Wildschwein

Ein Adler hatte sich hoch oben auf einer Eiche ein Nest gebaut. Eine Katze, die in der Mitte eine kleine Höhle gefunden hatte, hatte dort ihre Jungen zur Welt gebracht. Eine Wildsau, Bewohnerin des Waldes, hatte ihren Wurf ganz unten abgelegt. Dann zerstörte die Katze die zufällige Wohngemeinschaft mit Hinterlist und gemeiner Bosheit in dieser Weise: Sie steigt zum Nest des Vogels hinauf und sagt: »Verderben wird dir bereitet und vielleicht auch mir Elenden. Denn du siehst doch, dass das hinterlistige Wildschwein täglich die Erde aufwühlt: Es will die Eiche umstürzen, damit es unsere Jungen auf dem Erdboden leicht überfallen kann.« Nachdem sie Angst verbreitet und ihm [dem Adler] die Sinne durcheinandergebracht hatte, schlich sie zum Lager der borstigen Wildsau hinab: »Deine Kinder sind in großer Gefahr«, sagte sie, »denn sobald du dein Lager mit deiner zarten Sippe zur Nahrungssuche verlassen hast, ist der Adler bereit, dir deine Frischlinge zu rauben.« Nachdem sie auch diesen Ort mit Angst erfüllt hatte, zog die Listige sich in ihre sichere Höhle zurück. Von da an schweifte sie des Nachts auf leiser Pfote umher. Sobald sie sich und ihre Jungen mit Futter eingedeckt hat, tut sie so, als habe sie Angst, und hält den ganzen Tag Ausschau. Der Adler fürchtet den Absturz und bleibt auf den Zweigen sitzen. Die Wildsau weicht dem Raub aus und

Quid multa? Inedia sunt consumpti cum suis
felisque catulis largam praebuerunt dapem.
Quantum homo bilinguis saepe concinnet mali,
documentum habere stulta credulitas potest.

5. Item Caesar ad atriensem

Est ardalionum quaedam Romae natio,
trepide concursans, occupata in otio,
gratis anhelans, multa agendo nihil agens,
sibi molesta et aliis odiosissima.
Hanc emendare, si tamen possum, volo
vera fabella: pretium est operae attendere.
Caesar Tiberius cum petens Neapolim
in Misenensem villam venisset suam,
quae monte summo posita Luculli manu,
prospectat Siculum et respicit Tuscum mare:
ex alticinctis unus atriensibus,
cui tunica ab umeris linteo Pelusio
erat destricta, cirris dependentibus,
perambulante laeta domino viridia,
alveolo coepit ligneo conspargere
humum aestuantem, come officium iactitans,
sed deridetur. Inde notis flexibus
praecurrit alium in xystum, sedans pulverem.
Agnoscit hominem Caesar remque intellegit.
Id ut putavit esse nescio quid boni:
»Heus!«, inquit dominus. Ille enimvero assilit,

geht nicht mehr hinaus. Was soll ich viel reden? An Hunger starben sie mit ihren Jungen und überließen den Katzenjungen einen reichen Schmaus.

Wie viel Unheil ein doppelzüngiger Mensch oft anrichtet, dafür kann dumme Leichtgläubigkeit hier einen Beweis liefern.

5. Ebenso Caesar zum Hausdiener

In Rom gibt es ein ganzes Volk von geschäftig tuenden Müßiggängern: Es läuft hastig hin und her, ist mit Nichtstun beschäftigt, keucht ohne Lohn, tut nichts, indem es viel tut, ist sich selbst lästig, anderen zutiefst verhasst. Diesen Menschenschlag will ich, wenn ich es nur kann, mit einer wahren Fabel bessern: Aufzupassen lohnt die Mühe.

Einst war Kaiser Tiberius auf dem Weg nach Neapel zu seinem Landgut bei Misenum gekommen, das von der Hand des Lucullus auf dem Gipfel des Berges errichtet worden war. Es hat Aussicht auf das Sizilische Meer und blickt auf das Tyrrhenische Meer zurück. Einer von den hochgeschürzten Hausdienern, dem seine Tunika aus pelusischem Leinen mit herabhängenden Troddeln von den Schultern herabgezogen war, begann, als sein Herr durch die heitere Grünanlage spazierte, den heißen Boden mit einer hölzernen Kanne zu bespritzen, und stellte dabei zuvorkommend seinen Dienst zur Schau, doch er wird ausgelacht. Darauf eilt er auf ihm bekannten Schleichwegen voraus zu einem anderen Wandelgang und bindet Staub. Caesar erkennt den Mann und durchschaut die Situation. Gerade als er [der Mann] glaubte, dass wer weiß was Gutes passiere, rief der Herr: »Hallo!« Jener springt natür-

donationis alacer certae gaudio.
Tum sic iocata est tanta maiestas ducis:
»Non multum egisti et opera nequiquam perit:
multo maioris alapae mecum veneunt.«

6. Aquila et cornix

Contra potentes nemo est munitus satis;
si vero accessit consiliator maleficus,
vis et nequitia quicquid oppugnant, ruit.
Aquila in sublime sustulit testudinem.
Quae cum abdidisset cornea corpus domo
nec ullo pacto laedi posset condita,
venit per auras cornix et propter volans:
»Opimam sane praedam rapuisti unguibus;
sed nisi monstraro quid sit faciendum tibi,
gravi nequiquam te lassabit pondere.«
Promissa parte suadet, ut scopulum super
altis ab astris duram illidat corticem,
qua comminuta facile vescatur cibo.
Inducta verbis aquila, monitis paruit,
simul et magistrae large divisit dapem.
Sic tuta quae naturae fuerat munere,
impar duabus, occidit tristi nece.

lich sofort herbei, heiter aus Freude auf die ihm gewisse Gabe. Da scherzte die so große kaiserliche Majestät in dieser Weise: »Viel hast du nicht getan, und deine Mühe ist vergeblich. Zu einem viel höheren Preis werden Ohrfeigen bei mir verkauft.«

6. Der Adler und die Krähe

Niemand ist ausreichend gegen die Mächtigen geschützt. Wenn sich aber noch ein bösartiger Ratgeber dazugesellt hat, geht alles zugrunde, was Stärke und Bosheit angreifen.

Ein Adler trug eine Schildkröte hoch in die Luft. Als diese ihren Körper in ihr hörnernes Haus zurückgezogen hatte und, darin verborgen, auf keine Weise verletzt werden konnte, kam eine Krähe durch die Lüfte und sprach, während sie neben ihm flog: »Eine wirklich fette Beute hast du mit deinen Krallen geraubt; aber wenn ich dir nicht zeige, was du damit tun musst, wird sie dich vergeblich mit ihrem schweren Gewicht ermüden.« Nachdem ihr ein Teil versprochen worden ist, rät sie dem Adler, den harten Panzer von den hohen Sternen herab auf dem Felsen zu zerschmettern; wenn er erst zertrümmert sei, könne er die Speise leicht genießen. Von den Worten bewegt, befolgte der Adler den Rat und gab seiner Lehrerin zugleich reichlich Speise ab. So starb die, die durch die Gabe der Natur geschützt, aber den Zweien nicht gewachsen war, einen traurigen Tod.

7. Muli duo et vectores

Muli gravati sarcinis ibant duo:
unus ferebat fiscos cum pecunia,
alter tumentes multo saccos hordeo.
Ille onere dives celsa cervice eminet
clarumque collo iactat tintinnabulum,
comes quieto sequitur et placido gradu.
Subito latrones ex insidiis advolant
interque caedem ferro mulum sauciant,
diripiunt nummos, neglegunt vile hordeum.
Spoliatus igitur casus cum fleret suos,
»Equidem«, inquit alter, »me contemptum gaudeo;
nam nil amisi nec sum laesus vulnere.«
  Hoc argumento tuta est hominum tenuitas,
magnae periclo sunt opes obnoxiae.

8. Cervus ad boves

Cervus nemorosis excitatus latibulis,
ut venatorum effugeret instantem necem,
caeco timore proximam villam petit
et opportuno se bovili condidit.
Hic bos latenti: »Quidnam voluisti tibi,
infelix, ultro qui ad necem cucurreris
hominumque tecto spiritum commiseris?«
At ille supplex: »Vos modo«, inquit, »parcite;
occasione rursus erumpam data.«
Spatium diei noctis excipiunt vices.

7. Zwei Maultiere als Lastenträger

Zwei Maultiere gingen beschwert mit Lasten ihres Wegs: Das eine trug Körbe voll mit Geld, das andere Säcke, die mit viel Gerste prall gefüllt waren. Jenes streckt, reich durch seine Last, den Nacken in die Höhe und schwingt die helle Glocke am Hals hin und her. Der Begleiter folgt mit leisem und sanftem Schritt. Plötzlich eilen Räuber aus einem Hinterhalt herbei, und in einem Gemetzel verwunden sie das (reiche) Maultier mit einem Schwert, entreißen ihm die Münzen, lassen die wertlose Gerste unbeachtet. Als das ausgeraubte also sein Schicksal beweint, sagt das andere: »Ich für meinen Teil freue mich, dass ich nicht beachtet worden bin, denn ich habe nichts verloren und ich habe keine Wunde davongetragen.«

Nach dieser Fabel ist die Armut der Menschen sicher, großer Reichtum ist Gefahr ausgesetzt.

8. Der Hirsch bei den Rindern

Ein Hirsch wurde in seinem Waldversteck aufgeschreckt, und um vor dem Tod, der ihm von den Jägern drohte, zu entfliehen, eilt er in blinder Furcht zum nächstgelegenen Haus und versteckte sich in einem günstig gelegenen Ochsenstall. Hier sprach ein Rind zu ihm, während er sich versteckt hielt: »Was hast du dir denn dabei gedacht, Unglückseliger, dass du aus freien Stücken in den Tod gerannt bist und dein Leben dem Haus von Menschen anvertraut hast?« Jener dagegen sagte bittend: »Schont ihr mich wenigstens! Wenn sich eine Gelegenheit bietet, werde ich wieder ausbrechen.« Auf den Tag folgt die Nacht. Ein

Frondem bubulcus affert, nil adeo videt.
Eunt subinde et redeunt omnes rustici,
nemo animadvertit; transit etiam vilicus,
nec ille quicquam sentit. Tum gaudens ferus
bubus quietis agere coepit gratias,
hospitium adverso quod praestiterint tempore.
Respondit unus: »Salvum te cupimus quidem;
sed ille, qui oculos centum habet, si venerit,
magno in periclo vita vertetur tua.«
Haec inter ipse dominus a cena redit
et quia corruptos viderat nuper boves,
accedit ad praesepe: »Cur frondis parum est?
Stramenta desunt? Tollere haec aranea
quantum est laboris?« Dum scrutatur singula,
cervi quoque alta conspicatur cornua;
quem convocata iubet occidi familia
praedamque tollit. Haec significat fabula
dominum videre plurimum in rebus suis.

Epilogus
Auctor

Aesopi ingenio statuam posuere Attici
servumque collocarunt aeterna in basi,
patere honoris scirent ut cuncti viam
nec generi tribui, sed virtuti gloriam.
Quoniam occuparat, alter ne primus foret,
ne solus esset studui; quod superfuit:
nec haec invidia, verum est aemulatio.
Quod si labori faverit Latium meo,

Rinderhirte bringt Laub herbei, bis dahin sieht er nichts. Nacheinander gehen und kommen alle Landarbeiter, niemand bemerkt den Hirsch. Auch der Verwalter geht vorbei, und auch er merkt gar nichts. Da freute sich das Wild und begann, den verschwiegenen Rindern zu danken, weil sie ihm in der Zeit der Not Unterschlupf gewährt hätten. Ein Rind entgegnete: »Gewiss wollen wir, dass du gerettet wirst; aber wenn jener kommt, der hundert Augen hat, dann wird dein Leben in großer Gefahr sein.« Inzwischen kehrt der Hausherr selbst vom Essen zurück, und weil er vor Kurzem seine Rinder in einem schlechten Zustand vorgefunden hatte, tritt er an die Futterkrippe heran und fragt: »Warum gibt es zu wenig Laub? Fehlt die Streu? Wie viel Mühe macht es, diese Spinnenweben zu entfernen?« Während er alles einzeln untersucht, fällt sein Blick auch auf das hochragende Geweih des Hirschs. Er ruft die Dienerschaft zusammen, lässt ihn töten und nimmt die Beute mit. Diese Fabel zeigt, dass der Herr in seinem Haus am meisten sieht.

Epilog

Der Autor

Zu Ehren von Äsops Genie errichteten die Athener eine Statue und stellten so einen Sklaven auf ein unvergängliches Podest, damit alle wüssten, dass der Weg zur Ehre offenstehe und Ruhm nicht auf Abstammung, sondern auf Leistung beruhe. Da er sich den Platz gesichert hatte, damit kein anderer Erster sein konnte, habe ich mich eifrig bemüht, dass er nicht allein war; dies blieb mir übrig. Das ist kein Neid, sondern Wettstreit. Wenn aber Latium meiner

plures habebit, quos opponat Graeciae.
Si Livor obtrectare curam voluerit,
non tamen eripiet laudis conscientiam.
Si nostrum studium ad aures pervenit tuas
et arte fictas animus sentit fabulas,
omnem querelam submovet felicitas.
Sin autem doctus illis occurrit labor,
sinistra quos in lucem natura extulit
nec quicquam possunt nisi meliores carpere,
fatale exitium corde durato feram,
donec Fortunam criminis pudeat sui.

Arbeit gewogen ist, wird es mehr Leute haben, die es Griechenland entgegensetzt. Wenn der blasse Neid mein Werk herabsetzen will, wird er mir dennoch nicht das Wissen um meinen Verdienst rauben. Wenn meine Bemühung an deine Ohren dringt und dein Geist spürt, dass die Fabeln mit Kunst erdichtet sind, vertreibt das Glück jegliche Klage. Wenn aber meine gelehrte Arbeit jenen zuwiderläuft, die die verwegene Natur zur Welt gebracht hat und die nichts anderes können, als die Besseren auseinanderzunehmen, dann werde ich mein Herz abhärten und den schicksalhaften Ausgang so lange ertragen, bis Fortuna sich für ihr Vergehen schämt.

Liber tertius

Prologus
Phaedrus ad Eutychum

Phaedri libellos legere si desideras,
vaces oportet, Eutyche, a negotiis,
ut liber animus sentiat vim carminis.
»Verum«, inquis, »tanti non est ingenium tuum,
momentum ut horae pereat officiis meis.«
Non ergo causa est manibus id tangi tuis,
quod occupatis auribus non convenit.
Fortasse dices: »Aliquae venient feriae,
quae me soluto pectore ad studium vocent.«
Legesne, quaeso, potius viles nenias,
impendas curam quam rei domesticae,
reddas amicis tempora, uxori vaces,
animum relaxes, otium des corpori,
ut assuetam fortius praestes vicem?
Mutandum tibi propositum est et vitae genus,
intrare si Musarum limen cogitas.
Ego, quem Pierio mater enixa est iugo,
in quo tonanti sancta Mnemosyne Iovi,
fecunda novies, Artium peperit chorum,
quamvis in ipsa paene natus sim schola
curamque habendi penitus corde eraserim
et laude invicta vitam in hanc incubuerim,
fastidiose tamen in coetum recipior.
Quid credis illi accidere, qui magnas opes
exaggerare quaerit omni vigilia,

Drittes Buch

Prolog

Phaedrus an Eutychus

Wenn du die Büchlein des Phaedrus lesen willst, musst du dich von deinen Geschäften frei machen, Eutychus, damit dein Geist frei die Kraft meiner Dichtung spüren kann. »Aber«, sagst du, »dein Talent ist nicht so viel wert, dass dafür nur ein Moment meiner Zeit für meine Pflichten verloren geht.« Also gibt es keinen Grund, dass deine Hände das berühren, was deinen vielbeschäftigten Ohren nicht gelegen kommt. Vielleicht wirst du sagen: »So manche freie Tage werden kommen, die mich, wenn mein Herz entspannt ist, zum Studium einladen.« Wirst du bitte lieber triviale Liedchen lesen, als dich um Angelegenheiten deines Hauses zu kümmern, deinen Freunden Zeit zu schenken, freie Zeit für deine Frau zu haben, deinen Geist zu entspannen, deinem Körper Ruhe zu gönnen, damit du deine gewohnte Rolle mit mehr Kraft ausfüllen kannst? Du musst deine Lebensplanung und deinen Lebensstil verändern, wenn du vorhast, die Schwelle zu den Musen zu betreten. Ich, den meine Mutter auf dem pierischen Berg zur Welt gebracht hat, wo die heilige Mnemosyne dem donnernden Jupiter, neunmal fruchtbar, den Chor der Künste gebar, ich werde, obwohl ich also beinahe in der Schule [der Musen] selbst geboren bin, die Sorge, etwas zu besitzen, tief aus meinem Herzen getilgt habe und unter größtem Beifall in dieses Leben kam, dennoch nur widerwillig in ihren Kreis aufgenommen. Was glaubst du wohl, geschieht mit dem, der mit aller Wachsamkeit danach

docto labori dulce praeponens lucrum?
Sed iam quodcumque fuerit, ut dixit Sinon,
ad regem cum Dardaniae perductus foret:
librum exarabo tertium Aesopi stilo,
honori et meritis dedicans illum tuis.
Quem si leges, laetabor; sin autem minus,
habebunt certe quo se oblectent posteri.
Nunc, fabularum cur sit inventum genus,
brevi docebo. Servitus obnoxia,
quia quae volebat non audebat dicere,
affectus proprios in fabellas transtulit
calumniamque fictis elusit iocis.
Ego porro illius semita feci viam
et cogitavi plura quam reliquerat,
in calamitatem deligens quaedam meam.
Quod si accusator alius Seiano foret,
si testis alius, iudex alius denique,
dignum faterer esse me tantis malis,
nec his dolorem delenirem remediis.
Suspicione si quis errabit sua
et rapiet ad se quod erit commune omnium,
stulte nudabit animi conscientiam.
Huic excusatum me velim nihilo minus:
neque enim notare singulos mens est mihi,
verum ipsam vitam et mores hominum ostendere.
Rem me professum dicet fors aliquis gravem.
Si Phryx Aesopus potuit, Anacharsis Scytha
aeternam famam condere ingenio suo:

strebt, große Reichtümer anzuhäufen und dabei den satten Gewinn über gelehrte Arbeit stellt? Aber was auch jetzt sein mag, wie Sinon sagte, als man ihn zum König Trojas geführt hatte: Ich werde das dritte Buch mit dem Griffel Äsops schreiben und es deiner Ehre und deinen großen Taten widmen. Wenn du es liest, werde ich froh sein; wenn aber nicht, wird die Nachwelt sicherlich etwas haben, an dem sie Vergnügen findet.

Nun will ich dich kurz belehren, warum man die Gattung der Fabeln erfunden hat: Weil der unterworfene Sklavenstand nicht auszusprechen wagte, was er wollte, übertrug er eigene Gefühle in Fabeln und wich der bösen Kritik spielerisch mit erfundenen Scherzen aus. Ferner baute ich den Weg Äsops zu einer Straße aus und ersann mehr Themen, als er uns hinterlassen hatte, wählte dabei jedoch so manches zu meinem Unglück aus. Doch wenn ein anderer als Seianus der Kläger, wenn ein anderer Zeuge und ein anderer schließlich Richter wäre, dann gäbe ich es zu, dass ich so großes Unglück verdiene, und linderte nicht mit diesen Mitteln meinen Schmerz. Wenn jemand mit seinem Argwohn irren und schnell auf sich beziehen wird, was allgemein für alle gilt, wird er töricht sein Gewissen bloßstellen. Nichtsdestoweniger wünschte ich, dass er meine Entschuldigung annehme: Denn ich habe keineswegs die Absicht, Einzelne zu brandmarken, sondern das Leben selbst und die Eigenarten der Menschheit aufzuzeigen.

Vielleicht wird einer sagen, dass ich eine große Sache versprochen habe. Wenn der Phryger Äsop und der Skythe Anacharsis durch ihr Talent ewigen Ruhm begründen konnten, warum soll ich, der ich dem literaturbeflissenen

ego, litteratae qui sum propior Graeciae,
cur somno inerti deseram patriae decus,
Threissa cum gens numeret auctores suos
Linoque Apollo sit parens, Musa Orpheo,
qui saxa cantu movit et domuit feras
Hebrique tenuit impetus dulci mora?
Ergo hinc abesto, Livor, ne frustra gemas,
quoniam mihi sollemnis debetur gloria.
Induxi te ad legendum? Sincerum mihi
candore noto reddas iudicium peto.

1. Anus ad amphoram

Anus iacere vidit epotam amphoram,
adhuc Falerna faece e testa nobili
odorem quae iucundum late spargeret.
Hunc postquam totis avida traxit naribus:
»O suavis anima! Quale te dicam bonum
antehac fuisse, tales cum sint reliquiae?«
Hoc quo pertineat, dicet qui me noverit.

2. Panthera et pastores

Solet a despectis par referri gratia.
Panthera imprudens olim in foveam decidit.
Videre agrestes: alii fustes congerunt,
alii onerant saxis; quidam contra miseriti
periturae quippe, quamvis nemo laederet,
misere panem, ut sustineret spiritum.

Griechenland so nahe stehe, im trägen Schlaf die Ehre des Vaterlandes außer Acht lassen, wenn das thrakische Volk Dichter zu den Seinen zählt und Linus Apoll als Vater, Orpheus eine Muse als Mutter hat, der Felsen mit seinem Gesang bewegte, wilde Tiere zähmte und die Strömung des Hebrus für einen lieblichen Moment lang anhielt? Daher, Neid, bleib fort von hier, damit du nicht vergeblich seufzt, da mir der feierliche Ruhm zusteht.

Habe ich dich zum Lesen verleitet? Ich bitte dich, mir deine aufrichtige Meinung in deiner gewohnten Klarheit zu sagen.

1. Die alte Frau zur Amphore

Eine alte Frau sah eine leergetrunkene Amphore daliegen, die noch von dem falernischen Bodensatz aus dem edlen Krug weithin einen angenehmen Duft verströmte. Nachdem sie diesen gierig mit ihrer Nase ganz eingesogen hatte, sprach sie: »O süßer Hauch! Was für ein guter Tropfen – was soll ich sagen – warst du früher, wenn deine Reste von solcher Art sind!«

Worauf sich dies bezieht, wird der sagen, der mich kennt.

2. Der Panther und die Hirten

Verachtete pflegen mit gleicher Münze heimzuzahlen. Ein Panther fiel einst nichtsahnend in eine Grube. Das sahen Landleute; die einen werfen Stöcke auf ihn, die anderen überhäufen ihn mit Steinen; manche dagegen hatten freilich Mitleid mit ihm, da er sterben würde, wenn ihn auch niemand verletzte. Sie warfen Brot hinunter, um sein Le-

Nox insecuta est: abeunt securi domum,
quasi inventuri mortuam postridie.
At illa, vires ut refecit languidas,
veloci saltu fovea sese liberat
et in cubile concito properat gradu.
Paucis diebus interpositis provolat,
pecus trucidat, ipsos pastores necat
et cuncta vastans saevit irato impetu.
Tum sibi timentes, qui ferae pepercerant,
damnum haud recusant, tantum pro vita rogant.
At illa: »Memini qui me saxo petierit,
qui panem dederit; vos timere absistite;
illis revertor hostis, qui me laeserunt.«

3. Aesopus et rusticus

Usu peritus hariolo veracior
vulgo esse fertur, causa sed non dicitur,
notescet quae nunc primum fabella mea.
Habenti cuidam pecora pepererunt oves
agnos humano capite. Monstro territus
ad consulendos currit maerens hariolos.
Hic pertinere ad domini respondet caput
et avertendum victima periculum.
Ille autem affirmat coniugem esse adulteram
et insitivos significari liberos,
sed expiari posse maiore hostia.
Quid multa? Variis dissident sententiis
hominisque curam cura maiore aggravant.

ben zu erhalten. Die Nacht brach herein: Sorglos gehen sie nach Hause, im Glauben, ihn am nächsten Tag tot aufzufinden. Doch sobald der Panther seine matten Kräfte erfrischt hat, befreit er sich aus der Grube mit einem flinken Sprung und eilt schnellen Schrittes zu seinem Lager. Nachdem wenige Tage vergangen sind, schnellt er hervor, reißt das Vieh, tötet selbst die Hirten und wütet, alles verwüstend in einem Anfall von Zorn. Dann fürchten die, die das wilde Tier geschont hatten, um sich, protestieren nicht gegen den Schaden und bitten nur um ihr Leben. Jener dagegen sprach: »Ich erinnere mich, wer mich mit einem Stein angegriffen, wer mir Brot gegeben hat; hört auf, euch zu fürchten. Zu jenen, die mich verletzt haben, kehre ich als Feind zurück.«

3. Äsop und der Bauer

Es heißt im Allgemeinen, dass ein Mann mit Lebenserfahrung die Wahrheit besser kennt als ein Wahrsager, aber der Grund wird nicht genannt. Der wird durch meine Fabel nun erstmalig bekannt werden.

Einem Mann, der Vieh hielt, gebaren Schafe Lämmer mit menschlichem Kopf. Durch das Wunder erschreckt, läuft er betrübt los, um sich bei den Wahrsagern Rat zu suchen. Der eine antwortet, es gehe um den Kopf des Herrn und die Gefahr müsse durch ein Opfer abgewendet werden. Der andere aber behauptet, seine Frau sei eine Ehebrecherin und es würden untergeschobene Kinder angedeutet, das Zeichen könne jedoch durch ein größeres Opfertier gesühnt werden. Was mehr? Uneinig sind sie mit ihren verschiedenen Meinungen und belasten die Sorge des

Aesopus ibi stans, naris emunctae senex,
natura numquam verba cui potuit dare:
»Si procurare vis ostentum, rustice,
uxores«, inquit, »da tuis pastoribus.«

4. Lanius et simius

Pendere ad lanium quidam vidit simium,
inter reliquas merces atque obsonia;
quaesivit quidnam saperet. Tum lanius iocans:
»Quale«, inquit, »caput est, talis praestatur sapor.«
Ridicule magis hoc dictum quam vere aestimo;
quando et formosos saepe inveni pessimos,
et turpi facie multos cognovi optimos.

5. Aesopus et petulans

Successus ad perniciem multos devocat.
Aesopo quidam petulans lapidem impegerat.
»Tanto«, inquit, »melior!« Assem deinde illi dedit,
sic prosecutus: »Plus non habeo mehercules,
sed, unde accipere possis, monstrabo tibi.
Venit ecce dives et potens: huic similiter
impinge lapidem et dignum accipies praemium.«
Persuasus ille fecit quod monitus fuit;
sed spes fefellit impudentem audaciam:
comprensus namque poenas persolvit cruce.

Mannes durch noch größere Sorge. Da stand Äsop, ein alter Mann mit scharfem Urteilsvermögen, dem die Natur niemals etwas vormachen konnte, und sprach: »Wenn du das böse Vorzeichen sühnen willst, Bauer, gib deinen Hirten Frauen.«

4. Der Fleischer und der Affe

Jemand sah beim Fleischer einen Affen hängen, zwischen den übrigen Waren und Lebensmitteln. Er fragte, wie er denn schmecke. Dann sagte der Fleischer im Scherz: »Wie der Kopf ist, so vorzüglich ist der Geschmack.«

Ich schätze, dieser Spruch ist eher witzig als wahr; denn einerseits habe ich häufig Schöne getroffen, die sehr schlechte Menschen waren, andererseits habe ich viele sehr Gute mit einem hässlichen Äußeren kennengelernt.

5. Äsop und der freche Kerl

Erfolg zieht viele Menschen ins Verderben. Ein Frecher hatte einen Stein auf Äsop geworfen. »Bravo!«, sagte der. Er gab jenem daraufhin ein As und rief ihm die folgenden Worte nach: »Mehr habe ich, beim Herkules, nicht, aber ich werde dir zeigen, woher du mehr bekommen kannst. Sieh, da kommt ein reicher und einflussreicher Mann. Auf ihn wirf gleichermaßen einen Stein, und du wirst deinen verdienten Lohn erhalten.« Jener ließ sich überzeugen und tat, wozu ihm geraten wurde. Aber die Hoffnung (auf mehr) täuschte seine schamlose Frechheit: Denn er wurde festgenommen und büßte seine Strafe am Kreuz.

6. Musca et mula

Musca in temone sedit et mulam increpans:
»Quam tarda es!«, inquit. »Non vis citius progredi?
Vide, ne dolone collum compungam tibi.«
Respondit illa: »Verbis non moveor tuis;
sed istum timeo sella qui prima sedens
iugum flagello temperat lento meum
et ora frenis continet spumantibus.
Quapropter aufer frivolam insolentiam;
nam et ubi tricandum et ubi sit currendum scio.«
Hac derideri fabula merito potest,
qui sine virtute vanas exercet minas.

7. Lupus ad canem

Quam dulcis sit libertas, breviter proloquar.
Cani perpasto macie confectus lupus
forte occucurrit. Dein salutati invicem
ut restiterunt: »Unde sic, quaeso, nites?
Aut quo cibo fecisti tantum corporis?
Ego, qui sum longe fortior, pereo fame.«
Canis simpliciter: »Eadem est condicio tibi,
praestare domino si par officium potes.«
»Quod?«, inquit ille. »Custos ut sis liminis,
a furibus tuearis et noctu domum.«
»Ego vero sum paratus: nunc patior nives
imbresque in silvis asperam vitam trahens.
Quanto est facilius mihi sub tecto vivere

6. Die Fliege und die Mauleselin

Eine Fliege saß auf einer Wagendeichsel und fuhr eine Mauleselin an: »Wie langsam du bist!«, rief sie. »Willst du nicht schneller vorankommen? Pass nur auf, dass ich dir deinen Hals nicht mit meinem Dolch zersteche.« Jene entgegnete: »Von deinen Worten lasse ich mich nicht aus der Ruhe bringen; aber ich fürchte den, der auf dem Kutschbock sitzt, mein Joch mit der biegsamen Peitsche lenkt und mein Maul im schaumbedeckten Zaum hält. Lass daher diese alberne Frechheit; denn ich weiß genau, wann getrödelt werden darf und wann gelaufen werden muss.«

Mit dieser Fabel kann zu Recht verspottet werden, wer, ohne stark zu sein, leere Drohungen ausspricht.

7. Der Wolf zum Hund

Wie süß die Freiheit ist, will ich kurz schildern. Ein von Magerkeit geschwächter Wolf lief zufällig einem wohlgenährten Hund über den Weg. Dann (sprach der Wolf), sobald sie sich gegenseitig begrüßt hatten und stehengeblieben waren: »Warum, bitte, siehst du so glänzend aus? Oder vielmehr, von welcher Speise hast du einen so fülligen Körper bekommen? Ich, der ich weitaus stärker bin, sterbe vor Hunger.« Der Hund entgegnete schlicht: »Für dich ist die Lage dieselbe, wenn du meinem Herrn den gleichen Dienst erweisen kannst.« »Welchen?«, fragte jener. »Wächter der Türschwelle zu sein und in der Nacht das Haus vor Dieben zu beschützen.« »Ich bin sehr wohl bereit: Jetzt halte ich Schnee und Regen aus und führe ein raues Leben in den Wäldern. Um wie viel leichter ist es für mich,

et otiosum largo satiari cibo!«
»Veni ergo mecum.« Dum procedunt, aspicit
lupus a catena collum detritum cani.
»Unde hoc, amice?« »Nihil est.« »Dic, sodes, tamen.«
»Quia videor acer, alligant me interdiu,
luce ut quiescam et vigilem, nox cum venerit:
crepusculo solutus, qua visum est, vagor.
Affertur ultro panis; de mensa sua
dat ossa dominus; frusta iactat familia
et, quod fastidit quisque, pulmentarium.
Sic sine labore venter impletur meus.«
»Age, si quo abire est animus, est licentia?«
»Non plane est«, inquit. »Fruere, quae laudas, canis:
regnare nolo, liber ut non sim mihi.«

8. Soror ad fratrem

Praecepto monitus saepe te considera.
Habebat quidam filiam turpissimam
idemque insignem pulchra facie filium.
Hi, speculum in cathedra matris ut positum fuit,
pueriliter ludentes forte inspexerunt.
Hic se formosum iactat; illa irascitur
nec gloriantis sustinet fratris iocos,
accipiens – quid enim? – cuncta in contumeliam.
Ergo ad patrem decurrit laesura invicem
magnaque invidia criminatur filium,
vir natus quod rem feminarum tetigerit.

unter einem Dach zu leben und in Ruhe von reicher Speise satt zu werden.« »Komm also mit mir.« Während sie weitergehen, sieht der Wolf, dass dem Hund der Hals von der Kette aufgescheuert ist. »Woher kommt das, mein Freund?« »Es ist nichts.« »Sag es mir doch bitte.« »Weil ich als scharf gelte, binden sie mich tagsüber an, so dass ich bei Tageslicht ruhe und Wache halte, wenn die Nacht angebrochen ist; wenn ich in der Abenddämmerung losgemacht werde, streife ich umher, wie es mir beliebt. Man bringt mir obendrein noch Brot, von seinem eigenen Tisch gibt der Herr mir Knochen, die Dienerschaft wirft mir Brocken zu und das, was gerade keiner mag, als Zukost. So füllt sich mein Bauch ganz ohne Mühe.« »Sag, ist es dir erlaubt, wenn dir der Sinn danach steht, irgendwohin wegzugehen?« »Ganz und gar nicht«, antwortete er. »Genieß du, Hund, was du lobst. Ich will kein König sein, wenn ich für mich nicht frei bin.«

8. Die Schwester zu ihrem Bruder

Beherzige diese Lehre und betrachte dich oft selbst. Ein Mann hatte eine sehr hässliche Tochter und zugleich einen Sohn, der durch seine schöne äußere Erscheinung auffiel. Als ein Spiegel auf dem Lehnsessel der Mutter lag, blickten die beiden, während sie kindlich spielten, zufällig hinein. Er gibt damit an, dass er schön sei; sie wird zornig und erträgt die Scherze ihres prahlenden Bruders nicht, da sie alles (wie auch nicht?) als Beleidigung versteht. Also läuft sie zu ihrem Vater, um wiederum den Sohn zu kränken, und beschuldigt ihn mit großer Missgunst, dass er als zum Mann Geborener eine Frauensache angerührt habe. Da

Amplexus ille utrumque et carpens oscula
dulcemque in ambos caritatem partiens:
»Cotidie«, inquit, »speculo vos uti volo:
tu formam ne corrumpas nequitiae malis,
tu faciem ut istam moribus vincas bonis.«

9. Socrates ad amicos

Vulgare amici nomen, sed rara est fides.
Cum parvas aedes sibi fundaret Socrates
(cuius non fugio mortem, si famam assequar,
et cedo invidiae, dummodo absolvar cinis),
ex populo sic nescio quis, ut fieri solet:
»Quaeso, tam angustam talis vir ponis domum?«
»Utinam«, inquit, »veris hanc amicis impleam!«

10. Poeta de credere et non credere

Periculosum est credere et non credere.
Utriusque exemplum breviter exponam rei.
  Hippolytus obiit, quia novercae creditum est;
Cassandrae quia non creditum, ruit Ilium.
Ergo exploranda est veritas multum, prius
quam stulta prave iudicet sententia.
Sed fabulosam ne vetustatem eleves,
narrabo tibi memoria quod factum est mea.
  Maritus quidam cum diligeret coniugem
togamque puram iam pararet filio,
seductus in secretum a liberto est suo,

nimmt jener ein jedes Kind in die Arme, küsst es und verteilt seine zärtliche Liebe auf beide: »Ich will«, sagte er, »dass ihr den Spiegel täglich nutzt: du, damit du deine Schönheit nicht durch das Übel der Lasterhaftigkeit verdirbst, und du, damit du dieses Aussehen durch einen guten Charakter wettmachst.«

9. Sokrates zu seinen Freunden

Die Bezeichnung ›Freund‹ ist häufig, Treue jedoch selten. Als Sokrates das Fundament eines kleinen Hauses für sich legte (nicht scheue ich seinen Tod, wenn ich seinen Ruhm erlangen kann, und gebe dem Neid nach, wenn ich nur als Asche davon frei sein werde), sprach, wie es üblicherweise geschieht, jemand aus der Menge so: »Entschuldige bitte, baust du dir, ein solcher Mann, ein so enges Haus?« Da antwortete er: »Könnte ich es nur mit wahren Freunden füllen!«

10. Der Dichter über Glauben und Nicht-Glauben

Zu glauben und auch nicht zu glauben ist gefährlich. Für beides will ich kurz ein Beispiel geben.

Hippolytos starb, weil man seiner Stiefmutter glaubte. Weil man Kassandra nicht glaubte, fiel Troja. Also muss die Wahrheit weithin erforscht werden, bevor eine dumme Meinung ein falsches Urteil fällt. Aber damit du nicht die alte mythische Zeit als fabulös abtust, werde ich dir nach meiner eigenen Erinnerung erzählen, was geschehen ist.

Ein Ehemann liebte seine Frau, und als er schon die weiße Toga für seinen Sohn vorbereitete, wurde er von seinem Freigelassenen beiseitegenommen, der die Hoffnung

sperante heredem suffici se proximum.
Qui cum de puero multa mentitus foret
et plura de flagitiis castae mulieris,
adiecit id, quod sentiebat maxime
doliturum amanti, ventitare adulterum
stuproque turpi pollui famam domus.
Incensus ille falso uxoris crimine
simulavit iter ad villam clamque in oppido
subsedit: deinde noctu subito ianuam
intravit, recta cubiculum uxoris petens,
in quo dormire mater natum iusserat,
aetatem adultam servans diligentius.
Dum quaerunt lumen, dum concursant familia,
irae furentis impetum non sustinens
ad lectum vadit, temptat in tenebris caput.
Ut sentit tonsum, gladio pectus transigit,
nihil respiciens, dum dolorem vindicet.
Lucerna allata, simul aspexit filium
sanctamque uxorem dormientem cubiculo,
sopita primo quae nil somno senserat;
repraesentavit in se poenam facinoris
et ferro incubuit, quod credulitas strinxerat.
Accusatores postularunt mulierem
Romamque pertraxerunt ad centumviros.
Maligna insontem deprimit suspicio,
quod bona possideat. Stant patroni fortiter
causam tuentes innocentis feminae.

hatte, dass er als der nächste Erbe eingesetzt würde. Als der ihm vieles über seinen Sohn und noch mehr über die Verfehlungen seiner keuschen Ehefrau vorlog, fügte er das hinzu, von dem er glaubte, dass es für den Liebenden am schmerzhaftesten sein würde: Häufig komme ein Liebhaber, und der gute Ruf des Hauses werde durch eine schändliche Affäre beschmutzt. Jener war über die erfundene Beschuldigung gegenüber seiner Frau erbost, täuschte eine Fahrt zu seinem Landgut vor und ließ sich heimlich in der Stadt nieder. Dann trat er in der Nacht unvermutet durch die Tür herein, ging geradewegs zum Schlafzimmer seiner Frau, in dem die Mutter den Sohn hatte schlafen lassen, weil sie recht aufmerksam über sein jugendliches Alter wachte. Während die Sklaven nach Licht suchen, während sie hin- und herlaufen, kann er den Anfall seines rasenden Zornes nicht mehr unterdrücken, geht zum Bett, tastet im Dunkeln nach dem Kopf. Als er fühlt, dass der Kopf geschoren ist, durchstößt er die Brust mit dem Schwert, ohne Rücksicht, solange er nur seinen Schmerz rächen kann. Eine Lampe wurde gebracht. Zugleich erblickte der Mann seinen Sohn und seine Frau, wie sie unberührt in ihrem Zimmer schlief. Nach dem Einschlafen hatte sie in ihrem ersten tiefen Schlummer nichts davon mitbekommen. Auf der Stelle vollstreckte der Mann die Strafe für sein Verbrechen an sich selbst und warf sich in das Schwert, das seine Leichtgläubigkeit gezückt hatte. Kläger beschuldigten die Frau und schleppten sie nach Rom vor das Richterkollegium der Hundertmänner. Ein böswilliger Verdacht belastet die Unschuldige, weil sie nun im Besitz von Gütern sei. Tapfer halten die Anwälte stand und verteidigen den Fall der unschuldigen Frau.

A Divo Augusto tunc petiere iudices,
ut adiuvaret iuris iurandi fidem,
quod ipsos error implicuisset criminis.
Qui postquam tenebras dispulit calumniae
certumque fontem veritatis repperit:
»Luat«, inquit, »poenas causa libertus mali;
namque orbam nato simul et privatam viro
miserandam potius quam damnandam existimo.
Quod si delata perscrutatus crimina
paterfamilias esset, si mendacium
subtiliter limasset, a radicibus
non evertisset scelere funesto domum.«
Nil spernat auris, nec tamen credat statim,
quandoquidem et illi peccant quos minime putes,
et qui non peccant impugnantur fraudibus.
Hoc admonere simplices etiam potest,
opinione alterius ne quid ponderent.
Ambitio namque dissidens mortalium
aut gratiae subscribit aut odio suo.
Erit ille notus quem per te cognoveris.
Haec exsecutus sum propterea pluribus,
brevitate nimia quoniam quosdam offendimus.

11. Eunuchus ad improbum

Eunuchus litigabat cum quodam improbo,
qui super obscena dicta et petulans iurgium
damnum insectatus est amissi corporis.

Da baten die Richter um Hilfe vom vergöttlichten Augustus bei der Erfüllung ihres Eides, weil die Verworrenheit der Anklage sie selbst verwirrt hätte. Nachdem dieser Licht ins Dunkel der Verleumdung gebracht und die sichere Quelle der Wahrheit gefunden hatte, sagte er: »Der Freigelassene, der Grund des Übels, soll büßen; denn ich bin der Meinung, dass die Frau, nun ohne Sohn und zugleich des Mannes beraubt, eher bemitleidet als bestraft werden muss. Wenn nämlich der Hausherr über die ihm zugetragenen Anschuldigungen Nachforschungen angestellt hätte, wenn er die Lüge genau ergründet hätte, hätte er nicht sein Haus durch die unheilvolle Bluttat von Grund auf umgestürzt.«

Das Ohr soll nichts zurückweisen, aber dennoch nicht leichtgläubig sein, da nämlich entweder jene Unrechtes tun, denen du es am wenigsten zutraust, oder diejenigen, die nichts Unrechtes tun, mit Bosheit angegangen werden.

Mit diesem Beispiel kann man auch die schlichten Gemüter davor warnen, sich nicht irgendein Urteil nach der Meinung eines anderen zu bilden. Denn das Streben der Menschen geht in verschiedene Richtungen und pflichtet entweder ihrer Güte bei oder ihrem Hass. Nur der wird dir bekannt sein, den du persönlich kennst.

Dies habe ich deswegen breiter ausgeführt, weil ich manche durch allzu große Kürze aufgebracht habe.

11. Der Eunuch zu einem unverschämten Kerl

Ein Eunuch stritt sich mit einem unverschämten Kerl, der frech neben schlüpfrigen Sprüchen und Gestichel obendrein noch den Verlust seines Körperteils verhöhnte. »Sieh

»En«, ait, »hoc unum est, cur laborem validius,
integritatis testes quia desunt mihi.
Sed quid Fortunae, stulte, delictum arguis?
Id demum est homini turpe, quod meruit pati.«

12. Pullus ad margaritam

In sterquilino pullus gallinaceus
dum quaerit escam, margaritam repperit.
»Iaces indigno quanta res«, inquit, »loco!
Hoc si quis pretii cupidus vidisset tui,
olim redisses ad splendorem pristinum.
Ego quod te inveni, potior cui multo est cibus,
nec tibi prodesse nec mihi quicquam potest.«
Hoc illis narro, qui me non intellegunt.

13. Apes et fuci vespa iudice

Apes in alta fecerant quercu favos.
Hos fuci inertes esse dicebant suos.
Lis ad forum deducta est, vespa iudice.
Quae genus utrumque nosset cum pulcherrime,
legem duabus hanc proposuit partibus:
»Non inconveniens corpus et par est color,
in dubium plane res ut merito venerit.
Sed, ne religio peccet imprudens mea,
alvos accipite et ceris opus infundite,
ut ex sapore mellis et forma favi,
de quis nunc agitur, auctor horum appareat.«

mal«, sagte er, »das Einzige, worunter ich stärker leide, ist, dass mir die Zeugen meiner Unbescholtenheit [oder: die Hoden zu meiner körperlichen Unversehrtheit] fehlen. Aber was legst du, Dummkopf, mir eine Verfehlung des Schicksals zur Last? Das allein ist eine Schande für einen Menschen: was er verdient hat, zu erleiden.«

12. Der junge Hahn zur Perle

Während ein Hähnchen in einem Misthaufen nach Essen suchte, fand es eine Perle. Es sprach: »Du, eine solche Kostbarkeit, liegst an einem unwürdigen Ort! Wenn irgendjemand dies gesehen hätte, der auf deinen Wert aus ist, wärest du schon längst zu altem Glanz zurückgekehrt. Weil ich dich aber fand, dem Futter viel lieber ist, kann es weder für dich noch für mich irgendeinen Nutzen geben.«

Dies erzähle ich denjenigen, die mich nicht verstehen.

13. Bienen und Drohnen vor der Wespe als Richter

Bienen hatten ihre Waben in einer hohen Eiche gebaut. Die faulen Drohnen behaupteten, es seien ihre. Der Streit wurde vor das Gericht gebracht, Richter war die Wespe. Weil diese eine jede Art sehr genau kannte, schlug sie beiden Parteien die folgende Regelung vor: »Euer Körperbau ist nicht unähnlich, und eure Farbe ist gleich, so dass die Angelegenheit völlig zu Recht Zweifel aufgeworfen hat. Aber damit meine Gewissenhaftigkeit nicht aus Unwissenheit Fehler macht, nehmt Bienenstöcke und gießt das Werk aus Wachs hinein, damit aus dem Geschmack des Honigs und der Form der Wabe, um die es nun geht, der Schöpfer

Fuci recusant; apibus condicio placet.
Tunc illa talem protulit sententiam:
»Apertum est quis non possit et quis fecerit.
Quapropter apibus fructum restituo suum.«
   Hanc praeterissem fabulam silentio,
si pactam fuci non recusassent fidem.

14. De lusu et severitate

Puerorum in turba quidam ludentem Atticus
Aesopum nucibus cum vidisset, restitit
et quasi delirum risit. Quod sensit simul
derisor potius quam deridendus senex,
arcum retensum posuit in media via:
»Heus!«, inquit, »Sapiens, expedi, quid fecerim.«
Concurrit populus. Ille se torquet diu
nec quaestionis positae causam intellegit.
Novissime succumbit. Tum victor sophus:
»Cito rumpes arcum, semper si tensum habueris;
at si laxaris, cum voles erit utilis.
   Sic lusus animo debent aliquando dari,
ad cogitandum melior ut redeat tibi.«

15. Canis ad agnum

Inter capellas agno balanti canis:
»Stulte«, inquit, »erras; non est hic mater tua«;
ovesque segregatas ostendit procul.

der Dinge zum Vorschein kommt.« Die Drohnen lehnen ab, den Bienen gefällt der Vorschlag. Da verkündet die Wespe das folgende Urteil: »Es ist offensichtlich, wer es nicht kann und wer die Waben angelegt hat. Deswegen spreche ich den Bienen ihre eigene Frucht als Eigentum zu.«

Diese Fabel hätte ich stillschweigend weggelassen, wenn die Drohnen den geschlossenen Vertrag nicht abgelehnt hätten.

14. Über Spiel und Ernst

Als ein Mann aus Attika Äsop in einer Schar von Jungen mit Nüssen spielen sah, blieb er stehen und lachte über ihn, als wäre er verrückt. Sobald der Alte, selbst eher Spötter als jemand, der verspottet wird, das gemerkt hatte, legte er einen ungespannten Bogen mitten auf den Weg und sagte: »He, du Weiser! Erklär, was ich gemacht habe.« Die Menge läuft zusammen. Jener zerbricht sich lange den Kopf, aber er begreift den Grund für die ihm gestellte Frage nicht. Zu guter Letzt gibt er auf. Darauf sagt der weise Sieger: »Du wirst den Bogen schnell zerbrechen, wenn du ihn immer gespannt hältst; aber wenn du ihn lockerst, wird er nützlich sein, sooft du es willst.

Genauso muss man dem Geist ab und zu Spiele geben, damit er dir wieder besser zum Denken dienen kann.«

15. Der Hund zum Lamm

Zu einem Lamm, das unter Ziegen blökte, sprach ein Hund: »Du Dummerchen bist am falschen Ort; hier ist deine Mutter nicht.« Und er zeigte auf die von der Herde entfernten

»Non illam quaero, quae, cum libitum est, concipit,
dein portat onus ignotum certis mensibus,
novissime prolapsam effundit sarcinam;
verum illam, quae me nutrit admoto ubere
fraudatque natos lacte, ne desit mihi.«
»Tamen illa est potior, quae te peperit.« »Non ita est.
Unde illa scivit niger an albus nascerer?
Age porro: parere si voluisset feminam,
quid profecisset, cum crearer masculus?
Beneficium sane magnum natali dedit,
ut exspectarem lanium in horas singulas!
Cuius potestas nulla in gignendo fuit,
cur hac sit potior quae iacentis miserita est
dulcemque sponte praestat benevolentiam?
Facit parentes bonitas, non necessitas.«
His demonstrare voluit auctor versibus
obsistere homines legibus, meritis capi.

16. Cicada et noctua

Humanitati qui se non accommodat,
plerumque poenas oppetit superbiae.
Cicada acerbum noctuae convicium
faciebat, solitae victum in tenebris quaerere
cavoque ramo capere somnum interdiu.
Rogata est ut taceret. Multo validius
clamare occepit. Rursus admota prece
accensa magis est. Noctua ut vidit sibi

Schafe in der Ferne. »Ich suche nicht die, die empfängt, wenn sie Lust hat, dann die unbekannte Last in einer bestimmten Anzahl von Monaten im Jahr austrägt und zum Schluss die hervorgleitende Leibesfrucht auswirft; sondern die suche ich, die mich ernährt, indem sie mich säugt, und ihre Jungen um Milch bringt, damit sie mir nicht fehlt.« »Trotzdem ist jene wichtiger, die dich geboren hat.« »So ist es nicht. Woher wusste sie, ob ich schwarz oder weiß geboren würde? Sag ferner, wenn sie hätte ein Weibchen bekommen wollen, was hätte es genützt, da ich ja ein Männchen geworden bin? Eine große Wohltat hat sie mir freilich zur Geburt erwiesen, dass ich zu jeder Stunde den Schlachter erwarte! Warum soll die, die bei der Zeugung keinen Einfluss darauf hatte, wichtiger für mich sein als die, die mich bemitleidete, als ich hilflos dalag, und mir aus freien Stücken ihre süße Güte zuteilwerden lässt? Güte macht Eltern aus, nicht das Familienband.«

Mit diesen Versen wollte der Autor zeigen, dass Menschen sich Regeln widersetzen, sich aber von Verdiensten gewinnen lassen.

16. Die Zikade und die Eule

Wer sich nicht zu menschlichem Verhalten befleißigt, büßt häufig für seine Arroganz.

Eine Zikade veranstaltete ein für die Eule schrilles Gezirpe. Die war es gewohnt, ihre Nahrung in der Dunkelheit zu suchen und tagsüber in einem hohlen Ast zu schlafen. Sie bat die Zikade darum, leise zu sein. Die begann, viel lauter zu zirpen. Als die Bitte erneut an sie herangetragen worden war, ließ sie sich (davon) noch mehr anspornen. Als die

nullum esse auxilium et verba contemni sua,
hac est aggressa garrulam fallacia:
»Dormire quia me non sinunt cantus tui,
sonare citharam quos putes Apollinis,
potare est animus nectar, quod Pallas mihi
nuper donavit; si non fastidis, veni;
una bibamus.« Illa, quae arebat siti,
simul cognovit vocem laudari suam,
cupide advolavit. Noctua egressa e cavo
trepidantem consectata est et leto dedit.
Sic, viva quod negarat, tribuit mortua.

17. Arbores in deorum tutela

Olim, quas vellent esse in tutela sua,
divi legerunt arbores. Quercus Iovi
et myrtus Veneri placuit, Phoebo laurea,
pinus Cybebae, populus celsa Herculi.
Minerva admirans, quare steriles sumerent,
interrogavit. Causam dixit Iuppiter:
»Honorem fructu ne videamur vendere.«
»At mehercules narrabit quod quis voluerit,
oliva nobis propter fructum est gratior.«
Tunc sic deorum genitor atque hominum sator:
»O nata, merito sapiens dicere omnibus!
Nisi utile est quod facimus, stulta est gloria.«
Nihil agere quod non prosit fabella admonet.

Eule erkannte, dass man ihr nicht half und ihre Worte noch missachtet wurden, griff sie die Schwätzerin mit der folgenden List an: »Weil mich dein Gesang nicht schlafen lässt, von dem man glauben könnte, Apolls Lyra erklinge, steht mir der Sinn danach, den Nektar zu trinken, den mir Pallas vor Kurzem geschenkt hat. Wenn du ihn nicht verschmähen willst, komm. Lass uns gemeinsam trinken.« Sobald jene, die vom Durst ausgetrocknet war, gemerkt hatte, dass ihre Stimme gelobt wurde, flog sie gierig herbei. Die Eule kam aus ihrer Höhle hervor, verfolgte die Ängstliche und tötete sie. So gewährte die Zikade als Tote, was sie im Leben verweigert hatte.

17. Die Bäume unter dem Schutz der Götter

Einst wählten Götter Bäume aus, die sie unter ihren Schutz stellen wollten: Die Eiche gefiel Jupiter und die Myrte Venus, der Lorbeer Apoll, die Pinie Kybele, die hochragende Pappel Herkules. Minerva fragte verwundert, warum sie Bäume ohne Früchte nähmen. Jupiter nannte ihr den Grund: »Damit es nicht so scheint, als würden wir die Ehre für die Frucht verkaufen.« »Aber, beim Herkules, da soll doch einer sagen, was er will – die Olive ist mir lieber wegen ihrer Frucht.« Dann sprach der Vater der Götter und Schöpfer der Menschen so: »O Tochter, zu Recht wirst du von allen weise genannt! Wenn das, was wir tun, keinen Nutzen hat, ist unser Ruhm töricht.«

Die Fabel lehrt, nichts zu tun, was nicht nützlich ist.

18. Pavo ad Iunonem de voce sua

Pavo ad Iunonem venit, indigne ferens
cantus luscinii quod sibi non tribuerit:
illum esse cunctis avibus admirabilem,
se derideri simul ac vocem miserit.
Tunc consolandi gratia dixit dea:
»Sed forma vincis, vincis magnitudine;
nitor smaragdi collo praefulget tuo
pictisque plumis gemmeam caudam explicas.«
»Quo mi«, inquit, »mutam speciem, si vincor sono?«
»Fatorum arbitrio partes sunt vobis datae:
tibi forma, vires aquilae, luscinio melos,
augurium corvo, laeva cornici omina;
omnesque propriis sunt contentae dotibus.
Noli affectare quod tibi non est datum,
delusa ne spes ad querelam reccidat.«

19. Aesopus respondet garrulo

Aesopus domino solus cum esset familia,
parare cenam iussus est maturius.
Ignem ergo quaerens aliquot lustravit domus
tandemque invenit ubi lucernam accenderet.
Tum, circumeunti fuerat quod iter longius,
effecit brevius; namque recta per forum
coepit redire. Et quidam e turba garrulus:
»Aesope, medio sole quid cum lumine?«

18. Der Pfau zu Juno über seine Stimme

Ein Pfau kam zu Juno, weil er darüber verärgert war, dass sie ihm nicht den Gesang der Nachtigall geschenkt habe. Jene werde von allen Vögeln bewundert, er ausgelacht, sobald er einen Laut von sich gegeben habe. Um ihn zu trösten, sprach die Göttin da: »Aber durch deine Schönheit siegst du, du siegst durch deine Größe; Smaragdglanz schimmert an deinem Hals hervor, und du entfaltest deinen Schweif, der mit seinen bunt bemalten Federn wie Juwelen funkelt.« »Was soll ich«, sagte er, »mit stummer Schönheit, wenn ich im Klang besiegt werde?« »Nach dem Willen des Schicksals wurden euch nur Teile zugewiesen: dir die Schönheit, die Kraft dem Adler, der Nachtigall der Gesang, die Weissagung dem Raben, die ungünstigen Vorzeichen der Krähe, und alle sind zufrieden mit den ihnen anvertrauten Gaben.

Lass davon ab, nach etwas zu streben, das dir nicht gegeben ist, damit deine getäuschte Hoffnung nicht in Klage umschlägt.«

19. Äsop antwortet einem Schwätzer

Als Äsop bei seinem Herrn der einzige Sklave war, wurde ihm befohlen, das Essen früher als gewohnt zuzubereiten. Auf der Suche nach Feuer ging er also zu etlichen Häusern und fand schließlich eines, wo er seine Lampe anzünden konnte. Dann kürzte er ab, weil ihm die Strecke über Umwege zu lang gewesen war. Denn er trat seine Rückkehr auf geradem Weg über das Forum an. Dann sagte ein Schwätzer aus dem Gedränge: »Äsop, was machst du in der

»Hominem«, inquit, »quaero«, et abiit festinans domum.
Hoc si molestus ille ad animum rettulit,
sensit profecto se hominem non visum seni,
intempestive qui occupato alluserit.

Epilogus

Idem poeta

Supersunt mihi quae scribam, sed parco sciens:
primum ne videar esse tibi molestior,
distringit quem multarum rerum varietas;
dein, si quis eadem forte conari velit,
habere ut possit aliquid operis residui:
quamvis materiae tanta abundet copia,
labori faber ut desit, non fabro labor.
Brevitati nostrae praemium ut reddas peto,
quod es pollicitus: exhibe vocis fidem.
Nam vita morti propior est cotidie,
et hoc minus perveniet ad me muneris,
quo plus consumet temporis dilatio.
Si cito rem perages, usus fiet longior:
fruar diutius, si celerius coepero.
Languentis aevi dum sunt aliquae reliquiae,
auxilio locus est: olim senio debilem
frustra adiuvare bonitas nitetur tua,
cum iam desierit esse beneficium utile
et mors vicina flagitabit debitum.

Mittagssonne mit dem Licht?« »Ich suche einen Menschen«, sagte Äsop, wandte sich ab und eilte nach Haus.

Wenn jener nervige Schwätzer sich das zu Herzen nahm, merkte er ohne Frage, dass er dem Alten nicht als Mensch erschien, weil er mit ihm, als er beschäftigt war, zur Unzeit seine Späße trieb.

Epilog

Derselbe Dichter

Mir bleiben reichlich Themen, über die ich noch schreiben kann, aber ich halte mich bewusst zurück: erstens, damit ich dir nicht allzu lästig erscheine, den die bunte Vielfalt seiner Geschäfte hierhin und dorthin treibt; zweitens, damit, wenn sich jemand zufällig an dieselbe Aufgabe machen will, er noch etwas von dem restlichen Stoff haben kann; es gibt allerdings eine so große Fülle an rohem Material, dass ein Handwerker für die Arbeit fehlt, nicht aber die Arbeit für den Handwerker. Ich bitte dich, gib mir für meine Kürze die Belohnung, die du versprochen hast: Zeig, dass man sich auf dein Wort verlassen kann. Denn das Leben kommt dem Tod jeden Tag ein Stück näher, und je mehr Zeit der Aufschub verstreichen lässt, desto weniger wird von deiner Gefälligkeit zu mir gelangen. Wenn du die Sache schnell vollendest, wird der Nutzen länger andauern; ich werde länger genießen, wenn ich früher begonnen habe. Solange noch irgendein Rest von meinem geschwächten Lebensalter übrig ist, besteht Gelegenheit für Hilfe. Eines Tages wird deine Gutherzigkeit sich vergeblich bemühen, mir Altersschwachem zu helfen, wenn deine Wohltat schon nicht mehr nützlich ist und der nahende Tod seinen

Stultum admovere tibi preces existimo,
proclivis ultro cum sit misericordia.
Saepe impetravit veniam confessus reus:
quanto innocenti iustius debet dari?
Tuae sunt partes; fuerunt aliorum prius,
dein simili gyro venient aliorum vices.
Decerne quod religio, quod patitur fides,
et graviter me tutare iudicio tuo.
Excedit animus quem proposuit terminum;
sed difficulter continetur spiritus,
integritatis qui sincerae conscius
a noxiorum premitur insolentiis.
Qui sint, requires; apparebunt tempore.
Ego, quondam legi quam puer sententiam,
»Palam muttire plebeio piaculum est«,
dum sanitas constabit, pulchre meminero.

Tribut fordert. Ich halte es für dumm, Bitten an dich heranzutragen, wenn dein Mitgefühl mir schon von sich aus geneigt ist. Oft hat ein Angeklagter, der gestanden hat, Gnade erlangt. Mit wie viel mehr Recht muss man sie einem Unschuldigen gewähren? Es liegt an dir. Früher lag es an anderen, später werden andere im Wechsel in einem ähnlichen Kreislauf an die Reihe kommen. Entscheide, was dein frommes Pflichtgefühl, was deine Treue gestattet, und schütze mich tatkräftig mit deinem Urteil. Mein Herz überschreitet die Grenze, die es sich selbst gesetzt hat, der Lebensgeist aber ist nur schwer zu bändigen, der im Bewusstsein seiner wahrhaften Unbescholtenheit von den Dreistigkeiten der Übeltäter bedrängt wird. Du wirst fragen, wer sie sind; mit der Zeit werden sie sich zeigen. An den Satz, den ich einst als Junge las, »Für den einfachen Mann ist es ein Vergehen, in der Öffentlichkeit aufzumucken.«, werde ich mich noch genau erinnern, solange meine geistige Gesundheit erhalten bleibt.

Liber quartus

Prologus

Poeta ad Particulonem

Cum destinassem operis habere terminum
in hoc ut aliis esset materiae satis,
consilium tacito corde damnavi meum.
Nam si quis talis etiam tituli est appetens,
quo pacto divinabit quidnam omiserim,
ut illud ipsum cupiat famae tradere,
sua cuique cum sit animi cogitatio
colorque proprius? Ergo non levitas mihi,
sed certa ratio causam scribendi dedit.
Quare, Particulo, quoniam caperis fabulis
(quas Aesopias, non Aesopi, nomino,
quia paucas ille ostendit, ego plures fero,
usus vetusto genere, sed rebus novis),
quartum libellum, dum vacabis, perleges.
Hunc obtrectare si volet malignitas,
imitari cum non possit, obtrectet licet.
Mihi parta laus est, quod tu, quod similes tui
vestras in chartas verba transfertis mea
dignum que⟨m⟩ longa iudicatis memoria.
Illitteratum plausum nec desidero.

Viertes Buch

Prolog

Der Dichter an Particulo

Obwohl ich beschlossen hatte, meine Arbeit zu beenden, damit anderen dafür genügend Stoff übrig bleibe, habe ich meinen Entschluss schweigenden Herzens verdammt. Denn wenn auch irgendjemand auf solchen Ruhm aus ist, wie wird er erahnen können, was ich ausgelassen habe, damit er sich wünschen kann, gerade das an die Nachwelt weiterzugeben, weil jeder seine eigene Denkweise, seinen individuellen Stil hat? Also gab mir nicht Leichtfertigkeit, sondern die vernünftige Überlegung einen Grund, weiterzuschreiben. Daher, Particulo, da du dich von meinen Fabeln in den Bann ziehen lässt (ich nenne sie »äsopisch«, nicht »von Äsop«, weil jener wenige veröffentlicht hat, ich dagegen mehr hervorbringe, indem ich auf die alte Gattung zurückgreife, aber mit neuen Stoffen), wirst du das vierte Büchlein durchlesen, wenn du die Muße hast. Wenn boshafte Kritiker es herabwürdigen wollen, weil sie es nicht nachahmen können, sollen sie es doch herabwürdigen. Mir wurde das Lob zuteil, weil du und deinesgleichen meine Worte in eure Bücher aufnehmt; ihr glaubt, dass ich langwährenden Ruhm verdient habe. Nach ungebildetem Beifall habe ich kein Verlangen.

1. Asinus et Galli

Qui natus est infelix, non vitam modo
tristem decurrit, verum post obitum quoque
persequitur illum dura fati miseria.
Galli Cybebes circum in quaestus ducere
asinum solebant, baiulantem sarcinas.
Is cum labore et plagis esset mortuus,
detracta pelle sibi fecerunt tympana.
Rogati mox a quodam, delicio suo
quidnam fecissent, hoc locuti sunt modo:
»Putabat se post mortem securum fore;
ecce aliae plagae congeruntur mortuo!«

2. Poeta

Ioculare tibi videtur, et sane levi,
dum nihil habemus maius, calamo ludimus.
Sed diligenter intuere has nenias:
quantam sub illis utilitatem reperies!
Non semper ea sunt, quae videntur: decipit
frons prima multos, rara mens intellegit
quod interiore condidit cura angulo.
Hoc ne locutus sine mercede existimer,
fabellam adiciam de mustela et muribus.
Mustela cum annis et senecta debilis
mures veloces non valeret assequi,
involvit se farina et obscuro loco
abiecit neglegenter. Mus escam putans
assiluit et compressus occubuit neci.

1. Der Esel und die Priester der Kybele

Wer unglücklich geboren wurde, durchläuft nicht nur ein trauriges Leben, sondern auch nach seinem Tod verfolgt ihn das harte Elend seines Schicksals.

Die Priester der Kybele pflegten erwerbsmäßig einen Esel als Lastenträger herumzuführen. Als der infolge der Strapazen und der Schläge gestorben war, zogen sie ihm das Fell ab und stellten daraus Tamburine für sich her. Als sie bald darauf von jemandem gefragt wurden, was sie denn mit ihrem Liebling gemacht hätten, sprachen sie auf diese Weise: »Er glaubte, nach seinem Tod sei er sicher; schau her, dem Toten werden nun Schläge anderer Art verpasst.«

2. Der Dichter

Dir scheint es spaßig, und in der Tat spiele ich mit einem leichten Schreibrohr, solange ich nichts Größeres habe. Aber schau dir diese kleinen Spielereien aufmerksam an: Welch großen Nutzen wirst du in ihnen finden! Es ist nicht immer das, was es scheint: Das erste Äußere täuscht viele; nur ein seltener Geist erkennt, was die Sorgfalt im hinteren Winkel verborgen hat. Damit keiner glaubt, ich hätte das umsonst gesagt, will ich die Fabel vom Wiesel und den Mäusen hinzugeben.

Als ein Wiesel, das von den Jahren und vom Alter geschwächt war, nicht mehr die flinken Mäuse einholen konnte, wälzte es sich in Mehl und warf sich achtlos an einem dunklen Platz auf den Boden. Die Maus hielt es für Speise, sprang herbei, wurde gepackt und starb. Ebenso

Alter similiter, deinde perit et tertius.
Mox venit aliquot saeculis retorridus,
qui saepe laqueos et muscipula effugerat;
proculque insidias cernens hostis callidi:
»Sic valeas«, inquit, »ut farina es, quae iaces!«

3. De vulpe et uva

Fame coacta vulpes alta in vinea
uvam appetebat, summis saliens viribus;
quam tangere ut non potuit, discedens ait:
»Nondum matura est; nolo acerbam sumere.«
  Qui, facere quae non possunt, verbis elevant,
ascribere hoc debebunt exemplum sibi.

4. Equus et aper

Equus sedare solitus quo fuerat sitim,
dum sese aper volutat turbavit vadum.
Hinc orta lis est. Sonipes iratus fero
auxilium petiit hominis; quem dorso levans
rediit ad hostem. Iactis hunc telis eques
postquam interfecit, sic locutus traditur:
»Laetor tulisse auxilium me precibus tuis;
nam praedam cepi et didici quam sis utilis.«
Atque ita coegit frenos invitum pati.
Tum maestus ille: »Parvae vindictam rei

die zweite, dann verendet auch die dritte. Bald kam eine in einigen Generationen geschrumpfte Maus, die oft den Schlingen und Mausefallen entwischt war. Und als sie aus der Ferne den Hinterhalt des verschlagenen Feindes erkannte, sprach sie: »So gut möge es dir gehen, wie du Mehl bist! Als das liegst du ja da!«

3. Vom Fuchs und der Traube

Ein von Hunger getriebener Fuchs versuchte, hoch im Weinstock nach einer Traube zu greifen, und sprang dabei mit allen Kräften. Als er sie nicht berühren konnte, sagte er im Weggehen: »Sie ist noch unreif; ich will keine saure nehmen.«

Diejenigen, die das, was sie nicht zustande bringen können, mit Worten abwerten, müssen sich dieses Beispiel zuschreiben.

4. Das Pferd und der Eber

Die Wasserstelle, an der ein Pferd gewohnt war, seinen Durst zu stillen, wühlte ein Eber auf, indem er sich darin wälzte. Daraus entstand ein Streit. Erzürnt über das Wild, tönte das Pferd laut mit den Hufen und bat beim Menschen um Hilfe; den hob es auf seinen Rücken und kehrte zum Feind zurück. Nachdem der Reiter Wurfspieße geschleudert und den Eber getötet hatte, soll er so gesprochen haben: »Ich freue mich, dass ich dir auf deine Bitten hin geholfen habe; denn ich habe Beute gefangen und gelernt, wie nützlich du bist.« Und so zwang er das Pferd, gegen seinen Willen den Zaum zu ertragen. Da sagte es traurig:

dum quaero demens, servitutem repperi.«
Haec iracundos admonebit fabula
impune potius laedi quam dedi alteri.

5. Poeta

Plus esse in uno saepe quam in turba boni,
narratione posteris tradam brevi.
Quidam decedens tres reliquit filias:
unam formosam et oculis venantem viros;
at alteram lanificam et frugi rusticam;
devotam vino tertiam et turpissimam.
Harum autem matrem fecit heredem senex
sub condicione, totam ut fortunam tribus
aequaliter distribuat, sed tali modo:
»Ni data possideant aut fruantur«; tum: »simul
habere res desierint, quas acceperint,
centena matri conferant sestertia.«
Athenas rumor implet. Mater sedula
iuris peritos consulit; nemo expedit
quo pacto non possideant, quod fuerit datum,
fructumve capiant; deinde quae tulerint nihil,
quanam ratione conferant pecuniam.
Postquam consumpta est temporis longi mora,
nec testamenti potuit sensus colligi,
fidem advocavit iure neglecto parens.

»Als ich – nicht ganz bei Trost – für eine Kleinigkeit Rettung suchte, fand ich Knechtschaft.«

Diese Fabel wird hitzige Gemüter lehren, lieber ungerächt Anstoß zu nehmen, als sich einem anderen zu untergeben.

5. Der Dichter

Dass in dem Einzelnen oft mehr Gutes steckt als in der Menge, will ich in einer kurzen Erzählung an die Nachwelt weitergeben.

Ein Mann ließ, als er starb, drei Töchter zurück: Die eine war schön und erbeutete Männer mit ihren Blicken; die zweite dagegen spann Wolle, war genügsam und bäuerlich; die dritte sprach dem Wein zu und war äußerst hässlich. Als Erbin aber setzte der Alte ihre Mutter ein, unter der Bedingung, dass sie das gesamte Vermögen gleichermaßen auf die drei verteile, und zwar auf solche Weise: »Dass sie das, was ihnen gegeben wurde, weder besitzen noch nutzen können.« Ferner: »Sobald sie nicht mehr besitzen, was sie erhalten haben, sollen sie der Mutter je hundert Sesterzen übertragen.« Das Gerücht davon erfüllt Athen. Eifrig holt die Mutter sich Rat bei den Rechtsgelehrten; niemand löst das Rätsel, wie sie nicht besitzen oder einen Nutzen von dem haben können, was ihnen gegeben würde; ferner, auf welche Weise die Erbinnen denn Geld aufbringen können, wenn sie nichts erhalten haben. Nachdem ein langer Zeitraum verstrichen war und der Sinn des Testaments immer noch nicht entschlüsselt werden konnte, kümmerte die Mutter sich nicht mehr um das Recht und berief sich auf ihren guten Glauben. Dem leichten

Seponit moechae vestem, mundum muliebrem,
lavationem argenteam, eunuchos glabros;
lanificae agellos, pecora, villam, operarios,
boves, iumenta et instrumentum rusticum;
potrici plenam antiquis apothecam cadis,
domum politam et delicatos hortulos.
Sic destinata dare cum vellet singulis
et approbaret populus, qui illas noverat,
Aesopus media subito in turba constitit:
»O si maneret condito sensus patri,
quam graviter ferret, quod voluntatem suam
interpretari non potuissent Attici!«
Rogatus deinde solvit errorem omnium:
»Domum et ornamenta cum venustis hortulis
et vina vetera date lanificae rusticae;
vestem, uniones, pedisequos et cetera
illi assignate vitam quae luxu trahit;
agros, buvile et pecora cum pastoribus
donate moechae. Nulla poterit perpeti,
ut moribus quid teneat alienum suis.
Deformis cultum vendet ut vinum paret;
agros abiciet moecha ut ornatum gerat;
at illa gaudens pecore et lanae dedita
quacumque summa tradet luxuriae domum.
Sic nulla possidebit quod fuerit datum,
et dictam matri conferent pecuniam
ex pretio rerum quas vendiderint singulae.«
Ita quod multorum fugit imprudentiam
unius hominis repperit sollertia.

Mädchen teilt sie Kleider, weibliche Schönheitspflegeartikel, silbernes Badegeschirr, unbehaarte Eunuchen zu; der Wollspinnerin kleine Äcker, Schafe, das Gutshaus, Arbeitskräfte, Rinder, Tiergespanne und landwirtschaftliche Geräte; der Trinkerin die Vorratskammer voll mit alten Weinkrügen, das geschmackvolle Stadthaus und die gepflegten Gärten. Als sie ihnen jeweils das für sie so Vorgesehene geben wollte und die Leute, die die Töchter gut kannten, es befürworteten, blieb Äsop plötzlich mitten in der Menge stehen und sagte: »O wenn der Vater im Grab noch seine Sinne hätte, wie schwer ertrüge er es, dass die Athener seinen letzten Willen nicht deuten konnten!« Auf Bitten löste er dann den Irrtum aller auf: »Gebt das Stadthaus und den Schmuck mit den lieblichen Gärten und den alten Wein der ländlichen Spinnerin. Teilt jener, die ihr Leben in Genuss verbringt, Kleider, Perlen, Diener und das Übrige zu. Äcker, Rinderstall und Schafe mit Hirten schenkt dem leichten Mädchen. Keine wird es aushalten können, etwas ihrem Wesen so Fremdes zu behalten. Die Hässliche wird den Schmuck verkaufen, um sich Wein zu beschaffen. Das leichte Mädchen wird die Äcker abstoßen, um Schmuck zu tragen. Doch die, die sich an dem Vieh erfreut und die Wollarbeit genießt, wird um jeden Preis das luxuriöse Haus verkaufen. So wird keine besitzen, was ihr gegeben wurde, und die Töchter können der Mutter jeweils das ihr zugesprochene Geld aus dem Erlös der Dinge, die sie verkauft haben, übertragen.«

So fand die Klugheit eines einzigen Menschen heraus, was dem Unverstand vieler entgangen ist.

6. Pugna murium et mustelarum

Cum victi mures mustelarum exercitu
(historia quorum et in tabernis pingitur),
fugerent et artos circum trepidarent cavos,
aegre recepti, tamen evaserunt necem.
Duces eorum, qui capitibus cornua
suis ligarant, ut conspicuum in proelio
haberent signum quod sequerentur milites,
haesere in portis suntque capti ab hostibus;
quos immolatos victor avidis dentibus
capacis alvi mersit tartareo specu.
  Quemcumque populum tristis eventus premit,
periclitatur magnitudo principum;
minuta plebes facili praesidio latet.

7. Phaedrus

Tu qui, nasute, scripta destringis mea
et hoc iocorum legere fastidis genus,
parva libellum sustine patientia,
severitatem frontis dum placo tuae
et in cothurnis prodit Aesopus novis:
  Utinam nec umquam Pelii nemoris iugo
pinus bipenni concidisset Thessala,
nec ad professae mortis audacem viam
fabricasset Argus opere Palladio ratem,
inhospitalis prima quae ponti sinus
patefecit in perniciem Graium et barbarum!

6. Die Schlacht der Mäuse und Wiesel

Die Mäuse wurden von einem Heer von Wieseln besiegt: Ihre Geschichte wird auch in Tavernen an die Wand gemalt. Als sie die Flucht ergriffen und ängstlich um die engen Mauselöcher trippelten, glückte ihnen nur mit Mühe der Rückzug, und sie entgingen bei alledem dem Tod. Ihre Führer aber, die sich Hörner an ihre Köpfe gebunden hatten, um im Kampf ein sichtbares Zeichen zu tragen, dem die Soldaten folgen konnten, blieben in den Eingängen stecken und wurden von den Feinden gefangen. Die nahm sich der Sieger als Opfer, und er begrub sie mit seinen gierigen Zähnen in der Tartaroshöhle seines geräumigen Magens.

Wann immer ein elendes Desaster ein Volk niederdrückt, wird die Größe der Führer zur Gefahr; die kleinen Leute finden leicht im Verborgenen Deckung.

7. Phaedrus

Du Kritiker mit der überfeinen Nase, der du meine Schriften niedermachst und angewidert bist, diese Art von Scherzen zu lesen, hab noch ein wenig Geduld mit meinem Büchlein, bis ich die strengen Falten deiner Stirn glätte und Äsop in neuen Kothurnen auftritt.

Ach, wäre doch niemals die thessalische Fichte auf dem Gebirgskamm des Haines vom Pelion mit der Doppelaxt gefällt worden, und hätte Argus nicht das Schiff mit Pallas' Kunst für den kühnen Weg in den sicheren Tod gebaut, das als erstes die Buchten des unwirtlichen Meeres für den Untergang der Griechen und Barbaren geöffnet hat!

Namque et superbi luget Aeetae domus,
et regna Peliae scelere Medeae iacent,
quae, saevum ingenium variis involvens modis,
illic per artus fratris explicuit fugam,
hic caede patris Peliadum infecit manus.
Quid tibi videtur? »Hoc quoque insulsum est«, ais,
»falsoque dictum; longe quia vetustior
Aegaea Minos classe perdomuit freta
iustoque vindicavit exemplo impetum.«
Quid ergo possum facere tibi, lector Cato,
si nec fabellae te iuvant nec fabulae?
Noli molestus esse omnino litteris,
maiorem exhibeant ne tibi molestiam.
Hoc illis dictum est, qui stultitia nauseant
et, ut putentur sapere, caelum vituperant.

8. Serpens ad fabrum ferrarium

Mordaciorem qui improbo dente appetit,
hoc argumento se describi sentiat.
In officinam fabri venit vipera.
Haec cum temptaret si qua res esset cibi,
limam momordit. Illa contra contumax:
»Quid me«, inquit, »stulta, dente captas laedere,
omne assuevi ferrum quae corrodere?«

Denn auch das Haus des stolzen Aiëtes ist in Trauer, und Pelias' Reich liegt durch das Verbrechen Medeas darnieder. Während sie auf mannigfache Weise ihre grausame Natur verhüllte, ermöglichte sie dort durch die Gliedmaßen ihres Bruders die Flucht, beschmutzte hier durch Vatermord die Hände der Peliaden.

Wie gefällt es dir? »Auch das ist nicht nach meinem Geschmack«, sagst du, »und falsch erzählt; weil Minos schon weitaus früher das Ägäische Meer mit seiner Flotte bezwungen hat und einen Angriff – als Beispiel der Gerechtigkeit – gerächt hat.« Was kann ich also für dich tun, Leser Cato, wenn weder Fabeln noch Tragödien dich erfreuen? Sei nicht den Büchern überhaupt ein Ärgernis, damit sie dir keinen größeren Ärger bereiten.

Das ist für die gesagt, denen vor lauter Dummheit übel wird und die den Himmel schlecht machen, damit man glaubt, sie hätten Geschmack.

8. Die Schlange beim Schmied

Wer mit boshaftem Zahn jemanden angreift, der noch bissiger ist, soll merken, dass er in dieser Erzählung beschrieben wird.

Eine Schlange kam in die Werkstatt eines Schmieds. Als sie prüfte, ob es irgendetwas Essbares gebe, biss sie auf eine Feile. Jene hielt widerspenstig dagegen: »Was bist du, Dumme, darauf aus, mich mit deinem Zahn zu verletzen, die ich es doch gewohnt bin, jedes Eisen zu zerreiben?«

9. Vulpis et caper

Homo in periclum simul ac venit callidus,
reperire effugium quaerit alterius malo.
Cum decidisset vulpes in puteum inscia
et altiore clauderetur margine,
devenit hircus sitiens in eundem locum;
simul rogavit, esset an dulcis liquor
et copiosus. Illa fraudem moliens:
»Descende, amice; tanta bonitas est aquae,
voluptas ut satiari non possit mea.«
Immisit se barbatus. Tum vulpecula
evasit puteo nixa celsis cornibus,
hircumque clauso liquit haerentem vado.

10. De vitiis hominum

Peras imposuit Iuppiter nobis duas:
propriis repletam vitiis post tergum dedit,
alienis ante pectus suspendit gravem.
Hac re videre nostra mala non possumus;
alii simul delinquunt, censores sumus.

11. Fur et lucerna

Lucernam fur accendit ex ara Iovis
ipsumque compilavit ad lumen suum.
Onustus qui sacrilegio cum discederet,
repente vocem sancta misit Religio:

9. Der Fuchs und der Ziegenbock

Sobald ein schlauer Mensch in Gefahr geraten ist, sucht er zum Schaden eines anderen nach einem Ausweg.

Als ein Fuchs nichtsahnend in einen Brunnen gefallen war und durch den allzu hohen Rand eingeschlossen wurde, kam ein Ziegenbock an denselben Ort, weil er Durst hatte. Sogleich fragte er, ob das Wasser schmackhaft und reichlich sei. Jener dachte sich eine List aus und sprach: »Steig herab, mein Freund; die Qualität des Wassers ist so ausgezeichnet, dass meine Lust zu trinken nicht gestillt werden kann.« Der Langbärtige ließ sich hineinfallen. Da entkam das Füchschen, auf die hohen Hörner gestützt, aus dem Brunnen und ließ den Ziegenbock in der eingeschlossenen Wasserstelle festsitzen.

10. Über die Fehler der Menschen

Zwei Säckchen legte Jupiter uns auf: Das mit eigenen Fehlern gefüllte setzte er uns auf den Rücken, das von fremden Fehlern beschwerte hängte er uns vor die Brust.

Daher können wir unsere eigenen Verfehlungen nicht sehen; sobald andere einen Fehltritt machen, sind wir ihre Kritiker.

11. Der Dieb und die Lampe

Ein Dieb zündete am Altar Jupiters eine Lampe an und beraubte den Gott selbst bei seinem eigenen Licht. Als er vom Tempelraub beladen gehen wollte, ließ die heilige Religio plötzlich ihre Stimme vernehmen: »Wenn das auch

»Malorum quamvis ista fuerint munera
mihique invisa, ut non offendar surripi,
tamen, sceleste, spiritu culpam lues,
olim cum ascriptus venerit poenae dies.
Sed ne ignis noster facinori praeluceat,
per quem verendos excolit pietas deos,
veto esse tale luminis commercium.«
Itaque hodie nec lucernam de flamma deum
nec de lucerna fas est accendi sacram.
   Quot res contineat hoc argumentum utiles,
non explicabit alius quam qui repperit.
Significat primo saepe quos ipse alueris
tibi inveniri maxime contrarios;
secundum ostendit scelera non ira deum,
fatorum dicto sed puniri tempore;
novissime interdicit ne cum malefico
usum bonus consociet ullius rei.

12. Malas esse divitias

Opes invisae merito sunt forti viro,
quia dives arca veram laudem intercipit.
   Caelo receptus propter virtutem Hercules,
cum gratulantes persalutasset deos,
veniente Pluto, qui Fortunae est filius,
avertit oculos. Causam quaesivit pater.
»Odi«, inquit, »illum, quia malis amicus est
simulque obiecto cuncta corrumpit lucro.«

die Gaben von Bösen gewesen und sie mir so verhasst sind, dass ich durch ihren Raub nicht gekränkt werde, wirst du, Verbrecher, dennoch deine Schuld mit dem Leben bezahlen, wenn einst der dir vorherbestimmte Tag der Strafe gekommen ist. Aber damit unser Tempelfeuer, mit dem die Frömmigkeit die ehrfurchtgebietenden Götter verehrt, nicht für Frevel leuchtet, verbiete ich, dass es einen solchen Austausch des Lichtes gibt.« Deshalb besteht noch heute das göttliche Gebot, weder eine Laterne am Feuer der Götter noch das heilige Feuer an einer Laterne zu entzünden.

Wie viel Nützliches diese Geschichte enthält, wird kein anderer erklären als der, der sie erfunden hat: Erstens zeigt sie, dass sich häufig die als deine größten Gegner herausstellen, die du selbst genährt hast; zweitens veranschaulicht sie, dass Verbrechen nicht durch den Zorn der Götter, sondern mit der Zeit durch den Spruch des Schicksals bestraft werden; zu guter Letzt verbietet sie, dass ein guter Mensch sich den Nutzen irgendeiner Sache mit einem Übeltäter teilt.

12. Reichtum ist schlecht

Vermögen ist dem tüchtigen Mann aus gutem Grund verhasst, da die gefüllte Schatulle aufrichtiges Lob behindert.

Als Herkules wegen seiner Tüchtigkeit in den Himmel aufgenommen worden war und die Götter, die ihre Freude bekundeten, der Reihe nach begrüßt hatte, wandte er seine Augen ab, als Plutus, der Sohn Fortunas, kam. Der Vater fragte nach dem Grund. Herkules entgegnete: »Ich hasse ihn, weil er für die Bösen ein Freund ist und zugleich alles verdirbt, indem er Gewinn in Aussicht stellt.«

13. Homines duo, fallax, verax et simii

Utilius homini nihil est quam recte loqui.
Probanda cunctis est quidem sententia,
sed ad perniciem solet agi sinceritas.
....

14. De leone regnante

....
Cum se ferarum regem fecisset leo
et aequitatis vellet famam consequi,
a pristina deflexit consuetudine
atque inter illas tenui contentus cibo
sancta incorrupta iura reddebat fide.
Postquam labare coepit paenitentia,
....

15. Prometheus

....
a fictione veretri linguam mulieris.
Affinitatem traxit inde obscenitas.

16. Idem

Rogavit alter, tribadas et molles mares
quae ratio procreasset. Exposuit senex:
»Idem Prometheus, auctor vulgi fictilis,

13. Zwei Menschen – ein Lügner, ein Wahrheitsfreund – und Affen

»Nichts ist für den Menschen von größerem Nutzen als die Wahrheit zu sagen.« Der Spruch muss zwar von allen für gut befunden werden, doch Ehrlichkeit führt gewöhnlich ins Verderben.

....

14. Über den Löwen als König

....

Als ein Löwe sich zum König über die wilden Tiere gemacht hatte und den Ruf erwerben wollte, gerecht zu handeln, ließ er von seiner alten Gewohnheit ab und sprach zufrieden mit karger Speise unter jenen [5] heiliges Recht mit unbestechlicher Wahrhaftigkeit. Als er aus Reue zu wanken begann, …

....

15. Prometheus

....

(aus Lehm formte er) nach der Bildung des Gliedes die Zunge der Frau. Von daher rührte das obszöne Zusammenspiel.

16. Derselbe

Ein anderer fragte, nach welchem Plan Tribaden und feminine Männer geschaffen worden seien. Der Greis erklärte:

»Derselbe Prometheus, Schöpfer des Volkes aus Ton,

qui simul offendit ad fortunam, frangitur,
naturae partes veste quas celat pudor,
cum separatim toto finxisset die,
aptare mox ut posset corporibus suis,
ad cenam est invitatus subito a Libero.
Ubi irrigatus multo venas nectare,
sero domum est reversus titubanti pede.
Tum semisomno corde et errore ebrio
applicuit virginale generi masculo
et masculina membra applicuit feminis.
Ita nunc libido pravo fruitur gaudio.«

17. De capreis barbatis

Barbam capellae cum impetrassent ab Iove,
hirci maerentes indignari coeperunt,
quod dignitatem feminae aequassent suam.
»Sinite«, inquit, »illas gloria vana frui
et usurpare vestri ornatum muneris,
pares dum non sint vestrae fortitudinis.«
  Hoc argumentum monet, ut sustineas tibi
habitu esse similes, qui sint virtute impares.

18. De fortunis hominum

Cum de fortunis quidam quereretur suis,
Aesopus finxit consolandi gratia:
  Vexata saevis navis tempestaṭibus,
inter vectorum lacrimas et mortis metum
faciem ad serenam subito ut mutatur dies,

das, sobald es mit dem Schicksal zusammenstößt, zerbrochen wird, wurde, nachdem er den ganzen Tag über die Körperteile, die die Scham im Kleid verhüllt, gesondert geformt hatte, um sie bald an seine Körper anpassen zu können, überraschend von Liber zum Abendessen eingeladen. Als er seine Adern mit viel Nektar gefüllt hatte, kehrte er spät auf schwankendem Fuße nach Hause zurück. Dann fügte er halb schlafend und in berauschtem Irrtum die jungfräuliche Scham an das männliche Geschlecht, männliche Glieder fügte er an die Frauen. So genießt nun die Begierde verkehrte Lust.«

17. Von den bärtigen Ziegen

Als die Ziegen von Jupiter einen Bart erwirkt hatten, begannen die Böcke, sich klagend zu empören, weil die Frauen die gleiche Stellung wie sie erreicht hatten. »Lasst sie doch«, sagte Jupiter, »den leeren Ruhm genießen und die Zierde eures Amtes für sich beanspruchen, solange sie euch nicht an Tapferkeit gleich sind.«

Diese Fabel lehrt dich zu ertragen, dass diejenigen dir in ihrer Aufmachung ähneln, die dir nicht gleich an Tugend sind.

18. Über das wechselhafte Glück der Menschen

Als jemand über sein unglückliches Los klagte, dachte Äsop sich die folgende Geschichte aus, um ihn zu trösten:

Ein Schiff wurde von tosenden Stürmen umhergeworfen. Als plötzlich, unter Tränen und Todesfurcht der Passagiere, der Tag zu einem heiteren Antlitz wechselt, be-

ferri secundis tuta coepit flatibus
nimiaque nautas hilaritate extollere.
Factus periclis tum gubernator sophus:
»Parce gaudere oportet et sensim queri,
totam aeque vitam miscet dolor et gaudium.«

19. Canes legatos ⟨miserunt⟩ ad Iovem

Canes legatos olim misere ad Iovem
meliora vitae tempora oratum suae;
ut sese abriperet hominum contumeliis,
furfuribus sibi consparsum quod panem darent
fimoque turpi maximam explerent famem.
Profecti sunt legati non celeri pede.
Dum naribus scrutantur escam in stercore,
citati non respondent. Vix tandem invenit
eos Mercurius et turbatos attrahit.
Tum vero vultum magni ut viderunt Iovis,
totam timentes concacarunt regiam;
propulsi vero fustibus vadunt foras.
Vetat dimitti magnus illos Iuppiter.
Mirati sibi legatos non revertier,
turpe aestimantes aliquid commissum a suis,
post aliquod tempus alios ascribi iubent.
Rumor legatos superiores prodidit.
Timentes rursus aliquid ne simile accidat,
odore canibus anum, sed multo, replent.
Mandata dantur et dimittuntur statim.

ginnt das Schiff bei günstigen Winden sicher zu fahren und die Seeleute mit allzu großem Frohsinn aufzuheitern. Da sprach der durch die Gefahren weise gewordene Steuermann: »Man muss sich vorsichtig freuen und zaghaft klagen; gleichmäßig durchmischen Schmerz und Freude dein ganzes Leben.«

19. Die Hunde schickten Gesandte zu Jupiter

Einst schickten Hunde Gesandte zu Jupiter, um bessere Zeiten für ihr Leben zu erbitten; er möge sie von der schmachvollen Behandlung durch die Menschen befreien, da sie ihnen mit Kleie bestreutes Brot gäben und ihren größten Hunger mit abscheulichem Mist stillten. Die Gesandten machten sich auf den Weg, aber nicht schnellen Fußes. Während sie gerade im Abfallhaufen mit ihren Nasen nach Futter schnüffeln, antworten sie nicht, als sie gerufen werden. Doch endlich entdeckt Merkur sie und schleppt die Verschreckten herbei. In dem Moment aber, in dem sie das Antlitz des großen Jupiter erblickten, bekackten sie vor Angst den ganzen Königspalast. Da aber werden sie mit Stöcken vertrieben und gehen aus dem Palast. Doch der große Jupiter spricht ein Verbot aus, sie zu entlassen. Die Hunde wunderten sich, dass ihre Gesandten nicht zu ihnen zurückkehrten, glaubten, ihre Leute hätten etwas Schändliches getan, und befehlen nach einer bestimmten Zeit anderen, die Aufgabe der Gesandtschaft zu übernehmen. Ein Gerücht verriet die früheren Gesandten. Da sie fürchten, dass sich wieder etwas Ähnliches ereignet, stecken sie den Hunden Parfüm in den Hintern, und zwar viel davon. Aufträge werden erteilt, und sofort werden

Adeunt. Rogantes aditum continuo impetrant.
Consedit genitor tum deorum maximus
quassatque fulmen: tremere coepere omnia.
Canes confusi, subito quod fuerat fragor,
repente odorem mixtum cum merdis cacant.
Reclamant omnes vindicandam iniuriam.
Sic est locutus ante poenam Iuppiter:
»Legatos non est regis non dimittere,
nec est difficile poenas culpae imponere;
sed hoc feretis pro iudicio praemium:
non veto dimitti, verum cruciari fame,
ne ventrem continere non possint suum.
Illi autem qui miserunt vos tam futtiles
numquam carebunt hominis contumelia.«
Ita nunc legatos exspectant et posteri
novum et venire qui videt, culum olfacit.

20. Serpens. Misericordia nociva

Qui fert malis auxilium, post tempus dolet.
Gelu rigentem quidam colubram sustulit
sinuque fovit, contra se ipse misericors:
namque, ut refecta est, necuit hominem protinus.
Hanc alia cum rogaret causam facinoris,
respondit: »Ne quis discat prodesse improbis.«

sie entlassen. Sie ziehen los, bitten um Einlass, erlangen ihn sogleich. Da nahm der höchste Vater der Götter seinen Platz ein und schwingt den Blitz. Alles begann zu beben. Die Hunde waren verwirrt, da es plötzlich gedonnert hatte, und kackten unversehens das mit ihrem Kot vermischte Parfüm wieder aus. Alle rufen, das Unrecht müsse gerächt werden. So sprach Jupiter vor der Bestrafung: »Dem König steht es nicht an, die Gesandten nicht zu entlassen, aber es fällt nicht schwer, eine Strafe für die Schuld aufzuerlegen. Anstelle eines Urteils sollt ihr die folgende ›Belohnung‹ davontragen: Ich verbiete nicht, euch zu entlassen, aber ihr sollt von Hunger gequält werden, damit ihr euren Magen nicht entleeren könnt. Jene aber, die euch, obwohl ihr so undicht seid, losgeschickt haben, werden niemals ohne schmachvolle Behandlung des Menschen sein.« So warten die Hundenachfahren noch heute auf die Gesandten, und wer einen neuen Hund kommen sieht, schnuppert an seinem Hintern.

20. Die Schlange. Schädliches Mitleid

Wer Bösen hilft, den schmerzt es hinterher. Ein Mann hob eine vor Kälte erstarrte Schlange auf und wärmte sie in seinem Schoß, mitleidig, jedoch zu seinem eigenen Nachteil. Denn sobald sie sich erholt hatte, tötete sie den Menschen auf der Stelle. Als eine andere Schlange sie nach dem Grund der Tat fragte, gab sie die folgende Antwort: »Damit bloß niemand lernt, Übeltätern zu nützen.«

21. Vulpis et draco

Vulpes, cubile fodiens, dum terram eruit
agitque plures altius cuniculos,
pervenit ad draconis speluncam ultimam,
custodiebat qui thesauros abditos.
Hunc simul aspexit: »Oro, ut imprudentiae
des primum veniam; deinde si pulchre vides,
quam non conveniens aurum sit vitae meae,
respondeas clementer. Quem fructum capis
hoc ex labore, quodve tantum est praemium,
ut careas somno et aevum in tenebris exigas?«
»Nullum«, inquit ille, »verum hoc ab summo mihi
Iove attributum est.« »Ergo nec sumis tibi
nec ulli donas quicquam?« »Sic fatis placet.«
»Nolo irascaris, libere si dixero:
dis est iratis natus, qui est similis tibi.«
Abiturus illuc, quo priores abierunt,
quid mente caeca miserum torques spiritum?
Tibi dico, avare, gaudium heredis tui,
qui ture superos, ipsum te fraudas cibo,
qui tristis audis musicum citharae sonum,
quem tibiarum macerat iucunditas,
obsoniorum pretia cui gemitum exprimunt,
qui dum quadrantes aggeras patrimonio
caelum fatigas sordido periurio,
qui circumcidis omnem impensam funeri,
Libitina ne quid de tuo faciat lucri.

21. Der Fuchs und der Drache

Ein Fuchs grub sich einen Bau. Während er die Erde aufwarf und mehr Gänge immer tiefer grub, stieß er auf die äußerst entfernt gelegene Höhle eines Drachen, der verborgene Schätze bewachte. Sobald er diesen erblickt hatte, sagte er: »Als Erstes bitte ich dich, nachsichtig mit meiner Unvorsichtigkeit zu sein; dann, mir milde zu antworten, wenn du klar siehst, wie wenig dein Gold meiner Lebensweise nützen kann. Welchen Nutzen ziehst du aus dieser Arbeit oder welcher Lohn ist so groß, dass du auf Schlaf verzichtest und dein Leben in der Dunkelheit verbringst?« »Gar keiner«, sagte er, »aber diese Aufgabe wurde mir vom höchsten Jupiter aufgetragen.« »Also nimmst du weder etwas für dich, noch schenkst du irgendjemandem etwas?« »So will es das Schicksal.« »Werde bitte nicht zornig, wenn ich offen spreche: Wer dir ähnlich ist, wurde geboren, als die Götter zornig waren.«

Du wirst dorthin gehen, wohin die Menschen vor dir gegangen sind. Warum quälst du deinen armen Geist mit blindem Sinn? Zu dir spreche ich, du Geizkragen, Freude deines Erben, der du die Götter um Weihrauch, dich selbst um Speise betrügst, der du grimmig der Musik der Lyra zuhörst, den die Heiterkeit des Flötenspiels grämt, dem der Preis der Lebensmittel Seufzer abringt, der du, während du kleine Münzen auf dein Vermögen häufst, den Himmel mit schmutzigem Meineid plagst, der du noch alle Kosten fürs Begräbnis sparst, damit Libitina keinen Gewinn aus deinem Vermögen zieht.

22. Phaedrus

Quo iudicare cogitet Livor modo,
licet dissimulet, pulchre tamen intellego.
Quicquid putabit esse dignum memoria,
Aesopi dicet; si quid minus arriserit,
a me contendet fictum quovis pignore.
Quem volo refelli iam nunc responso meo:
sive hoc ineptum sive laudandum est opus,
invenit ille, nostra perfecit manus.
Sed exsequamur coepti propositum ordinem.

23. De Simonide

Homo doctus in se semper divitias habet.
Simonides, qui scripsit egregium melos,
quo paupertatem sustineret facilius,
circum ire coepit urbes Asiae nobiles,
mercede accepta laudes victorum canens.
Hoc genere quaestus postquam locuples factus est,
redire in patriam voluit cursu pelagio;
erat autem, ut aiunt, natus in Cea insula.
Ascendit navem, quam tempestas horrida
simul et vetustas medio dissolvit mari.
Hi zonas, illi res pretiosas colligunt,
subsidium vitae. Quidam curiosior:
»Simonide, tu ex opibus nil sumis tuis?«
»Mecum«, inquit, »mea sunt cuncta.« Tunc pauci enatant,
quia plures onere degravati perierunt.
Praedones adsunt, rapiunt, quod quisque extulit,

22. Phaedrus

Wie der Neid sich ein Urteil bilden will, mag er verschweigen. Ich bemerke es dennoch ganz genau. Was auch immer er für erinnerungswürdig hält, wird er Äsop zuschreiben; wenn ihm etwas weniger zusagt, wird er um jeden Preis wetten, es sei von mir erfunden. Ich will, dass er jetzt gleich mit meiner Antwort widerlegt wird: Ob dieses Werk trivial oder lobenswert ist – jener hat es sich ausgedacht, meine Hand hat es vollendet. Aber lass uns nun in der geplanten Reihenfolge meines begonnenen Werkes fortfahren.

23. Über Simonides

Ein gebildeter Mensch trägt immer seinen Reichtum in sich. Simonides, der hervorragende Lyrik schrieb, um seine Armut leichter zu ertragen, begann, in den berühmten Städten Asiens umherzuwandern, und sang dabei gegen ein Honorar Lobeslieder auf Wettkampfsieger. Nachdem er durch diese Art des Gelderwerbs reich geworden war, wollte er auf dem Seeweg in seine Heimat zurückkehren. Geboren war er – wie die Leute sagen – auf der Insel Keos. Er bestieg ein Schiff, das ein schrecklicher Sturm und zugleich sein morsches Alter mitten auf dem Meer zerbersten ließ. Die einen ergreifen Geldgürtel, die anderen Kostbarkeiten, eine finanzielle Hilfe für ihr Leben. Da fragt ein ziemlich Neugieriger: »Simonides, nimmst du nichts von deinen Reichtümern mit?« »Bei mir«, sagte er, »habe ich alle meine Dinge.« Da retten sich nur wenige schwimmend ans Ufer, da die meisten durch die Last unter Wasser gedrückt ertrunken sind. Räuber sind da, rauben, was ein je-

nudos relinquunt. Forte Clazomenae prope
antiqua fuit urbs, quam petierunt naufragi.
Hic litterarum quidam studio deditus,
Simonidis qui saepe versus legerat,
eratque absentis admirator maximus,
sermone ab ipso cognitum cupidissime
ad se recepit; veste, nummis, familia
hominem exornavit. Ceteri tabulam suam
portant, rogantes victum. Quos casu obvios
Simonides ut vidit: »Dixi«, inquit, »mea
mecum esse cuncta; vos quod rapuistis perit.«

24. Mons parturiens

Mons parturibat, gemitus immanes ciens,
eratque in terris maxima exspectatio.
At ille murem peperit. Hoc scriptum est tibi,
qui, magna cum minaris, extricas nihil.

25. Formica et musca

[Nihil agere quod non prosit fabella indicat.]
Formica et musca contendebant acriter,
quae pluris esset. Musca sic coepit prior:
»Conferre nostris tu potes te laudibus?
Moror inter aras, templa perlustro omnia;
ubi immolatur, exta praegusto deum.
In capite regis sedeo cum visum est mihi,
et matronarum casta delibo oscula.
Laboro nihil atque optimis rebus fruor.

der in Sicherheit gebracht hat, und lassen sie nackt zurück. Zufällig lag die alte Stadt Klazomenä in der Nähe, zu der die Schiffbrüchigen eilten. Hier lebte ein großer Liebhaber der Literatur, der Simonides' Verse oft gelesen hatte und sein größter Bewunderer auch aus der Ferne war. Er erkannte ihn gleich an seiner Redeweise und nahm ihn begeistert bei sich auf. Er versorgte den Mann mit Kleidung, Geld und Dienern. Die übrigen (Schiffbrüchigen) tragen ihre Tafel herum und betteln um Speise. Sobald Simonides sie zufällig auf dem Weg gesehen hatte, sprach er: »Ich habe es doch gesagt, all meine Dinge sind bei mir. Was ihr an euch gerissen habt, ist verloren.«

24. Der gebärende Berg

Ein Berg lag in den Wehen und stöhnte entsetzlich. In den Ländern war die Erwartung sehr groß. Aber dann gebar jener eine Maus. Das wurde für dich geschrieben, der du jedes Mal, wenn du Großes androhst, nichts zuwege bringst.

25. Die Ameise und die Fliege

[Die Fabel lehrt, nichts zu tun, was keinen Nutzen bringt.] Eine Ameise und eine Fliege stritten heftig, wer mehr gelte. Als Erste begann die Fliege so: »Kannst du dich mit meinem Ruhm messen? Ich verweile an Altären, durchstreife alle Tempel; sobald geopfert wird, koste ich die Eingeweide vor, die für die Götter bestimmt sind. Auf dem Kopf des Königs sitze ich, wenn es mir gefällt, und koste keusche Küsse verheirateter Damen. Ich arbeite nicht und genieße nur das Beste. Was fällt dir zu, Bäuerin, das diesen Din-

Quid horum simile tibi contingit, rustica?«
»Est gloriosus sane convictus deum,
sed illi qui invitatur, non qui invisus est.
Aras frequentas? Nempe abigeris, quom venis. 16
Reges commemoras et matronarum oscula? 13
Super etiam iactas tegere quod debet pudor. 18
Nihil laboras? Ideo, cum opus est, nil habes. 17
Ego granum in hiemem cum studiose congero, 14
te circa murum pasci video stercore. 15
Aestate me lacessis; cum bruma est, siles.
Mori contractam cum te cogunt frigora,
me copiosa recipit incolumem domus.
Satis profecto rettudi superbiam.«
Fabella talis hominum discernit notas
eorum qui se falsis ornant laudibus,
et quorum virtus exhibet solidum decus.

26. Poeta

Quantum valerent inter homines litterae,
dixi superius; quantus nunc illis honos
a superis sit tributus tradam memoriae.
Simonides idem ille de quo rettuli,
victori laudem cuidam pyctae ut scriberet,
certo conduxit pretio, secretum petit.
Exigua cum frenaret materia impetum,
usus poetae more est et licentia
atque interposuit gemina Ledae sidera,
auctoritatem similis referens gloriae.

gen ähnlich ist?« »Mit den Göttern zu speisen ist gewiss ruhmvoll, doch nur für denjenigen, der eingeladen ist, nicht für den, der unerwünscht ist. Du besuchst Altäre? Doch wirst du verjagt, sooft du kommst. Du führst Könige an und die Küsse verheirateter Damen? Obendrein prahlst du noch mit dem, was die Scham bedecken muss. Du arbeitest nicht? Deshalb hast du nichts, wenn du etwas brauchst. Wenn ich mir für den Winter fleißig einen Kornvorrat anlege, sehe ich, wie du dich an der Mauer von Mist ernährst. Im Sommer provozierst du mich; wenn Winter ist, bist du still. Wenn dich starr Gefrorene die Kälte zwingt zu sterben, nimmt mich mein reich gefülltes Haus wohlbehalten auf. Ohne Zweifel habe ich deinen Stolz nun genug herabgesetzt.«

Eine solche Fabel unterscheidet zwei Typen von Menschen: die, die sich mit falschem Ruhm schmücken, und die, deren Leistung wahrhafte Ehre bringt.

26. Der Dichter

Welch großen Wert die Dichtkunst bei den Menschen hat, habe ich weiter oben dargelegt. Wie viel Ehre jener von den Göttern zuteilgeworden ist, will ich jetzt an die Nachwelt weitertragen.

Derselbe Simonides, über den ich schon gesprochen habe, machte ein festes Honorar aus, um ein Loblied auf einen Faustkampfsieger zu schreiben, und zog sich an einen abgeschiedenen Ort zurück. Da der dürftige Stoff den Schreibfluss hemmte, machte er von seiner dichterischen Eigenart und Freiheit Gebrauch und fügte die Zwillingssterne Ledas ein, indem er sie als Beispiel für ähnlichen

Opus approbavit; sed mercedis tertiam
accepit partem. Cum reliquas posceret:
»Illi«, inquit, »reddent quorum sunt laudis duae.
Verum, ut ne irate te dimissum sentiant,
ad cenam mihi promitte; cognatos volo
hodie invitare, quorum es in numero mihi.«
Fraudatus quamvis et dolens iniuria,
ne male dimissam gratiam corrumperet,
promisit. Rediit hora dicta, recubuit.
Splendebat hilare poculis convivium,
magno apparatu laeta resonabat domus,
repente duo cum iuvenes sparsi pulvere,
sudore multo diffluentes corpora,
humanam supra formam, cuidam servulo
mandant ut ad se provocet Simonidem:
illius interesse, ne faciat moram.
Homo perturbatus excitat Simonidem.
Unum promorat vix pedem triclinio,
ruina camerae subito oppressit ceteros;
nec ulli iuvenes sunt reperti ad ianuam.
Ut est vulgatus ordo narratae rei,
omnes scierunt numinum praesentiam
vati dedisse vitam mercedis loco.

Epilogus

Poeta ad Particulonem

Adhuc supersunt multa quae possim loqui,
et copiosa abundat rerum varietas;

Ruhm heranzog. Sein Werk gefiel, aber er bekam nur ein Drittel seines Lohnes. Als er die restlichen zwei Teile verlangte, sprach der andere: »Jene werden ihn dir geben, die auch zwei Drittel deines Lobliedes einnehmen. Aber damit die Leute nicht glauben, ich hätte dich im Zorn fortgeschickt, versprich mir, zum Abendessen zu kommen. Heute möchte ich Verwandte einladen; zu denen gehörst du für mich.« Wenn er auch betrogen worden war und noch unter der Ungerechtigkeit litt, versprach er zu kommen, um nicht die übel angegriffene Gunst zu verderben. Zur vereinbarten Stunde kehrte er zurück und legte sich zu Tische. Das Gastmahl erstrahlte heiter durch die Weinkelche, das Haus ertönte froh von großem Pomp, als plötzlich zwei mit Staub bedeckte junge Männer, ihre Körper mit viel Schweiß überströmt, von einer Statur über die menschliche hinaus, einem jungen Sklaven auftragen, Simonides zu ihnen zu rufen: Es sei für ihn von großer Wichtigkeit, nicht zu zögern. Ganz durcheinander ruft der Mann Simonides. Kaum hatte er einen Fuß aus dem Speisezimmer gesetzt, stürzte plötzlich das Dach ein und verschüttete die anderen. Aber keine jungen Männer konnte man mehr am Tor entdecken. Als der Ablauf des erzählten Ereignisses bekannt wurde, wussten alle: Die Gegenwart von Göttern hatte dem Dichter anstelle seines Lohnes sein Leben geschenkt.

Epilog

Der Dichter an Particulo

Es gibt noch vieles, was ich sagen könnte, und eine bunte Vielfalt an Stoffen ist in Hülle und Fülle vorhanden. Aber

sed temperatae suaves sunt argutiae,
immodicae offendunt. Quare, vir sanctissime,
Particulo, chartis nomen victurum meis,
Latinis dum manebit pretium litteris,
si non ingenium, certe brevitatem approba,
quae commendari tanto debet iustius,
quanto poetae sunt molesti validius.

geistreicher Witz in Maßen ist gefällig, im Übermaß verletzt er. Daher, hochverehrter Mann, [5] Particulo – ein Name, der auf meinen Blättern fortleben wird, solange es für lateinische Dichtung einen Preis geben wird –, erkenne, wenn schon nicht mein Talent, doch wenigstens meine Kürze an, die umso begründeter verdient, empfohlen zu werden, je stärker Dichter lästig sind.

Liber quintus

Prologus
Idem Poeta

Aesopi nomen sicubi interposuero,
cui reddidi iam pridem quicquid debui,
auctoritatis esse scito gratia:
ut quidam artifices nostro faciunt saeculo,
qui pretium operibus maius inveniunt novis,
si marmori ascripserunt Praxitelen suo,
trito Myronem argento, tabulae Zeuxidem.
Adeo fucatae plus vetustati favet
invidia mordax quam bonis praesentibus.
Sed iam ad fabellam talis exempli feror.

1. Demetrius rex et Menander poeta

Demetrius, qui dictus est Phalereus,
Athenas occupavit imperio improbo.
Ut mos est vulgi, passim et certatim ruit;
»Feliciter!«, succlamant. Ipsi principes
illam osculantur, qua sunt oppressi, manum,
tacite gementes tristem fortunae vicem.
Quin etiam resides et sequentes otium,
ni defuisse noceat, repunt ultimi;
in quis Menander, nobilis comoediis,
quas, ipsum ignorans, legerat Demetrius
et admiratus fuerat ingenium viri,

Fünftes Buch

Prolog

Derselbe Dichter

Wenn ich den Namen Äsops an irgendeiner Stelle eingeschoben habe (ihm gab ich schon vor langer Zeit jede Anerkennung, die ich ihm schuldig war), so wisse, dass es wegen seines Renommees ist – wie gewisse Künstler es in unserer Zeit machen, die für ihre neuen Werke einen höheren Preis erhalten, wenn sie »Praxiteles« auf ihren Marmor schreiben, »Myron« auf ihr geputztes Silber, »Zeuxis« auf ihr Gemälde. So viel mehr begünstigt der beißende Neid das auf alt Gemachte als das Gute aus unserer Zeit. Doch das bringt mich nun zu einer Fabel, die ein Beispiel dafür gibt.

1. König Demetrius und der Dichter Menander

Demetrius, der »Phalereus« genannt wurde, nahm Athen mit unrechtmäßiger Gewalt ein. Wie es Angewohnheit des Volkes ist, strömt es von allen Seiten herbei, einer schneller als der andere. »Viel Glück!«, rufen sie ihm zu. Selbst die Vornehmsten küssen die Hand, mit der sie unterdrückt werden, und seufzen dabei still über den unglücklichen Wechsel ihres Schicksals. Ja sogar die Tunichtgute und die, die der Muße frönen, kriechen als Letzte herbei, damit ihnen das Fehlen nicht zum Nachteil gereicht. Unter ihnen war Menander, berühmt durch seine Komödien. Die hatte Demetrius, ohne den Autor selbst zu kennen, gelesen, und er hatte das Talent des Mannes bewundert. Er [Me-

unguento delibutus, vestitu fluens,
veniebat gressu delicato et languido.
Hunc ubi tyrannus vidit extremo agmine:
»Quisnam cinaedus ille in conspectum meum
audet venire?« Responderunt proximi:
»Hic est Menander scriptor.« Mutatus statim:
»Homo«, inquit, »fieri non potest formosior.«

2. Viatores et latro

Duo cum incidissent in latronem milites,
unus profugit, alter autem restitit
et vindicavit sese forti dextera.
Latrone occiso timidus accurrit comes
stringitque gladium, dein reiecta paenula:
»Cedo«, inquit, »illum; iam curabo sentiat,
quos attentarit.« Tunc qui depugnaverat:
»Vellem istis verbis saltem adiuvisses modo;
constantior fuissem vera existimans.
Nunc conde ferrum et linguam pariter futtilem,
ut possis alios ignorantes fallere.
Ego, qui sum expertus quantis fugias viribus,
scio quam virtuti non sit credendum tuae.«
  Illi assignari debet haec narratio,
qui re secunda fortis est, dubia fugax.

nander] kam mit Salbe parfümiert und wehendem Gewand daher, anmutigen und zögerlichen Schrittes. Als der Tyrann ihn am Ende der Reihe erblickte, sagte er: »Welche Schwuchtel da wagt es denn, vor meine Augen zu treten?« Die Leute in seiner Nähe antworteten: »Das ist der Dichter Menander.« Plötzlich war er verwandelt und sagte: »Kein Mann kann je schöner werden.«

2. Wanderer und ein Räuber

Als zwei Soldaten auf einen Räuber trafen, ergriff der eine die Flucht, der andere dagegen blieb stehen und verteidigte sich mit seiner starken rechten Hand. Nachdem der Räuber niedergeschlagen wurde, eilt der ängstliche Begleiter herbei, zückt sein Schwert, schlägt dann seinen Mantel zurück und sagt: »Nun gib ihn her; ich werde schon dafür sorgen, dass er spürt, wen er da angegriffen hat.« Da sprach der, der den Kampf entschieden hatte: »Ich wünschte, du hättest mir eben wenigstens mit diesen Worten geholfen; ich wäre beherzter gewesen, weil ich sie für wahr gehalten hätte. Steck nun dein Schwert ein und deine unnütze Zunge gleich mit. Damit kannst du andere täuschen, die keine Ahnung haben. Ich, der ich erfahren habe, mit wie viel Energie du fliehst, weiß, wie wenig man auf deine Tapferkeit vertrauen kann.«

Diese Erzählung soll auf den bezogen werden, der unter glücklichen Umständen tapfer ist, wenn es brenzlig wird, flieht.

3. Calvus et musca

Calvi momordit musca nudatum caput;
quam opprimere captans alapam sibi duxit gravem.
Tunc illa irridens: »Punctum volucris parvulae
voluisti morte ulcisci; quid facies tibi,
iniuriae qui addideris contumeliam?«
Respondit: »Mecum facile redeo in gratiam,
quia non fuisse mentem laedendi scio.
Sed te, contempti generis animal improbum,
quae delectaris bibere humanum sanguinem,
optem necare vel maiore incommodo.«
Hoc argumentum docet ⟨ei⟩ veniam dari
qui casu peccat. Nam qui consilio est nocens,
illum esse quamvis dignum poena iudico.

4. Asini et porcelli ⟨hordeum⟩

Quidam immolasset verrem cum sancto Herculi,
cui pro salute votum debebat sua,
asello iussit reliquias poni hordei.
Quas aspernatus ille sic locutus est:
»Libenter istum prorsus appeterem cibum,
nisi, qui nutritus illo est, iugulatus foret.«
Huius respectu fabulae deterritus,
periculosum semper vitavi lucrum.
[Sed dicis: »Qui rapuere divitias, habent.«
Numeremus agedum qui deprensi perierunt:
maiorem turbam punitorum reperies.
Paucis temeritas est bono, multis malo.]

3. Der Kahlkopf und die Fliege

Eine Fliege stach das entblößte Haupt eines Kahlkopfes. Als der versuchte, sie zu erschlagen, gab er sich selbst eine heftige Ohrfeige. Da spottete sie: »Den Stich eines kleinen Flügeltiers wolltest du mit dem Tod rächen; was wirst du dir antun, der du der Verletzung noch Schmach hinzugefügt hast?« Er antwortete: »Mit mir kann ich mich leicht aussöhnen, weil ich weiß, dass ich nicht die Absicht hatte, mich zu verletzen. Aber dich, du boshaftes Geschöpf einer verachteten Gattung, das sich daran erfreut, menschliches Blut zu trinken, wünschte ich zu töten, selbst mit größeren Unannehmlichkeiten.«

Diese Fabel lehrt, dem zu verzeihen, der zufällig Fehler macht. Denn wer absichtlich Schaden anrichtet, verdient durchaus eine hohe Strafe, finde ich.

4. Die Gerste des Esels und des Ferkels

Als jemand dem heiligen Herkules einen Eber opferte, dem er für seine Rettung schuldete, was er ihm gelobt hatte, ließ er dem Esel die Reste der Gerste vorsetzen. Doch die verschmähte jener und sprach so: »Gern würde ich geradewegs nach dieser Speise greifen, wenn nicht dem, der damit gefüttert worden ist, die Kehle durchtrennt worden wäre.«

Mit Blick auf diese Fabel abgeschreckt, habe ich immer den gefahrbringenden Gewinn gemieden. Aber du sagst: »Wer Reichtum raubt, besitzt ihn.« Los, lasst uns die aufzählen, die erwischt wurden und zugrunde gingen. Du wirst eine größere Menge Bestrafter finden. Wenigen bringt Unbesonnenheit Gutes, vielen Schlechtes.

5. Scurra ⟨et⟩ rusticus

Pravo favore labi mortales solent
et, pro iudicio dum stant erroris sui,
ad paenitendum rebus manifestis agi.
Facturus ludos dives quidam et nobilis
proposito cunctos invitavit praemio,
quam quisque posset ut novitatem ostenderet.
Venere artifices laudis ad certamina;
quos inter scurra, notus urbano sale,
habere dixit se genus spectaculi,
quod in theatro numquam prolatum foret.
Dispersus rumor civitatem concitat.
Paulo ante vacua turbam deficiunt loca.
In scaena vero postquam solus constitit
sine apparatu, nullis adiutoribus,
silentium ipsa fecit exspectatio.
Ille in sinum repente demisit caput
et sic porcelli vocem est imitatus sua,
verum ut subesse pallio contenderent
et excuti iuberent. Quo facto simul
nihil est repertum, multis onerant laudibus
hominemque plausu prosequuntur maximo.
Hoc vidit fieri rusticus: »Non mehercules
me vincet«, inquit et statim professus est
idem facturum melius se postridie.
Fit turba maior. Iam favor mentes tenet
et derisuri, non spectaturi sedent.

5. Der Possenreißer und der Bauer

Gewöhnlich lassen sich Menschen von falscher Parteilichkeit in die Irre führen, und während sie bei der Meinung bleiben, die auf ihrem Irrtum beruht, werden sie durch handfeste Tatsachen zur Reue bewegt.

Ein wohlhabender Mann von adliger Abstammung wollte Festspiele veranstalten. Er setzte einen Preis aus, lud alle möglichen Leute ein, damit jeder vorführte, welche neue Attraktion er beherrschte. Die Künstler kamen zum Wettstreit um den Ruhm, unter ihnen ein Possenreißer, der für seinen geistreichen Witz berühmt war; er sagte, er habe eine Art von Schauspiel, das im Theater noch niemals auf die Bühne gekommen sei. Das Gerücht macht die Runde und versetzt die Bürgerschaft in Aufregung. Plätze, kurz zuvor noch frei, halten dem Ansturm der Masse nicht stand. Nachdem er aber auf die Bühne getreten war, allein, ohne Requisiten, ohne helfende Mitspieler, führte gerade die gespannte Erwartung zum Verstummen. Plötzlich senkte er den Kopf in sein Gewand und ahmte die Stimme eines Ferkels so mit seiner eigenen Stimme nach, dass man steif und fest behauptete, unter seinem Mantel sei wirklich eines, und verlangte, es herauszuschütteln. Sobald es geschah und nichts gefunden wurde, überschüttet man ihn mit viel Lob und begleitet den Mann mit größtem Beifall. Ein Bauer sah, wie dies geschah. »Beim Herkules! Mich wird er nicht besiegen«, sprach er und erklärte sogleich öffentlich, er werde am folgenden Tag dasselbe noch besser aufführen. Die Menschenmenge wird größer. Schon hält Begeisterung die Gemüter im Griff, und sie sitzen da, um zu lachen, nicht um zu schauen. Beide kommen auf die Bühne. Der

Uterque prodit. Scurra degrunnit prior
movetque plausus et clamores suscitat.
Tunc simulans sese vestimentis rusticus
porcellum obtegere (quod faciebat scilicet,
sed, in priore quia nil compererant, latens)
pervellit aurem vero, quem celaverat,
et cum dolore vocem naturae exprimit.
Acclamat populus scurram multo similius
imitatum et cogit rusticum trudi foras.
At ille profert ipsum porcellum e sinu,
turpemque aperto pignore errorem probans:
»En hic declarat quales sitis iudices!«

6. Calvus et quidam pilis defectus

Invenit calvus forte in trivio pectinem.
Accessit alter aeque defectus pilis.
»Heia!«, inquit, »in commune quodcumque est lucri!«
Ostendit ille praedam et adiecit simul:
»Superum voluntas favit; sed fato invido
carbonem, ut aiunt, pro thesauro invenimus.«
Quem spes delusit, huic querela convenit.

7. Procax tibicen

Ubi vanus animus aura captus frivola
arripuit insolentem sibi fiduciam,
facile ad derisum stulta levitas ducitur.

Possenreißer grunzt als Erster, löst Beifall aus und erregt Geschrei. Da tat der Bauer so, als würde er unter seiner Kleidung ein Ferkel verstecken (was er freilich auch tat, aber weil man beim Ersten nichts gemerkt hatte, blieb es unerkannt), zupfte dann aber dem echten Ferkel, das er versteckt hatte, am Ohr und erzwingt durch Zufügung von Schmerz den natürlichen Laut. Das Volk ruft, der Possenreißer habe es viel besser nachgeahmt, und drängt darauf, dass der Bauer hinausgetrieben wird. Aber jener holt das Ferkel selbst aus seinem Bausch hervor und legt den schändlichen Irrtum mit dem eindeutigen Beweis offen: »Seht! Dieses Ferkel offenbart, was ihr für Richter seid.«

6. Der Kahlkopf und ein Mann ohne Haare

Ein Kahlkopf fand zufällig auf einer Wegkreuzung einen Kamm. Ein Zweiter, der gleichermaßen ohne Haare war, trat hinzu und sagte: »He du! Jeder Gewinn muss geteilt werden!« Der zeigte ihm den Fund und fügte gleichzeitig hinzu: »Der Wille der Götter ist uns gewogen; aber da das Schicksal missgünstig ist, haben wir, wie man sagt, Kohle anstelle eines Schatzes gefunden.«

Wen seine Hoffnung getäuscht hat, zu dem passt die Klage.

7. Der unverschämte Pfeifenspieler

Wenn ein eitler Geist von einem leisen Hauch von Volksgunst ergriffen wird und sich übertriebenes Selbstbewusstsein anmaßt, wird törichter Leichtsinn leicht zum Gegenstand des Spottes.

Princeps tibicen notior paulo fuit,
operam Bathyllo solitus in scaena dare.
Is forte ludis (non satis memini quibus)
dum pegma rapitur, concidit casu gravi
necopinus, et sinistram fregit tibiam,
duas cum dextras maluisset perdere.
Inter manus sublatus et multum gemens
domum refertur. Aliquot menses transeunt,
ad sanitatem dum venit curatio.
Ut spectatorum mos est et lepidum genus,
desiderari coepit, cuius flatibus
solebat excitari saltantis vigor.
Erat facturus ludos quidam nobilis;
et incipiebat rursus Princeps ingredi;
⟨quem⟩ ducit pretio precibus, ut tantummodo
ipso ludorum ostenderet sese die.
Qui simul advenit, rumor de tibicine
fremit in theatro: quidam affirmant mortuum,
quidam in conspectum proditurum sine mora.
Aulaeo misso, devolutis tonitribus,
di sunt locuti more translaticio.
Tunc chorus ignotum modo reducto canticum
insonuit, cuius haec fuit sententia:
»Laetare, incolumis Roma, salvo principe!«
In plausus consurrectum est. Iactat basia
tibicen: gratulari fautores putat.
Equester ordo stultum errorem intellegit
magnoque risu canticum repeti iubet.
Iteratur illud. Homo meus se in pulpito
totum prosternit. Plaudit illudens eques.
Rogare populus hunc coronam existimat.

Der Pfeifenspieler Princeps war recht bekannt, da er gewöhnlich Bathyllus auf der Bühne begleitete. Einmal fiel er bei Spielen (ich erinnere mich nicht genau, bei welchen), während die Bühnenmaschine hochgerissen wurde, in einem schweren Sturz nichtsahnend zu Boden und brach seine linke *tibia* (Schienbein), obwohl er lieber zwei rechte *tibiae* (Pfeifenrohre) verloren hätte. Auf Händen wird er hochgehoben und gewaltig stöhnend nach Hause getragen. Einige Monate vergehen, bis die Behandlung zur Heilung führt. Wie es die Angewohnheit und liebenswürdige Art des Publikums ist, beginnt es, den zu vermissen, durch dessen Pfeifenspiel die Leidenschaft des Tänzers angefacht zu werden pflegte. Ein Adliger wollte Festspiele geben; und Princeps begann wieder zu laufen. Ihn ermuntert er mit einem Preis und Bitten, dass er sich bloß am Tag der Spiele zeige. Kaum ist er eingetroffen, geht im Theater ein Gerücht über den Pfeifenspieler um. Einige behaupten, er sei tot, andere, er würde augenblicklich auf die Bühne treten. Der Vorhang wurde hinabgelassen, das Donnern wurde abgerollt, die Götter sprachen in traditioneller Weise. Dann ließ der Chor ein Lied erklingen, das dem eben Zurückgekehrten unbekannt war, dessen Text so lautete: »Freue dich, o unversehrtes Rom, der Princeps ist wohlbehalten!« Zum Applaus stand man auf. Der Pfeifenspieler wirft Kusshände. Er glaubt, dass seine Fans ihm gratulieren. Der Ritterstand erkennt den dummen Fehler und befiehlt mit lautem Gelächter, dass das Lied wiederholt werde. Jenes wird noch einmal gesungen. Unser Mann wirft sich ganz auf der Bühne nieder. Die Ritterschaft applaudiert zum Spaß. Das Volk glaubt, sie verlange nach dem Siegerkranz. Als die Sache

Ut vero cuneis notuit res omnibus,
Princeps, ligato crure nivea fascia,
niveisque tunicis, niveis etiam calceis,
superbiens honore divinae domus,
ab universis capite est protrusus foras.

8. Tempus

Cursu volucri, pendens in novacula,
calvus, comosa fronte, nudo corpore,
(quem si occuparis, teneas; elapsum semel
non ipse possit Iuppiter reprehendere),
occasionem rerum significat brevem.
Effectus impediret ne segnis mora,
finxere antiqui talem effigiem Temporis.

9. Taurus et vitulus

Angusto in aditu taurus luctans cornibus
cum vix intrare posset ad praesepia,
monstrabat vitulus, quo se pacto flecteret.
»Tace«, inquit, »ante hoc novi quam tu natus es.«
Qui doctiorem emendat, sibi dici putet.

aber auf allen Plätzen bekannt wurde, da wurde Princeps, das Bein mit weißer Binde umwickelt und in weißer Tunika, sogar in weißen Schuhen, sich mit der Ehre für das Kaiserhaus brüstend, von allen kopfüber nach draußen gestoßen.

8. Die Zeit

In beflügeltem Lauf, auf einem Schermesser balancierend, kahl am Kopf, doch mit lockiger Stirn, am Körper nackt (wenn du ihn ergriffen hast, halte ihn fest; einmal entglitten, könnte nicht einmal Jupiter ihn zurückholen): diese Gestalt verkörpert die kurze Gelegenheit zum Handeln.

Damit träges Zögern nicht den Ausgang unseres Plans behindert, haben die Alten ein solches Abbild der Zeit geschaffen.

9. Der Stier und das Kalb

Als ein Stier sich mit seinen Hörnern an einem schmalen Eingang abmühte und nur mit Mühe den Stall betreten konnte, zeigte ihm ein Kalb, wie er sich durchwinden sollte. »Sei still«, sagte der Stier, »das wusste ich, bevor du geboren wurdest.«

Wer einen Klügeren verbessert, soll glauben, dass das auf ihn zutrifft.

10. Canis ⟨vetulus⟩ et venator

Adversus omnes fortis veloces feras
canis cum domino semper fecisset satis,
languere coepit annis ingravantibus.
Aliquando obiectus hispidi pugnae suis
arripuit aurem, sed cariosis dentibus
praedam dimisit. Hoc tunc venator dolens
canem obiurgabat. Cui latrans contra senex:
»Non te destituit animus, sed vires meae.
Quod fuimus laudas, si iam damnas quod sumus.«
Hoc cur, Philete, scripserim, pulchre vides.

10. Der alte Hund und der Jäger

Als ein Hund, mutig gegenüber jedem schnellen Wild, seinen Herrn stets zufrieden gestellt hatte, begann er, unter der Last der Jahre seine Kraft zu verlieren. Einst zum Kampf mit einem borstigen Wildschwein ausgeschickt, riss er es am Ohr, doch weil seine Zähne faul waren, ließ er die Beute fallen. Darüber erbost, schimpfte da der Jäger den Hund aus. Ihm bellte der alte Hund entgegen: »Nicht mein Mut hat dich im Stich gelassen, sondern meine Kraft. Du lobst, was ich war, wenn du missbilligst, was ich bin.«

Warum ich dies geschrieben habe, Philetus, siehst du klar.

Appendix Perottina

1. Simius et vulpes

Avarum etiam quod sibi superest non libenter dare

Vulpem rogabat partem caudae simius,
contegere honeste posset ut nudas nates;
cui sic maligna: »Longior fiat licet,
tamen illam citius per lutum et spinas traham,
quam parvam quamvis partem impertiar tibi.«

2. Auctor

De his qui legunt libellum

Hoc qualecumque est Musa quod ludit mea,
nequitia pariter laudat et frugalitas,
sed haec simpliciter; illa tacite irascitur.

3. Auctor

Non esse plus aequo petendum

Arbitrio si Natura finxisset meo
genus mortale, longe foret instructius.
Nam cuncta nobis attribuisset commoda,
quae cuique indulgens Fortuna animali dedit:
elephanti vires et leonis impetum,
cornicis aevum, gloriam tauri trucis,
equi velocis placidam mansuetudinem,
et adesset homini sua tamen sollertia.

Anhang Perottis

1. Der Affe und der Fuchs

Dass ein Geizhals auch das, was er übrig hat, nicht gerne gebe

Ein Affe erbat von einem Fuchs einen Teil seines Schwanzes, um sein nacktes Hinterteil anständig bedecken zu können. Zu ihm sprach der missgünstige Fuchs so: »Auch wenn mein Schwanz länger wüchse, zöge ich ihn dennoch eher durch Schlamm und Dornen, als dir einen noch so kleinen Teil zu geben.«

2. Der Autor

Über diejenigen, die mein Büchlein lesen

Was meine Muse spielerisch in Worte fasst – wie auch immer es geartet ist –, loben liederliche und ordentliche Menschen gleichermaßen; diese aber meinen es ehrlich, jene zürnen heimlich.

3. Der Autor

Dass man nicht mehr erstreben dürfe als das, was angemessen ist

Wenn die Natur das Menschengeschlecht nach meinem Willen geschaffen hätte, dann wäre es weitaus besser ausgestattet: Denn sie hätte uns all die Vorzüge zugeteilt, die das Schicksal gütig einem jeden Tier gab: die Kraft des Elefanten, das stürmische Temperament des Löwen, das hohe Alter der Krähe, das Prangen des wilden Stiers, die friedliche Sanftmut des schnellen Pferdes, und dennoch hätte der Mensch die ihm eigentümliche Intelligenz. Na-

Nimirum in caelo secum ridet Iuppiter,
haec qui negavit magno consilio homini,
ne sceptrum mundi raperet nostra audacia.
Ergo contenti munere invicti Iovis
fatalis annos decurramus temporis,
nec plus conemur quam sinit mortalitas.

4. Mercurius et duae mulieres

De eodem alia fabella

Mercurium hospitio mulieres olim duae
illiberali et sordido receperant:
quarum una in cunis parvum habebat filium,
quaestus placebat alteri meretricius.
Ergo ut referret gratiam officiis parem,
abiturus et iam limen excedens ait:
»Deum videtis; tribuam vobis protinus,
quod quaeque optarit.« Mater suppliciter rogat,
barbatum ut videat natum quam primum suum;
moecha, ut sequatur sese quicquid tetigerit.
Volat Mercurius, intro redeunt mulieres.
Barbatus infans, ecce, vagitus ciet.
Id forte dum meretrix ridet validius,
nares replevit umor, ut fieri solet.
Emungere igitur se volens prendit manu
traxitque ad terram nasi longitudinem,
et aliam ridens ipsa ridenda exstitit.
Ambae gemuerunt quod sibi exoptaverant.

türlich lacht Jupiter bei sich im Himmel, der dem Menschen diese Vorzüge mit großer Weitsicht verwehrt hat, damit unsere Kühnheit nicht das Zepter der Welt an sich reiße.

Lasst uns also zufrieden mit der Gabe des unbesiegbaren Jupiter die Jahre der vom Schicksal festgelegten Zeit durchlaufen und nicht mehr versuchen, als unsere Sterblichkeit zulässt.

4. Merkur und zwei Frauen

Eine andere Fabel über das gleiche Thema

Einst hatten Merkur zwei Frauen in einer knauserigen und schäbigen Art von Gastfreundschaft aufgenommen: Eine von ihnen hatte einen kleinen Sohn in der Wiege, der anderen gefiel ihr Gewerbe als Prostituierte. Um ihnen also für ihre Dienste angemessenen Dank zu erweisen, sagte er, als er gehen wollte und gerade über die Schwelle trat: »Vor euch seht ihr einen Gott; ich werde euch sogleich gewähren, was jede sich wünscht.« Die Mutter bittet flehentlich, ihren Sohn so bald wie möglich mit Bart zu sehen; die Hure, dass ihr alles folgen möge, was sie berühre. Merkur fliegt davon, die Frauen gehen zurück ins Haus. Sieh! Das Baby hat einen Bart und plärrt. Während die Hure darüber wohl zu schallend lachte, füllte sich ihre Nase mit Schleim, wie es immer so passiert. Indem sie sich also die Nase putzen wollte, fasste sie mit der Hand daran und zog die Nase bis zum Boden in die Länge. Und sie, die eine andere auslachte, wurde zu einer, die selbst ausgelacht wurde. Beide klagten über das, was sie sich sehnlichst gewünscht hatten.

5. Prometheus et Dolus

De veritate et mendacio

Olim Prometheus saeculi figulus novi
cura subtili Veritatem fecerat,
ut iura posset inter homines reddere.
Subito accersitus nuntio magni Iovis
commendat officinam fallaci Dolo,
in disciplinam nuper quem receperat.
Hic studio accensus, facie simulacrum pari,
una statura, simile et membris omnibus,
dum tempus habuit, callida finxit manu.
Quod prope iam totum mire cum positum foret,
lutum ad faciendos illi defecit pedes.
Redit magister; quo festinanter Dolus
metu turbatus in suo sedit loco.
Mirans Prometheus tantam similitudinem,
propriae videri voluit artis gloriam.
Igitur fornaci pariter duo signa intulit;
quibus percoctis atque infuso spiritu,
modesto gressu sancta incessit Veritas;
at trunca species haesit in vestigio.
Tunc falsa imago atque operis furtivi labor
mendacium appellatum est; quod negantibus
pedes habere facile et ipse assentio.

6. Nihil diu occultum

Simulata interdum vitia prosunt hominibus,
sed tempore ipso tamen apparet veritas.

5. Prometheus und die List

Über Wahrheit und Lüge

Einst hatte Prometheus, der Bildner eines neuen Menschengeschlechts, mit feiner Sorgfalt die Figur der Wahrheit erschaffen, damit sie unter den Menschen Recht sprechen könne. Als er plötzlich vom Boten des mächtigen Jupiter herbeigerufen wurde, überlässt er seine Werkstatt der trügerischen List, die er vor Kurzem in die Lehre genommen hatte. Von Eifer entflammt, formte sie mit geschickter Hand, solange sie Zeit hatte, eine Statue mit gleichem Gesicht, von einer Statur, ähnlich auch in allen Gliedern. Als diese auf wunderbare Weise fast schon ganz aufgestellt war, ging ihr der Ton aus, um die Füße fertigzustellen. Der Meister kommt zurück; überstürzt setzte sich die List, aus Angst vor ihm ganz durcheinander, an ihren Platz. Prometheus staunte über die so große Ähnlichkeit und wollte, dass die Meisterhaftigkeit seiner eigenen Kunst gesehen wird. Also brachte er beide Statuen gleichzeitig in den Ofen; nachdem sie gebrannt worden waren und er ihnen Leben eingehaucht hatte, begann die heilige Wahrheit maßvollen Schrittes zu gehen; die verstümmelte Gestalt aber kam nicht von der Stelle. Da wurde das falsche Bild und das Werk heimlicher Mühe »Lüge« genannt. Wenn Leute sagen, sie habe keine Beine, stimme auch ich ohne Weiteres zu.

6. Nichts bleibt lange verborgen

Vorgetäuschte Schwächen sind den Menschen manchmal nützlich, die Wahrheit jedoch kommt dennoch mit der Zeit ans Licht.

7. Auctor

Sensum aestimandum esse, non verba

Ixion quod versari narratur rota,
volubilem Fortunam iactari docet.
Adversus altos Sisyphus montes agit
saxum labore summo, quod de vertice
sudore semper irrito revolvitur;
ostendit hominum sine fine esse miserias.
Quod stans in amne Tantalus medio sitit,
avari describuntur, quos circumfluit
usus bonorum, sed nil possunt tangere.
Urnis scelestae Danaides portant aquas,
pertusa nec complere possunt dolia;
immo luxuriae quicquid dederis perfluet.
Novem porrectus Tityos est per iugera,
tristi renatum suggerens poenae iecur;
quo quis maiorem possidet terrae locum,
hoc demonstratur cura graviore affici.
Consulto involvit veritatem antiquitas,
ut sapiens intellegeret, erraret rudis.

8. Auctor

De oraculo Apollinis

Utilius nobis quid sit dic, Phoebe, obsecro,
qui Delphos et formosum Parnasum incolis.
Quid hoc? Sacratae vatis horrescunt comae,
tripodes moventur, mugit adytis Religio,
tremuntque lauri et ipse pallescit dies.

7. Der Autor

Dass der Sinn gewürdigt werden müsse, nicht die Worte

Dass Ixion, wie erzählt wird, auf dem Rad herumgewirbelt wird, lehrt, dass das wechselvolle Schicksal hin und her geworfen werden kann. Sisyphus wälzt mit größter Mühe einen Felsblock die hohen Berge hinauf, der immer wieder – vergeblich ist der Schweiß – vom Gipfel hinabrollt; das zeigt, dass das Elend der Menschen grenzenlos ist. Tantalus steht mitten im Strom und hat Durst; damit werden Geizige dargestellt, die unerschöpfliche Möglichkeiten haben, ihre Güter zu genießen, die aber nichts berühren können. Die frevelhaften Danaiden tragen das Wasser in ihren Krügen und können ihre durchlöcherten Fässer nicht füllen. Das heißt eigentlich: Was auch immer du für Luxus ausgegeben hast, wird verrinnen. Über neun Morgen Land liegt Tityos hingestreckt und gibt seine Leber, die ihm nachwächst, ihrer schrecklichen Strafe preis. Mit dieser Geschichte wird gezeigt: Je mehr Platz auf der Erde jemand besitzt, von umso größerer Sorge wird er beschwert. Die alte Zeit verhüllte die Wahrheit mit Absicht, damit der Kundige sie erkennt, der Ungebildete sich irrt.

8. Der Autor

Über das Orakel des Apoll

Sag, Phoebus, ich flehe dich an, was für uns nützlich ist, der du Delphi und den wunderschönen Parnass bewohnst. Was ist das? Die Haare der heiligen Seherin stehen zu Berge, der Dreifuß bewegt sich, die Stimme der Religio dröhnt aus dem Allerheiligsten, die Lorbeerbäume erzit-

Vocem resolvit icta Python numine:
»Audite, gentes, Delii monitus dei:
pietatem colite, vota superis reddite;
patriam, parentes, natos, castas coniuges
defendite armis, hostem ferro expellite;
amicos sublevate, miseris parcite;
bonis favete, subdolis ite obviam;
delicta vindicate, castigate impios,
punite turpi thalamos qui violant stupro;
malos cavete, nulli nimium credite.«
Haec elocuta concidit virgo furens,
furens profecto, nam quae dixit perdidit.
Illuc revertar primum quod proposueram; 17a
si vera sunt praecepta sancti Apollinis, 17b
sapiens magis quam malus ⟨is⟩ est qui cautior 17c
stultusque potius quam bonus qui fallitur. 17d

9. Aesopus et scriptor

De malo scriptore se laudante

Aesopo quidam scripta recitarat mala,
in quis inepte multum se iactaverat.
Scire ergo cupiens quidnam sentiret senex,
»Numquid tibi«, inquit, »visus sum superbior?
Haud vana nobis ingeni fiducia est.«
Confectus ille pessimo volumine:
»Ego«, inquit, »quod te laudas vehementer probo,
namque hoc ab alio numquam continget tibi.«

tern, und selbst der Tag erbleicht. Vom göttlichen Geist getroffen, bringt Python diese Worte hervor: »Hört, ihr Völker, die Mahnungen des delischen Gottes: Übt euch in Ehrfurcht, löst bei den Göttern eure Gelübde ein; verteidigt euer Vaterland, eure Eltern, eure Kinder und eure keuschen Ehefrauen mit Waffen, vertreibt den Feind mit dem Schwert; helft euren Freunden, schont die Elenden; schenkt eure Gunst den Guten, den Heimtückischen tretet entgegen; rächt die Verbrechen, weist die Gottlosen zurecht, bestraft die, die das eheliche Schlafgemach durch schändliche Hurerei entehren; hütet euch vor den Bösen, vertraut keinem zu sehr.« Als die Jungfrau diese Worte in ihrer Raserei gesprochen hatte, fiel sie zu Boden, in Raserei war sie wahrhaftig, denn was sie sprach, war vergebens.

[17a–d] Ich will zu dem zurückkehren, was ich zunächst angekündigt hatte; wenn die Lehren des heiligen Apoll wahr sind, ist der, der vorsichtiger ist, eher klug als schlecht und der, der getäuscht wird, eher dumm als gut.

9. Äsop und der Schriftsteller

Über einen schlechten Schriftsteller, der sich selbst lobt

Jemand hatte Äsop schlechte Texte vorgelesen, in denen er sich törichterweise viel selbst gerühmt hatte. Da er nun wissen wollte, was der Alte davon hielt, fragte er: »Ich kam dir doch wohl nicht zu eingebildet vor? Für mich ist mein Vertrauen in das eigene Talent nicht unbegründet.« Äsop, der von dem erbärmlichen Buch ganz zermürbt war, sprach: »Ich heiße ganz besonders gut, dass du dich lobst, denn dies wird dir ja niemals von einem anderen zuteilwerden.«

10. Pompeius Magnus et eius miles

Quam difficile sit hominem nosse

Magni Pompei miles vasti corporis
fracte loquendo et ambulando molliter
famam cinaedi traxerat certissimam.
Hic insidiatus nocte iumentis ducis,
cum veste et auro et magno argenti pondere
avertit mulos. Factum rumor dissipat;
arguitur miles, rapitur in praetorium.
Tum Magnus: »Quid ais? Tune me, commilito,
spoliare es ausus?« Ille continuo exscreat
sibi in sinistram et sputum digitis dissipat:
»Sic, imperator, oculi exstillescant mei,
si vidi aut tetigi.« Tum vir animi simplicis
id dedecus castrorum propelli iubet,
nec cadere in illum credit tantam audaciam.
Breve tempus intercessit, et fidens manu
unum e Romanis provocabat barbarus.
Sibi quisque metuit; primi mussitant duces.
Tandem cinaedus habitu, sed Mars viribus,
adit sedentem pro tribunali ducem,
et voce molli: »Licet?« Enimvero eici
virum ut in re atroci Magnus stomachans imperat.
Tum quidam senior ex amicis principis:
»Hunc ego committi satius fortunae arbitror,
in quo iactura levis est, quam fortem virum,

10. Pompeius Magnus und sein Soldat

Wie schwierig es sei, einen Menschen zu kennen

Ein Soldat des Pompeius Magnus von einer enormen körperlichen Statur hatte dadurch, dass er weibisch redete und schwebend umherschritt, den unzweifelhaften Ruf einer Schwuchtel auf sich gezogen. Er lauerte in der Nacht den Lasttieren seines Feldherrn auf und führte einige Maultiere, die mit Kleidung, Gold und einer großen Menge Silber beladen waren, beiseite. Das Gerücht verbreitet die Tat. Der Soldat wird beschuldigt, er wird zum Feldherrnzelt geschleppt. Da sagt Magnus: »Was sagst du dazu? Hast du, Kamerad, es gewagt, mich zu bestehlen?« Jener spuckt sich sogleich in die linke Hand und verteilt den Speichel mit den Fingern: »So, Feldherr, sollen meine Augen zerfließen, wenn ich etwas gesehen oder angerührt habe.« Da befiehlt Pompeius, ein Mann von gutgläubigem Gemüt, dass diese Lagerschande hinausgetrieben werde. Er glaubt nämlich nicht, dass eine solche Kühnheit auf jenen zutreffe. Kurze Zeit verging, und ein Barbar forderte, auf seine Hand vertrauend, einen von den Römern heraus. Jeder hatte Angst um sich; die obersten Führer murmeln nur leise vor sich hin. Schließlich tritt er, eine Schwuchtel in seiner Erscheinung, ein Mars jedoch an Kraft, an den Feldherrn heran, als der dem Tribunal vorsitzt, und sagt mit sanfter Stimme: »Darf ich?« Nun befiehlt aber Magnus, der in dieser grässlichen Angelegenheit übel gestimmt ist, dass der Mann hinausgeworfen werde. Da spricht ein Älterer aus dem Freundeskreis des Feldherrn: »Ich bin der Meinung, dass dieser hier, bei dem der Verlust ein kleiner ist, besser seinem Schicksal ausgesetzt wird als ein tapferer

qui casu victus temeritatis te arguat.«
Assensit Magnus et permisit militi
prodire contra; qui mirante exercitu,
dicto celerius hostis abscidit caput
victorque rediit. His tunc Pompeius super:
»Corona, miles, equidem te dono libens,
quia vindicasti laudem Romani imperi;
sed exstillescant oculi sic«, inquit, »mei«,
turpe illud imitans ius iurandum militis,
»nisi tu abstulisti sarcinas nuper meas.«

11. Iuno, Venus et gallina

De mulierum libidine

Cum castitatem Iuno laudaret suam,
iucunditatis causam haud repellit Venus,
nullamque ut affirmaret esse illi parem,
interrogasse sic gallinam dicitur:
»Dic, sodes, quanto possis satiari cibo.«
Respondit illa: »Quicquid dederis, satis erit,
sic ut concedas pedibus aliquid scalpere.«
»Ne scalpas«, inquit, »satis est modius tritici?«
»Plane, immo nimium est, sed permitte scalpere.«
»Ex toto ne quid scalpas, quid desideras?«
Tum denique illa fassa est naturae malum:
»Licet horreum mi pateat, ego scalpam tamen.«
Risisse Iuno dicitur Veneris iocos,
quia per gallinam denotavit feminas.

Mann, der dir, wenn er durch Zufall besiegt wird, den Vorwurf der Fahrlässigkeit einbringen könnte.« Magnus gab seine Zustimmung und erlaubte dem Soldaten, als Gegner vorzutreten; dieser – das Heer war voller Bewunderung – schlug den Kopf des Feindes schneller ab, als man es sagen konnte, und kehrte als Sieger zurück. Dazu sagte Pompeius dann: »Mit einem Kranz, Soldat, beschenke ich dich zwar gerne, weil du die Ehre der römischen Herrschaft gerettet hast; aber so sollen meine Augen zerfließen«, sagte er, indem er jenen schändlichen Schwur des Soldaten nachahmte, »wenn du mir nicht neulich mein Gepäck abgenommen hast.«

11. Juno, Venus und die Henne

Über die Begierde der Frauen

Als Juno ihre eigene eheliche Treue lobte, ließ Venus es sich nicht nehmen, sich für die Lust stark zu machen, und um zu beweisen, dass ihr [der Lust] keine Frau gewachsen war, soll sie die Henne folgendermaßen befragt haben: »Sag, bitte, mit wie viel Futter du satt werden kannst.« Jene antwortete: »Was auch immer du mir gibst, wird reichen, solange du meinen Füßen nur zubilligst, nach etwas zu kratzen.« »Um aber nicht zu kratzen«, fragte sie weiter, »ist da ein Scheffel Weizen genug?« »Allerdings, ja es ist sogar zu viel, doch erlaube mir nur zu kratzen.« »Um aber gar nicht mehr zu kratzen, was verlangst du da?« Dann endlich gestand jene die Schwäche ihrer Natur: »Mag mir auch ein ganzer Getreidespeicher offenstehen, ich werde dennoch kratzen.« Juno habe, wie es heißt, über Venus' Scherze gelacht, weil sie mit der Henne die Frauen nachgezeichnet hat.

12. Paterfamilias et Aesopus

Quomodo domanda sit ferox iuventus

Paterfamilias saevum habebat filium.
Hic e conspectu cum patris recesserat,
verberibus servos afficiebat plurimis
et exercebat fervidam adulescentiam.
Aesopus ergo narrat hoc breviter seni:
»Quidam iuvenco vetulum adiungebat bovem.
Is cum refugiens impari collo iugum
aetatis excusaret vires languidas,
›Non est quod timeas‹, inquit illi rusticus;
›non ut labores facio, sed ut istum domes,
qui calce et cornu multos reddit debiles.‹
Et tu nisi istum tecum assidue detines
feroxque ingenium comprimis clementia,
vide ne querela maior accrescat domus.«
  Atrocitati mansuetudo est remedium.

13. Aesopus et victor gymnicus

Quomodo conprimatur aliquando iactantia

Victorem Aesopus gymnici certaminis
iactantiorem cum vidisset plus satis,
interrogavit an plus adversarius
valuisset eius. Ille: »Ne istud dixeris;
multo fuere vires maiores meae.«
»Quod«, inquit, »ergo, stulte, meruisti decus,
minus valentem si vicisti fortior?
Ferendus esses, forte si te diceres

12. Der Hausherr und Äsop

Wie die wilde Jugend zu bändigen sei

Ein Hausherr hatte einen hitzigen Sohn. Immer wenn dieser sich aus dem Blickfeld des Vaters entfernt hatte, setzte er den Sklaven mit sehr vielen Schlägen zu und lebte so seine heißblütige Jugend aus. Also erzählt Äsop dem Alten mit wenigen Worten das Folgende: »Ein Mann spannte immer mit einem jungen Stier ein altes Rind an. Als es das Joch wegen des unterschiedlich starken Nackens meiden wollte und als Entschuldigung seine schwindende Alterskraft vorbrachte, sagte der Bauer zu ihm: ›Du hast keinen Grund, dich zu fürchten; ich tue das nicht, damit du dich abmühst, sondern damit du den bändigst, der mit seinem Huf und seinem Horn viele erlahmen lässt.‹ Auch du, wenn du nicht den Jungen andauernd bei dir hältst und sein wildes Temperament mit deiner Milde in die Schranken weist, sieh dich vor, dass für dein Haus keine größere Klage heranwächst.«

Für Wildheit ist Sanftmut das Gegenmittel.

13. Äsop und der siegreiche Athlet

Wie Prahlerei manchmal unterdrückt werde

Als Äsop sah, wie der Sieger eines sportlichen Wettkampfes mehr als genug prahlte, fragte er ihn, ob sein Gegner stärker gewesen sei. Der entgegnete: »Sag das nicht! Meine Kräfte waren um vieles größer!« »Welchen Ruhm«, sagte Äsop, »hast du, Dummkopf, dir also verdient, wenn du als Stärkerer über einen Schwächeren gesiegt hast? Du wärest noch zu ertragen, wenn du sagtest, dass du zufällig

superasse, qui fuisset melior viribus.«
His insolentes emendantur versibus.

14. Asinus ad lyram

Quomodo ingenia saepe calamitate intercidant

Asinus iacentem vidit in prato lyram.
Accessit et temptavit chordas ungula;
sonuere tactae. »Bella res, sed mehercules
male cessit«, inquit, »artis quia sum nescius.
Si repperisset aliquis hanc prudentior,
divinis aures oblectasset cantibus.«
Sic saepe ingenia calamitate intercidunt.

15. Mulier vidua et miles

Quanta sit inconstantia et libido mulierum

Per aliquot annos quaedam dilectum virum
amisit et sarcophago corpus condidit;
a quo revelli nullo cum posset modo
et in sepulcro lugens vitam degeret,
claram assecuta est famam castae virginis.
Interea fanum qui compilarant Iovis,
cruci suffixi luerunt poenas numini.
Horum reliquias ne quis posset tollere,
custodes dantur milites cadaverum
monumentum iuxta, mulier quo se incluserat.
Aliquando sitiens unus de custodibus

über jemanden gesiegt hast, der dir kräftemäßig überlegen war.«

Mit diesen Versen werden überhebliche Menschen eines Besseren belehrt.

14. Der Esel zur Lyra

Wie Talente oft durch Unglück verloren gehen

Ein Esel sah eine Lyra auf der Wiese liegen. Er ging heran und tastete die Saiten mit dem Huf ab. Als er sie berührte, ertönten sie. »Eine hübsche Sache«, sagte er, »aber, beim Herkules, sie hat keinen guten Ausgang genommen, weil ich nichts von der Kunst verstehe. Wenn nur jemand sie gefunden hätte, der virtuoser ist, hätte er die Ohren mit göttlichen Melodien erquickt.«

So gehen Talente oft durch Unglück verloren.

15. Die Witwe und der Soldat

Wie groß die Unbeständigkeit und die Begierde der Frauen sei

Eine Frau verlor ihren Mann, den sie über etliche Jahre geliebt hatte, und bestattete seinen Leichnam in einem Sarkophag. Da sie von diesem auf keine Weise losgerissen werden konnte und ihr Leben trauernd in seiner Grabstätte verbrachte, erlangte sie den glänzenden Ruf einer keuschen jungen Frau. Unterdessen büßten Männer, die Jupiters Tempel geplündert hatten, der Gottheit ihre Tat am Kreuz. Damit keiner deren Überreste wegnehmen konnte, wurden Soldaten als Wächter der Leichname aufgestellt, neben dem Grabmal, in dem sich die Frau eingeschlossen hatte. Irgendwann bekam einer der Wächter Durst und

aquam rogavit media nocte ancillulam,
quae forte dominae tunc assistebat suae
dormitum eunti; namque lucubraverat
et usque in serum vigilias perduxerat.
Paulum reclusis foribus miles prospicit
videtque et aegram et facie pulchra feminam.
Corruptus animus ilico succenditur
et uritur impudentis sensim cupiditas.
Sollers acumen mille causas invenit,
per quas videre possit illam saepius.
Cotidiana capta consuetudine
paulatim facta est advenae submissior;
mox artior revinxit animum copula.
Hic dum consumit noctes custos diligens,
desideratum est corpus ex una cruce.
Turbatus miles factum exponit mulieri.
At sancta mulier »Non est quod timeas«, ait,
virique corpus tradit figendum cruci,
ne subeat ille poenas neglegentiae.
Sic turpitudo laudis obsedit locum.

16. Duo iuvenes sponsi, dives et pauper

Fortunam interdum praeter spem atque expectationem hominibus favere

Unam expetebant virginem iuvenes duo;
vicit locuples genus et formam pauperis.
Ut nuptiarum dictus advenit dies,
amans, dolorem quia non poterat perpeti,
maerens propinquos contulit se in hortulos,

bat mitten in der Nacht die junge Magd um Wasser, die zu dieser Zeit zufällig ihrer Herrin behilflich war, als sie zu Bett gehen wollte. Denn die hatte bei Lampenlicht gearbeitet und ihre Wache bis spät in die Nacht ausgedehnt. Nachdem die Tür ein wenig geöffnet worden ist, schaut der Soldat hinein und erblickt die kummervolle, aber wunderschöne Frau. Sein verdorbenes Herz entflammt auf der Stelle, und die Begierde des Schamlosen verzehrt ihn nach und nach. Der verschmitzte erfinderische Geist ersinnt tausend Gründe, damit er jene häufiger sehen kann. Sie ließ sich durch den täglichen vertrauten Umgang gewinnen und wurde dem Fremden gegenüber nach und nach gefälliger. Bald darauf fesselte ein Band ihr Herz enger an ihn. Während der aufmerksame Wächter nun seine Nächte so verlebte, vermisste man eine Leiche an einem Kreuz. Aufgeregt schildert der Soldat der Frau, was geschehen ist. Die tugendhafte Frau jedoch sagt: »Du hast keinen Grund, dich zu fürchten«, und übergibt ihm den Leichnam ihres Mannes, um ihn am Kreuz zu befestigen, damit er nicht wegen Unachtsamkeit bestraft werde. So nahm die Schande den Platz des Ruhmes ein.

16. Zwei junge Verehrer, ein reicher und ein armer

Dass das Glück den Menschen bisweilen entgegen der Hoffnung und Erwartung gewogen sei

Zwei junge Männer warben um dasselbe Mädchen; der reiche triumphierte über die Abstammung und Schönheit des armen. Als nun der für die Hochzeit anberaumte Tag gekommen war, zog sich der Verliebte, weil er den Schmerz nicht länger ertragen konnte, traurig in nahegelegene

quos ultra paulo villa splendida divitis
erat acceptura virginem e matris sinu,
parum ampla in urbe visa quod fuerat domus.
Pompa explicatur, turba concurrit frequens,
et coniugalem praebet Hymenaeus facem.
Asellus autem, qui solebat pauperi
quaestum referre, stabat portae in limine.
Illum puellae casu conducunt suae,
viae labores teneros ne laedant pedes.
Repente caelum, Veneris misericordia,
ventis movetur, intonat mundi fragor
noctemque densis horridam nimbis parat.
Lux rapitur oculis et simul vis grandinis
effusa trepidos passim comites dissipat,
sibi quemque cogens petere praesidium fuga.
Asellus notum proximum tectum subit
et voce magna sese venisse indicat.
Procurrunt pueri, pulchram aspiciunt virginem
et admirantur; deinde domino nuntiant.
Inter sodales ille paucos accubans
amorem crebris avocabat poculis.
Ubi nuntiatum est, recreatus gaudiis,
hortante Baccho et Venere, dulces perficit
aequalitatis inter plausus nuptias.
Quaerunt parentes per praeconem filiam;
novus maritus coniuge amissa dolet.
Quid esset actum postquam populo innotuit,
omnes favorem comprobarunt caelitum.

Gärten zurück; etwas dahinter stand das prachtvolle Landgut des Reichen schon bereit, das Mädchen aus dem Schoß der Mutter aufzunehmen, weil das Haus in der Stadt nicht geräumig genug schien. Der Festzug setzt sich in Bewegung, eine dichte Menschenmenge kommt eilig zusammen, und Hymenaeus hält die Hochzeitsfackel hoch. Ein Eselchen aber, das dem Armen gewöhnlich Einkünfte einbrachte, stand an der Türschwelle. Jenes leihen sie sich durch Zufall für ihr Mädchen aus, damit die Strapazen des Weges nicht ihre zarten Füße verletzen. Plötzlich – Venus hat Mitleid – wird der Himmel von Winden aufgewühlt, ein donnerndes Krachen des Äthers ertönt und bereitet durch dichte Wolken eine schauderhafte Nacht. Den Augen wird das Licht entzogen, und zugleich treibt ein niederprasselnder Hagelschauer die ängstlichen Begleiter in alle Richtungen auseinander, zwingt jeden für sich, zu fliehen und Schutz zu suchen. Das Eselchen zieht sich unter das ihm bekannte Dach ganz in der Nähe zurück und kündigt mit lauter Stimme an, dass es gekommen sei. Sklaven eilen herbei, erblicken das schöne Mädchen und staunen: Dann melden sie es ihrem Herrn. Jener lag mit wenigen Freunden zu Tisch und versuchte, die Liebe mit einem Becher nach dem anderen zu vertreiben. Sobald ihm die Nachricht überbracht worden ist, erholt er sich mit Freude, und, von Bacchus und Venus ermuntert, vollzieht er die süße Hochzeit unter dem Beifall seiner Freunde. Die Eltern suchen ihre Tochter durch einen Herold; der neue Ehemann ist über den Verlust seiner Gattin traurig. Als das Volk erfuhr, was geschehen war, schenkten alle der himmlischen Gunstbezeugung Beifall.

17. Aesopus et domina

Quam noceat saepe verum dicere

Aesopus turpi cum serviret feminae,
quae se expingendo totum intricaret diem,
vestem, uniones, aurum, argentum sumeret,
nec inveniret digito qui se tangeret:
»Licetne paucis?«, inquit. »Dicas.« »Censeo,
quidvis efficies, cultum si deposueris.«
»Adeone per me videor tibi meliuscula?«
»Immo, nisi dederis, sponda cessabit tua.«
»At non cessabunt latera«, respondit, »tua«,
et obiurgari iussit servum garrulum.
Post paulo armillam tollit fur argenteam.
Eam non apparere ut dictum est mulieri,
furore plena vocat omnes et verbera
proponit gravia, verum si non dixerint.
»Aliis minare«, inquit, »me non falles, era;
flagris sum caesus, verum quia dixi modo.«

18. Gallus lectica a felibus vectus

Nimiam securitatem saepe in periculum homines ducere

Feles habebat gallus lecticarios.
Hunc gloriosum vulpes ut vidit vehi,
sic est locuta: »Moneo praecaveas dolum;
istorum vultus namque si consideras,
praedam portare iudices, non sarcinam.«

17. Äsop und seine Herrin

Wie schädlich es häufig sei, die Wahrheit zu sagen

Als Äsop bei einer hässlichen Frau Sklave war, die den ganzen Tag damit vergeudete, sich anzumalen, feine Kleidung, Perlen, Gold und Silber anlegte und dennoch keinen fand, der sie mit dem Finger anrührte, sprach er: »Darf ich ein paar Worte sagen?« »Sprich nur!« »Ich schätze, du wirst alles in der Welt erreichen, wenn du nur deinen Schmuck ablegst.« »Sehe ich für dich denn, wie ich bin, viel hübscher aus?« »Im Gegenteil, aber wenn du keine Geschenke machst, wird dein Bett leer bleiben.« »Aber dein Körper wird nicht leer bleiben«, entgegnete sie und ließ den geschwätzigen Sklaven verprügeln. Kurz darauf stiehlt ihr ein Dieb ein silbernes Armband. Als der Frau berichtet wurde, dass es unauffindbar sei, ruft sie voll Wut alle zusammen und droht ihnen schwere Prügel an, wenn man ihr nicht die Wahrheit sage. »Drohe anderen«, sagte Äsop, »mich wirst du nicht irreführen, Herrin; ich wurde ausgepeitscht, weil ich vor Kurzem die Wahrheit gesagt habe.«

18. Der Hahn, der von Katzen auf einer Sänfte getragen wird

Dass zu große Sorglosigkeit die Menschen häufig in Gefahr bringe

Ein Hahn hatte Katzen als Sänftenträger. Als ein Fuchs sah, wie er sich großspurig tragen ließ, sprach er so: »Ich rate dir, vor List auf der Hut zu sein; denn wenn du die Gesichter der Gesellen da in Augenschein nimmst, könntest du glauben, sie trügen Beute, nicht schwere Last.« Als die wil-

Postquam esurire coepit societas fera,
discerpsit dominum et fecit partes facinoris.

19. Scrofa parturiens et lupus

*Faciendum prius de homine periculum,
quam eius te conmittas fidei*

Premente partu scrofa cum gemeret iacens,
accurrit lupus et obstetricis partibus
se posse fungi dixit, promittens opem.
Quae vero nosset pectoris fraudem improbi,
suspectum officium repudiavit malefici
et: »Satis est«, inquit, »si recedis longius.«
Quod si perfidiae se commisisset lupi,
pari dolore fata deflesset sua.

20. Aesopus et servus profugus

Non esse malo addendum malum

Servus profugiens dominum naturae asperae,
Aesopo occurrit notus e vicinia.
»Quid tu confusus?« »Dicam tibi clare, pater,
hoc namque es dignus appellari nomine,
tuto querela quia apud te deponitur.
Plagae supersunt, desunt mihi cibaria;
subinde ad villam mittor sine viatico.
Domi si cenat, totis persto noctibus;
sive est vocatus, iaceo ad lucem in semita.
Emerui libertatem, canus servio.

de Gesellschaft Hunger bekam, zerriss sie ihren Herrn und teilte sich ihren üblen Fang.

19. Die gebärende Sau und der Wolf

Dass ein Mensch erst auf die Probe gestellt werden müsse, bevor du dich ihm anvertraust

Als eine Sau bei drückenden Wehen dalag und stöhnte, lief ein Wolf herbei und sagte, er könne die Rolle der Hebamme übernehmen, und dabei versprach er seine Hilfe. Da die Sau aber die Hinterlist seines boshaften Herzens kannte, lehnte sie die verdächtige Gefälligkeit des Übeltäters ab und sagte: »Es genügt mir schon, wenn du dich ein Stück weiter zurückziehst.« Wenn sie sich aber der Tücke des Wolfes anvertraut hätte, hätte sie mit dem gleichen Schmerz ihr eigenes Schicksal beklagt.

20. Äsop und der flüchtige Sklave

Dass man einem Übel kein weiteres Übel hinzufügen dürfe

Als ein Sklave vor seinem Herrn floh, der ein raues Wesen hatte, begegnete er Äsop, dem er aus der Nachbarschaft bekannt war: »Was bist du so durcheinander?« »Ich will es dir klar sagen, Vater, denn du hast es verdient, mit diesem Namen angesprochen zu werden, weil meine Klage bei dir sicher aufgehoben ist. Schläge bekomme ich reichlich, es fehlt mir das Essen. Immer wieder werde ich ohne Wegzehrung zum Landhaus geschickt. Wenn er zu Hause speist, stehe ich ganze Nächte da; wenn er eingeladen wurde, liege ich bis Tagesanbruch auf dem Weg. Ich habe meine Freiheit verdient, grauhaarig leiste ich noch Sklaven-

Ullius essem culpae mihi si conscius,
aequo animo ferrem. Numquam sum factus satur
et super infelix saevum patior dominium.
Has propter causas et quas longum est promere,
abire destinavi, quo tulerint pedes.«
»Ergo«, inquit, »audi: cum mali nil feceris,
haec experiris, ut refers, incommoda;
quid si peccaris? Quae te passurum putas?«
Tali consilio est a fuga deterritus.

21. Equus quadrigalis in pistrinum venumdatus

Ferendum esse aequo animo, quicquid acciderit

Equum ex quadriga multis palmis nobilem
abegit quidam et in pistrinum vendidit.
Productus ad bibendum cum foret a molis,
in circum aequales ire conspexit suos,
ut grata ludis redderent certamina.
Lacrimis obortis: »Ite felices«, ait,
»celebrate sine me cursu sollemnem diem.
Ego, quo scelesta furis attraxit manus,
ibi sorte tristi fata deflebo mea.«

dienste. Wäre ich mir irgendeiner Schuld bewusst, würde ich es gleichmütig ertragen; niemals bin ich satt geworden und über all das hinaus muss ich, Unglücklicher, noch die grausame Herrschaft erdulden. Aus diesen Gründen und solchen, die vorzutragen zu langwierig wäre, habe ich beschlossen, fortzugehen, wohin mich meine Füße tragen.« »Nun hör mir zu«, sagte Äsop. »Obwohl du nichts Böses getan hast, erlebst du, wie du berichtest, diese Härten; was, wenn du dir wirklich etwas zu Schulden kommen lässt? Was glaubst du, wirst du dann erleiden?« Mit derartigem Rat ließ er sich von der Flucht abschrecken.

21. Ein Pferd aus dem Viergespann, das an eine Mühle verkauft wurde

Dass man mit Gleichmut ertragen müsse, was auch immer geschehe

Jemand entwendete ein Pferd aus einem Viergespann, das durch allerlei Siege berühmt war, und verkaufte es an eine Mühle. Als es von den Mühlsteinen weggeführt wurde, um zu trinken, sah es seine Gefährten zur Rennbahn gehen, um mit ihren beliebten Wettrennen zu den Zirkusspielen beizutragen. Ihm kamen die Tränen. »Geht, ihr Glücklichen«, sprach es, »feiert den Festtag ohne mich mit eurem Lauf. Ich werde dort, wohin mich die verbrecherische Diebeshand gezogen hat, mein Los beweinen, das mir durch das grausame Schicksal bestimmt ist.«

22. Ursus esuriens

Famem acuere animantibus ingenium

Si quando in silvis urso desunt copiae,
scopulosum ad litus currit et prendens petram
pilosa crura sensim demittit vado;
quorum inter villos simul haeserunt cammari,
in terram arripiens excutit praedam maris
escaque fruitur passim collecta vafer.
Ergo etiam stultis acuit ingenium fames.

23. Viator et corvus

Verbis saepenumero homines decipi solere

Quidam per agros devium carpens iter
»AVE« exaudivit et moratus paululum,
adesse ut vidit neminem, cepit gradum.
Iterum salutat idem ex occulto sonus.
Voce hospitali confirmatus restitit,
ut quisquis esset par officium reciperet.
Cum circumspectans errore haesisset diu
et perdidisset tempus aliquot milium,
ostendit sese corvus et supervolans
»AVE« usque ingessit. Tum se lusum intellegens:
»At male tibi sit«, inquit, »ales pessime,
qui festinantis sic detinuisti pedes.«

22. Ein hungriger Bär

Dass Hunger Lebewesen den Geist schärfe

Wenn einmal einem Bären in den Wäldern das Futter ausgeht, läuft er zum klippenreichen Ufer, umklammert einen Felsen und lässt seine zotteligen Beine allmählich ins seichte Wasser hinab; sobald Krebse an deren Zotteln hängengeblieben sind, reißt er sie an Land, schüttelt die Meeresbeute ab, sammelt überall die Speise auf und genießt sie verschmitzt.

So schärft der Hunger auch den Dummen den Geist.

23. Der Wanderer und der Rabe

Dass Menschen mit Worten oft getäuscht zu werden pflegen

Als jemand einen abgelegenen Weg durch die Felder nahm, hörte er ein »Ave!« und hielt ein Weilchen inne. Sobald er sah, dass niemand da war, ging er weiter. Wieder grüßt ihn dieselbe Stimme aus dem Verborgenen. Durch die freundliche Begrüßung bestärkt, blieb er stehen, damit, wer auch immer es sei, die gleiche Höflichkeit zurückbekomme. Als er, sich so umblickend, lange im Irrtum verharrt war und die Zeit für einige Meilen eingebüßt hatte, zeigte sich ein Rabe, flog über ihm und wiederholte immer wieder »Ave!«. Da verstand der Wanderer, dass er an der Nase herumgeführt worden war, und sagte: »Jetzt aber zum Teufel mit dir, du elender Vogel, der du meine Schritte, als ich in Eile war, so aufgehalten hast.«

24. Pastor et capella

Nihil ita occultum esse, quod non reveletur

Pastor capellae cornu baculo fregerat.
Rogare coepit ne se domino proderet:
»Quamvis indigne laesa, reticebo tamen;
sed res clamabit ipsa quid deliqueris.«

25. Serpens et lacerta

Ubi leonis pellis deficit, vulpinam insuendam esse: hoc est, ubi deficiunt vires astu utendum

Serpens lacertam forte aversam prenderat;
quam devorare patula cum vellet gula,
arripuit illa prope iacentem surculum
et, pertinaci morsu transversum tenens,
avidum sollerti rictum frenavit mora.
Praedam dimisit ore serpens irritam.

26. Cornix et ovis

Multos lacessere debiles et cedere fortibus

Odiosa cornix super ovem consederat;
quam dorso cum tulisset invita et diu:
»Hoc«, inquit, »si dentato fecisses cani,
poenas dedisses.« Illa contra pessima:

24. Der Hirte und die Ziege

Dass nichts so verborgen sei, dass es nicht aufgedeckt werden könne

Ein Hirte hatte einer Ziege mit seinem Stab ein Horn gebrochen. Er begann, sie zu bitten, ihn nicht an seinen Herrn zu verraten: »Wenn ich auch in entwürdigender Weise verletzt bin, werde ich trotzdem schweigen; aber die Sache selbst wird herausschreien, was du angerichtet hast.«

25. Die Schlange und die Eidechse

Dass man das Fell eines Fuchses aufnähen müsse, wenn das Löwenfell fehlt: das heißt, wenn die Kräfte fehlen, müsse man eine List anwenden

Eine Schlange hatte zufällig eine Eidechse von hinten gefangen; als sie diese mit ihrem aufgesperrten Schlund verschlingen wollte, schnappte jene einen Zweig, der in der Nähe lag, und indem sie ihn quer in ihrem festen Biss hielt, bändigte sie den gierigen Rachen durch das ausgeklügelte Hindernis. Da ließ die Schlange die unbrauchbare Beute aus dem Maul fallen.

26. Die Krähe und das Schaf

Dass viele Schwache provozieren und vor Starken zurückweichen

Eine verhasste Krähe hatte sich oben auf ein Schaf gesetzt; als es diese widerwillig und lange auf dem Rücken getragen hatte, sagte es: »Wenn du dies mit einem Hund gemacht hättest, der große Zähne hat, wärst du bestraft worden.« Darauf antwortete jene in all ihrer Niedertracht: »Ich

»Despicio inermes, eadem cedo fortibus;
scio quem lacessam, cui dolosa blandiar.
Ideo senectam mille in annos prorogo.«

27. Servus et dominus

Nullum maledictum esse gravius conscientia

Cum servus nequam Socrati malediceret,
uxorem domini qui corrupisset sui,
idque ille sciret notum circumstantibus:
»Places tibi«, inquit, »quia cui non debes places;
sed non impune, quia cui debes non places.«

28. Lepus et bubulcus

Multos verbis blandos esse, pectore infideles

Cum venatorem celeri pede fugeret lepus
et a bubulco visus veprem irreperet:
»Per superos oro perque spes omnes tuas,
ne me indices, bubulce; nihil umquam mali
huic agro feci.« Et rusticus: »Ne timueris;
late securus.« Iamque venator sequens:
»Quaeso, bubulce, numquid huc venit lepus?«
»Venit, sed abiit hac ad laevam«, et dexteram
demonstrat nutu partem. Venator citus
non intellexit seque e conspectu abstulit.
Tunc sic bubulcus: »Ecquid est gratum tibi,

verachte die Wehrlosen, zugleich weiche ich vor den Starken zurück; ich weiß, wen ich provozieren kann, wem ich hinterlistig schmeicheln muss; deswegen dehne ich mein Alter auf tausend Jahre aus.«

27. Der Sklave und der Herr

Dass keine Anschuldigung schwerwiegender sei als das eigene Gewissen

Als ein nichtsnutziger Sklave, der die Ehefrau seines Herrn verführt hatte, Sokrates beleidigte und Sokrates wusste, dass das den Leuten, die dort herumstanden, bekannt war, sagte er: »Du gefällst dir, weil du gefällst, wem du nicht gefallen darfst, aber das wird nicht ungestraft bleiben, weil du nicht gefällst, wem du gefallen musst.«

28. Der Hase und der Rinderhirte

Dass viele freundlich mit Worten, treulos im Herzen seien

Als ein Hase schnellfüßig vor dem Jäger floh und, vom Rinderhirten erblickt, ins Dickicht kroch, sagte er: »Bei den Göttern und bei all deinen Hoffnungen bitte ich dich, mich nicht zu verraten, Rinderhirt; ich habe diesem Feld niemals etwas Böses getan.« Da antwortete der Bauer: »Hab keine Angst; bleib unbesorgt in deinem Versteck.« Und schon folgte der Jäger und sprach: »Ich bitte dich, Rinderhirt, ist hier wohl ein Hase hergekommen?« »Ja, ist er, aber er hat sich da nach links davongemacht«; und mit einem Zwinkern zeigt er auf die rechte Seite. Da der Jäger es eilig hatte, merkte er es nicht und verschwand außer Sichtweite. Dann sprach der Rinderhirte so: »Bist du nicht

quod te celavi?« »Linguae prorsus non nego
habere atque agere maximas me gratias;
verum oculis ut priveris opto perfidis.«

29. Meretrix et iuvenis

Multa esse nobis iocunda, quae tamen sunt incommoda

Cum blandiretur iuveni meretrix perfida,
et ille laesus multis saepe iniuriis
tamen praeberet sese facilem mulieri,
sic insidiatrix: »Omnes muneribus licet
contendant, ego te plurimi facio tamen.«
Iuvenis recordans quotiens deceptus foret:
»Libenter«, inquit, »mea lux, hanc vocem audio,
non quod fidelis, sed quod iucunda est mihi.«

30. Fiber

Multi viverent, si salutis gratia parvi facerent fortunas

Canes effugere cum iam non possit fiber,
(Graeci loquaces quem dixerunt Castorem
et indiderunt bestiae nomen dei,
illi qui iactant se verborum copia),
abripere morsu fertur testiculos sibi,
quia propter illos sentiat sese peti.
Divina quod ratione fieri non negem;

dankbar, dass ich dich versteckt gehalten habe?« »Ich leugne ganz und gar nicht, dass ich deiner Zunge zu größtem Dank verpflichtet bin und ihn ihr auch abstatte; aber ich wünsche, dass man dich deiner treulosen Augen beraube.«

29. Die Hure und der junge Mann

Dass uns vieles angenehm sei, was dennoch nicht unbedingt von Vorteil ist

Als eine treulose Hure einem jungen Mann schmeichelte und jener, obwohl er oft reichlich Kränkungen von ihr eingesteckt hatte, sich der Frau dennoch leicht hingab, sprach die Hinterhältige die folgenden Worte: »Auch wenn alle mit Geschenken um mich werben, [5] schätze ich dich doch am höchsten.« Der junge Mann dachte daran, wie oft er von ihr hintergangen worden war, und sagte: »Gern höre ich diese Worte, mein Liebling, nicht weil sie ehrlich sind, sondern weil sie mich erfreuen.«

30. Der Biber

Viele würden leben, wenn sie ihren Besitz zugunsten ihrer Rettung geringschätzten

Wenn ein Biber nicht mehr vor den Hunden fliehen kann (ihn nannten die geschwätzigen Griechen Castor und gaben so dem Tier den Namen eines Gottes, sie, die auf ihren reichen Wortschatz stolz sind), [5] dann heißt es, er reiße sich seine Hoden mit einem Biss ab, weil er weiß, dass er ihretwegen gejagt wird. Dass das nach einem göttlichen Plan geschehe, will ich nicht leugnen; denn sobald der Jäger

venator namque simul invenit remedium,
omittit ipsum persequi et revocat canes.
Hoc si praestare possent homines, ut suo
vellent carere, tuti posthac viverent;
haud quisquam insidias nudo faceret corpori.

31. Papilio et vespa

Non praeteritam sed praesentem aspiciendam esse fortunam

Papilio vespam provolantem viderat:
»O sortem iniquam! Dum vivebant corpora,
quorum ex reliquiis animam nos accepimus,
ego eloquens in pace, fortis proeliis,
arte omni princeps inter aequales fui.
En nunc ut levitas putris et volito cinis!
Tu, qui fuisti mulus clitellarius,
quemcumque visum est laedis infixo aculeo.«
Et vespa dignam moribus vocem edidit:
»Non qui fuerimus, sed qui nunc simus vide.«

32. Terraneola et vulpes

Pravis non esse fidem adhibendam

Avis, quam dicunt terraneolam rustici,
in terra nidum quia componit scilicet,
forte occucurrit improbae vulpeculae;
qua visa, pennis altius se sustulit.
»Salve«, inquit illa, »cur me fugisti, obsecro?

das Heilmittel gefunden hat, hört er auf, den Biber selbst zu jagen, und ruft seine Hunde zurück.

Wenn Menschen dies hinbekommen könnten, aus freien Stücken auf ihren Besitz zu verzichten, könnten sie in Zukunft sicher leben; niemand stellte ihrem nackten Körper einen Hinterhalt.

31. Der Schmetterling und die Wespe

Dass nicht das vergangene, sondern das gegenwärtige Schicksal in den Blick genommen werden müsse

Ein Schmetterling hatte eine Wespe ausfliegen sehen: »O ungerechtes Schicksal! Solange die Körper lebten, aus deren sterblichen Überresten wir den Lebenshauch empfangen haben, war ich redegewandt im Frieden, tapfer im Gefecht, in jeder Kunst übertraf ich meine Gefährten. Da, sieh, wie ich nun umherflattere als verwestes Leichtgewicht und Asche! Du, der du einst ein Maultier warst, das einen Packsattel trug, verletzt mit deinem angehefteten Stachel, wen es dir beliebt.« Die Wespe aber gab eine Rede von sich, die zu ihrem Wesen passte: »Sieh nicht darauf, wer wir waren, sondern wer wir jetzt sind.«

32. Die Lerche und der Fuchs

Dass man Bösewichten kein Vertrauen schenken dürfe

Der Vogel, den die Landleute »kleinen Erdbewohner« nennen, weil er sein Nest auf der Erde baut, begegnete einmal einem bösen, kleinen Fuchs. Als er ihn erblickt hatte, stieg er mit seinen Flügeln höher in die Lüfte. »Sei gegrüßt«, sprach der Fuchs. »Warum – ich bitte dich – bist du vor mir

Quasi non abunde sit mihi in prato cibus,
grilli, scarabaei, locustarum copia;
nihil est quod metuas: ego te multum diligo
propter quietos mores et vitam probam.«
Respondit contra: »Tu quidem bene praedicas;
in campo non sum, sed par sub divo tibi.
Quin sequere? Tibi salutem committo meam.«

geflohen? Als ob ich nicht mehr als genug Futter auf der Wiese hätte: Grillen, Käfer, eine Menge an Heuschrecken. Es gibt nichts, das du fürchten musst. Ich schätze dich sehr wegen deiner friedlichen Art und deines redlichen Lebensstils.« [10] Dem hielt der Vogel entgegen: »Du schmeichelst mir gewiss sehr; auf dem Feld bin ich dir nicht gewachsen, aber unter dem Himmel. Warum folgst du mir nicht? Ich vertraue dir mein Leben an.«

Anhang

Zu dieser Ausgabe

Dem lateinischen Text liegt die Ausgabe von Guaglianone aus dem Jahr 1969 (s. Literaturverzeichnis) zugrunde – Abweichungen sind, sofern sie nicht nur Groß-/Kleinschreibung oder Interpunktion betreffen, im Folgenden verzeichnet. Die neuste Edition der Fabeln des Phaedrus – Zago 2020 –, die die 2014 entdeckte Handschrift M enthält und Äsopüberlieferung und Prosaparaphrasen stärker für die Rekonstruktion des Textes heranzieht, wurde berücksichtigt. Durch die Zusammenlegung und Umstellung einzelner Fabeln weichen die Anzahl und die Anordnung (insbesondere in den Büchern 4 und 5) von Guaglianones Edition ab.

In der folgenden Übersicht entstammen Varianten ohne Zusatz eines Namens der handschriftlichen Überlieferung des Mittelalters, eine Variante mit Zusatz eines Namens ist eine Konjektur eben dieses neuzeitlichen Gelehrten.

	Guaglianone	*Reclam*
1,2,7	gravis	grave (*Pithou*)
1,2,20	supera (*Müller*)	supra
1,5,7	† nominor quia leo	nominor quoniam leo (*Richter*)
1,6,1	Vicini	Vicinis (*Havet*)
1,9,2	ostendemus (*Tollius*)	ostendamus
1,9,8	semianimus mortis in solacio:	semianimus: »Mortis en solacium! (*Hare et Sanadon*)
1,13,12	Tunc	Tum
1,14,8	miscere illius antidoto se (*Gude*)	miscere antidoto illius ⟨se⟩se (*Zago*)
1,14,9	ebibere (*Richter*)	hoc bibere
1,15,2	mores	nomen (*Bongars*)
1,15,10	cum (*Bergen*)	dum
1,15,10	meas	unicas (*Housman*)
1,19,7	posset catulos	catulos posset
1,19,8	flagitari	flagitare

1,20,2	mortalis	mortales
1,21,5	venit ad eum	ad eum venit
1,21,10	Fortis	Fortes
1,21,12	certe cogor	cogor certe (*Meursius*)
2,3,2	misit (*Gronovius*)	inmisit
2,4,11	offuso (*Rittershausen*)	effuso
2,5,10	perspicit	respicit (*Gronovius*)
2,7,4	eminens	eminet
2,7,5	iactans	iactat
2,8,11	ideo	adeo (*Salmasius*)
3 prol. 15	ut	et (*Pithou*)
3,1,2	ex (*Havet*)	e (*Gude*)
3,3,1	vel doctior (*Heinsius*)	veracior (*Bongars*)
3,9,2	fundasset	fundaret
3,10,7	fabulosa ne vetustate	fabulosam ne vetustatem
3,10,7	elevem	eleves
3,10,39	petierunt (*Müller*)	petiere
4 prol. 14	cum (*Bentley*)	dum
4 prol. 14	vacarit (*Bentley*)	vacabis (*Zago*)
4 prol. 16	dum	cum (*Zago*)
4 prol. 19	dignumque	dignum que⟨m⟩ (*Zago*)
4,2,4	sub titulis (*Havet*)	sub illis (*Pithou*)
4,7,17	ait	ais (*Pithou*)
4,11,13	sacrum	sacram (*Shackleton Bailey*)
4,16,5	partis	partes (*Pithou*)
4,19,2	melioris vitae tempus	meliora vitae tempora (*Ursin*)
4,19,3	eriperet (*Gude*)	abriperet
4,19,24	confusus	confusi (*Gude, Scheffer*)
4,21,2	pluris	plures
4,22,1	Quid	Quo
4,23,5	laudem	laudes
4,23,8	Cia (*Lachmann*)	Cea

4,23,15	perierant	perierunt
4,26,8	usus poeta moris est licentia (*Rittershausen*)	usus poetae more est et licentia (*Burmannus*)
4,26,12	reliquum	reliquas (*Gude*)
5,2,4	exciso	occiso
5,3,11	† Hoc argumentum veniam ei dari docet	Hoc argumentum docet ⟨ei⟩ veniam dari (*Stowasser*)
5,4,9–12	Sed … malo.	[Sed … malo.] (*Zago*)
5,5,4	dives quidam nobilis	dives quidam et nobilis
5,5,20	lancibus	laudibus
5,7,8	nec opinans (*Pithou*)	necopinus (*Nevelet*)
5,7,17	a se	rursus (*Zago*)
5,7,18	reducem tum adducit prece, pretio (*Guaglianone*)	⟨quem⟩ ducit pretio precibus (*Zago*)
5,9,3	plecteret	flecteret (*Rittershausen*)
5,10,6	Hic	Hoc (*Müller*)
App. 2,3	tacita	tacite (*Cassitto*)
App. 3,4	quaecumque	quae cuique (*Stowasser*)
App. 4,13	Id forte meretrix cum rideret validius (*Iannelli*)	Id forte dum meretrix ridet validius (*Zago*)
App. 4,14	replentur umore	replevit umor
App. 4,18	–	Ambae gemuerunt quod sibi exoptaverant.
App. 7,10	scelestas	scelestae (*Cassitto*)
App. 8,6	voces	vocem
App. 8,10	pellite	expellite (*Zago*)
App. 8,13	† cohibete (*Cassitto*)	castigate
App. 8,17a–d	–	Illuc revertar … fallitur.
App. 11,2	depellit (*Hartel*)	repellit
App. 11,9	permittes (*Havet*)	permitte
App. 11,14	denotarit (*Havet*)	denotavit
App. 12,10	dico	facio
App. 13,1	forte	Aesopus
App. 13,2	Phryx sophus (*Iannelli*)	plus satis

App. 13,9	melior qui fuisset (*Müller, Iannelli*)	qui fuisset melior
App. 13,10	–	His insolentes emendantur versibus.
App. 18,5–6	sarcinam.« … Postquam (*Müller*)	sarcinam.« Postquam
App. 22,4	canceres (*Iannelli*)	cammari
App. 22,5	abripiens (*Bothe*)	arripiens
App. 30,9	vocat	revocat (*Fröhlich*)
App. 31,1	praetervolitans (*Orelli*)	provolantem (*Zago*)
App. 31,6	En cuncta	En nunc ut
App. 32,12	salutem tibi non	tibi salutem (*Dressler*)

Streichungen des überlieferten Wortlautes (Athetesen) sind durch eckige Klammern […], Ergänzungen durch spitze Klammern 〈…〉 angezeigt.

Die umstrittene Authentizität der Fabeltitel ist nicht eigens durch Klammern sichtbar gemacht. Zu beachten ist, dass Cataldo Iannelli die hier wiedergegebenen Kurztitel der *Appendix Perottina* bei seiner Neuedition zu Beginn des 19. Jh.s hinzugefügt hat. Zudem sind neben den Überschriften »Prolog« und »Epilog« die Titel der Fabeln 4,13, 4,15 und 5,2 nicht in den Handschriften überliefert, sondern von neuzeitlichen Editoren erfunden.

In der Übersetzung wurden die Zeilenzähler um der besseren Lesbarkeit willen stets zu Anfang eines Satzes oder Nebensatzes eingefügt.

Lateinische Autoren und Werke sind in Anmerkungen und Nachwort nach dem *Thesaurus Linguae Latinae* abgekürzt, griechische Autoren und Werke nach dem *Lexikon der Alten Welt*. Ausgeschrieben werden lediglich die anderen Fabelautoren und Werktitel aus der Übersicht auf S. 243–244 sowie die Dialoge Senecas (um ihre Auffindbarkeit zu erleichtern – so ist etwa *De constantia sapientis* mit eben diesem Titel aufgeführt statt als dial. 2).

An dieser Stelle erscheinen ein paar Worte zur Übersetzung angebracht: Ziel war, den lateinischen Text in moderne, gut verständliche deutsche Prosa zu übertragen, eng an Wortwahl und sprachlicher Struktur des Originals orientiert – also eine »dokumentarische Übersetzung« im Sinne Wolfgang Schadewaldts. Dieser verwahrte sich gegen jegliche Verfremdung des originalen Textes und plädierte für eine wortadäquate und vollständige Übersetzung, welche die Vorstellungen und Bilder des Dichters in ihrer Eigentümlichkeit und in ihrer logischen Abfolge bewahrt (s. Schadewaldt 1970, S. 657); er nannte die Übersetzung eine »Kunst des richtigen Opferns« (1970, S. 658). Der Übersetzer muss also abwägen, welche Abstriche er macht: So wurde hier nicht versucht, die jambischen Senare ins Deutsche zu übertragen, und auch die in der lateinischen Sprache beheimatete stilistische Virtuosität des Dichters, die sich in Alliterationen, Polyptota, Hyperbata und Chiasmen zeigt, konnte nicht nachgebildet werden – hierfür ist der Blick in den Originaltext auf der linken Seite unerlässlich.

Mein Dank gilt an dieser Stelle Claudia Geißler für die gründliche Durchsicht des Manuskripts.

Anmerkungen

Zu Beginn wird jeweils eine Auswahl verwandter Motive und Parallelstellen bei anderen Fabelautoren (s. die Übersicht auf S. 243–244) und in anderen Textgattungen aufgeführt. Bei Äsop folgt die Zählung Hausrath (H) sowie in Klammern Perry (P). Zudem wird auf die wohl ausführlichste Zusammenstellung antiker, mittelalterlicher und neuzeitlicher Versionen des äsopischen Fabelschatzes verwiesen: van Dijks *Aesopica Posteriora*. Einen reichhaltigen Similien- und Testimonienapparat zu Phaedrus' Fabeln bietet außerdem Zago 2020.

Zu Leben und Werk des legendenhaften Fabelerzählers Äsop, der in mehreren Fabeln zur Sprache kommt, siehe ausführlicher im Nachwort, S. 256 ff.

Prolog zum ersten Buch

1 Pointiert am Anfang verweist Phaedrus auf Äsop als den Schöpfer der Gattung. Dabei lässt *reperire* offen, ob Äsop den Stoff »fand« oder »erfand«. – **2** Phaedrus' eigene Leistung besteht darin, den rohen griechischen Stoff in feine römische Verse zu übertragen. Zum Versmaß des jambischen Senars s. S. 259–260. Mit *polire* und *libellum* (3) spielt er auf Catulls Bekenntnis zur ›ausgefeilten‹ alexandrinischen Poesie an (Catull. 1,1–2 *libellum … expolitum*). – **3–4** Der doppelte Zweck des Büchleins, zum Lachen anzuregen und Ratschläge zu geben, spiegelt Horaz' *aut prodesse volunt aut delectare poetae* (ars 333) wider. – **6** Ein Vorbild für sprechende Bäume könnte die Fabel über den Streit zwischen Lorbeerbaum und Ölbaum in Kallim. iamb. frg. 196 Pfeiffer sein. Zusammen mit *polivi* (2 »ich habe … zum Glänzen gebracht«) und den für Kallimachos typischen krittelnden Lesern (5) scheint ein kallimacheischer Kontext evoziert zu werden. – **7** Schließlich weist Phaedrus den kritischen Leser auf die Fiktionalität (*fictis*) und den scherzhaften Charakter (*iocari*) der Fabeln hin.

1,1 Äsop 160H (155P), Babrios 89, Luther 2, La Fontaine 1,10. Bei Lessing (344) verspottet das Lamm den Wolf aus der Distanz, indem es auf den alten Konflikt anspielt. Arntzen (64) macht die Belesenheit des ›aufgeklärten‹ Lamms explizit: »Danke, rief das Lamm zurück, ich habe im Äsop gelesen«. Van Dijk 1221.

2–3 Die Standorte von Wolf (flussaufwärts) und Lamm (flussabwärts) spiegeln ihr ungleiches Kräfteverhältnis. – *gieriger Schlund:* Auch in Verg. Aen. 2,356 und 9,62 wird der Wolf mit dem Epitheton *improbus* belegt. – **6** Die Periphrase »das wolletragende Tier« ist typisch episch. – **8** *Trinkstelle:* In der Rechtssprache wird unter dem Begriff *haustus* das Recht des Wasserschöpfens aus einem fremden Fluss verhandelt. Weitere Begriffe aus dem Rechtsbereich (3 *improba;* 4 *latro, iurgii causam intulit;* 9 *veritatis;* 13 *iniusta;* 15 *causis, innocentes*) deuten an, dass das der Wahrheit verpflichtete Lamm nicht nur moralisch, sondern auch juristisch ›im Recht‹ ist (s. Luzzatto 1976, S. 186–187). – **13** *er zerfleischt es:* Für den brutalen Höhepunkt der Erzählung wählt Phaedrus das Präsens.

1,2 Äsop 44H (44P), Cervantes, *Don Quijote* 2,51, La Fontaine 3,4, Lessing 2,13, Goethe, *Reineke Fuchs* 5,49–56. Van Dijk 821.

1 *gleiche Rechte:* Der Leser denkt hier an den Begriff der Isonomie (»Gleichheit vor dem Gesetz«). Die Fabel ist in einen historischen Rahmen gebettet: 594 v. Chr. bereitete der athenische Staatsmann Solon durch Gesetze, die den Bürgern Rechtsgleichheit sicherten, den Weg für die Demokratie. – **5** Peisistratos (vor 600 – 527 v. Chr.) besetzte 561 v. Chr. die Akropolis; er gilt als milder Tyrann, unter dem Athen eine wirtschaftliche und kulturelle Blüte erlebte. Diese historische Dimension hat einige Interpreten dazu angeregt, die Fabel auf die politischen Verhältnisse der frühen Kaiserzeit zu beziehen (z. B. Augustus als Peisistratos oder Holzbalken [14], Tiberius als Wasserschlange [24] oder Jupiter [27] u. a.). – **17–18** Anspielung auf Ovids *iuvat esse sub undis / et modo tota cava submergere membra palude / nunc proferre caput* (met. 6,370–372) über die lykischen Bauern, nachdem sie von der Göttin Latona in Frösche verwandelt worden sind. – **27** *Merkur:* Gott des Handels sowie Bote der Götter.

1,3 Verwandt sind Äsop 103H (101P); 125H (123P); 131H (129P). Hor. epist. 1,3,18–20, Babrios 72, La Fontaine 4,9, Lessing 2,6. Van Dijk 356; 1416. Die Redensart »sich mit fremden Federn schmücken« geht auf diese Fabel zurück (s. Otto 1890, S. 15).

3 *Beispiel:* Phaedrus wählt für die Fabel den römischen Ausdruck *exemplum*, der in Verbindung mit *prodere* auf die Geschichtsschreibung zurückgeht (Livius, Curtius Rufus). – **4–5** Die gesellige Dohle ist der kleinste Vertreter der Rabenvögel. Ihr schwarzes Gefieder bildet einen starken Kontrast zum bunt schimmernden Federkleid des Pfaus. – **9** Die von Phaedrus gewählte Wendung *male mulcare* »übel zurichten« stammt aus der Komödie (Plautus, Terenz). – **14** *das nehmen, was die Natur gegeben hat:* Am Ende empfiehlt eine andere Dohle ihrer Artgenossin eine stoische Lebensweise (*secundum naturam vivere*) – sie solle die von der Natur gegebenen Umstände annehmen.

1,4 Äsop 136H (133P), Babrios 79, Luther 5, La Fontaine 6,17. Van Dijk 723.

1 Das Promythion ist stilistisch aufwendig gestaltet: Die antithetischen Begriffspaare *amittit proprium* und *alienum appetit* sind chiastisch angeordnet. Die Erkenntnis, dass das Streben nach Fremdem zum Verlust des Eigenen führen kann, findet sich z. B. auch bei Livius (30,30,8 *ita aliena appetivimus, ut de nostris dimicaremus*). – **3** *Bild*: Nicht nur die Wahl des Wortes *simulacrum* für die im klaren Wasser gespiegelte Reflexion des Hundes, sondern auch der Kontext der fehlenden Selbsterkenntnis, die zum eigenen Unglück führt, lassen an den Narzissmythos denken (Ov. met. 3,432 *quid frustra simulacra fugacia captas?*).

1,5 Äsop 154H (149P), Babrios 67, La Fontaine 1,6. Van Dijk 586.

1 *Bündnis:* Der Begriff *societas* (wie auch *socii* in 4) setzt eine rechtliche Grundlage voraus. Die Bündnispartner haben bestimmte Rechte und Pflichten vereinbart (zum Rechtscharakter der Fabel s. Oberg 2000, S. 50–52). Doch der ebenfalls juristische Begriff *iniuria* (3) deutet auf den Rechtsbruch des Löwen voraus. – **3** Die Wahl von arglosen Weidetieren – Kuh, Ziege, Schaf – als Jagdgefährten des Löwen, die Lessing als unrealistisch kritisierte (vgl. 406 »Welch eine Gesellschaft!«), spitzt die Aussichtslosigkeit eines Bündnisses unter Ungleichen zu. – **9** *zufallen:* In der Rechtssprache steht *sequi* für das Übertragen von Besitz, etwa bei einer Erbschaft.

1,6 Babrios 24, Luther 8, La Fontaine 6,12. Van Dijk 1028.

1–2 Einige Interpreten nehmen einen historischen Bezug zur geplanten Hochzeit Seians mit Livilla an (s. Gärtner 2015a, S. 127–128; zur Rolle Seians in der Biographie des Phaedrus s. S. 256). – **3** Im griechischen Mythos heiratet der Sonnengott die Mondgöttin Selene. – **4** Die epische Wendung *clamorem ad sidera tollere* (»ein Geschrei zu den Sternen erheben«; vgl. Verg. Aen. 2,222; 10,262) entfaltet bezogen auf das aufgeregte Quaken der Frösche eine komische Wirkung. Bis zum Ende der Fabel bilden k- und q-Laute die Geräusche der Frösche lautmalerisch ab. – **5** *Gequake*: Auch in Ovids Erzählung von den lykischen Bauern (met. 6,378, vgl. Colum. 10,12) drückt *convicium* das laut klagende Quaken der Frösche aus.

1,7 Äsop 27H (27P), La Fontaine 4,14, Lessing 2,14. Van Dijk 989.
1 Im antiken Theater trugen die Schauspieler Masken, die ihre Rolle repräsentierten. In der Tragödie hatte die Maske einen bogenförmigen Haaransatz und einen pathetischen Ausdruck. – **2** Die Antithese zwischen Schein und Sein wird durch *inquit* (»er sprach«) durchbrochen, das die Pointe einleitet: *cerebrum non habet* (»er hat kein Gehirn«). – **4** *Fortuna:* Göttin des Zufalls und des Glücks.

1,8 Äsop 161H (156P), Babrios 94, Luther 9, La Fontaine 3,9, Goethe, *Reineke Fuchs* 10,219–244. Van Dijk 597.
1 *Bösewicht:* Zu *improbus* in Bezug auf den Wolf s. Anm. zu 1,1,3. – **7** *Eid:* Das *ius iurandum* ist ein Eid auf das römische Recht, der vor Gericht zu leisten war. – *Kranich:* Der große Schreitvogel hat einen langen Hals und Schnabel (vgl. Lucil. 168 *longior hic quam grus*). – **9** *gefahrvoll:* Das Risiko besteht vor allem für den Kranich.

1,9 Im griechischen Fabelgut gibt es für diese Fabel kein Gegenstück. Ähnlichkeit besteht jedoch mit Äsops Fabel von Thunfisch und Delphin, 115H (113P). Van Dijk 799.
2 *in wenigen Versen:* Phaedrus tritt hier als Dichter hervor, der sich der *brevitas* (»Kürze«) verpflichtet. – **3–4** Der Hase als Beute des Adlers ist ein Topos epischer Gleichnisse (vgl. Hom. Il. 22,308–310, Verg. Aen. 9,563, Ov. met. 6,516–517). – **4–5** *berühmte Flinkheit:* Der Sperling erinnert daran, dass die Schnelligkeit sprichwörtlich für den Hasen ist (vgl. Plaut. Persa 435–436 *citius … fugiunt quam … lepus*).

1,10 La Fontaine 2,3. Van Dijk 974.

1–2 Das Sprichwort »Wer einmal lügt, dem glaubt man nicht, und wenn er auch die Wahrheit spricht« geht auf dieses Promythion zurück (s. Büchmann 1981, S. 289). In der äsopischen Sammlung wird die Sentenz in der Fabel von Hirtenjunge und Wolf veranschaulicht (vgl. 226H [210P]). – **4–10** Phaedrus belebt die Szene von Wolf und Fuchs vor Gericht mit juristischem Vokabular (s. Oberg 2000, S. 58): 4 *arguebat ... furti crimine* (Anklage); 5 *negabat ... se esse culpae proximam* (Leugnen der Schuld); 6 *iudex ... sedit* (Gerichtssaal); 7 *causam perorassent* (Plädoyers); 8 *dixisse sententiam* (Urteilsspruch); 9 *videris* (Formel bei der Urteilsfindung) u. a. – *Jener leugnete, dass er mit dem Vergehen irgendetwas zu tun habe* (5): Die als juristischer Winkelzug gedeutete Formulierung *negabat se esse culpae proximam* (s. Oberg 2000, S. 58), wörtl. »er leugnete, dass er sehr nah an der Schuld war«, entlarvt das zweifelhafte Verhältnis des Fuchses zur Wahrheit. – Da Wolf und Fuchs als notorische Lügner bekannt sind, kann der Affe keinem der beiden Recht geben (9–10).

1,11 Äsop 156H (151P), La Fontaine 2,19, Lessing 2,7 und 8. Van Dijk 159.

6 *Langohr:* Das komisch anmutende Diminutivum *auritulus* ist eine Prägung von Phaedrus. *Auritus* ist jedoch schon vorher in der Dichtung für den Esel belegt (vgl. Ov. fast. 6,469, ars 1,547). Bei Kallimachos ist das beohrte Tier (οὐατόεις) wegen seines Geschreis ein Gegenbild zur Zikade, dem Sinnbild des Dichters (ait. frg. 1,30–32 Pfeiffer), also ein poetologisches Symbol. – **9** *die bekannten Schlupflöcher:* Beim Wildwechsel benutzen Wildtiere gerne ihnen bekannte Wege von einem Dickicht in ein anderes. – **12** Der Esel wird in epischer Sprache zur Ruhe angehalten (zu *vocem premere* vgl. Verg. Aen. 9,324, Ov. met. 9,764). Umso unverschämter (*insolens*) wirkt es, wenn er dennoch weiterredet.

1,12 Äsop 76H (74P), Babrios 43, La Fontaine 6,9. Van Dijk 658.

4 *Spiegelbild:* Die Spiegelung des Hirsches in der Quelle enthält Parallelen zum Mythos des Jägers Actaeon (Ov. met. 3,138–252), der in einen Hirsch verwandelt und von seinen eigenen Hunden zerfleischt wird, nachdem er Diana beim Baden gesehen hatte –

seine tierische Gestalt wird ihm bewusst, als er sich im Quellwasser betrachtet. Phaedrus spielt gewiss auch auf den Narzissmythos an (Ov. met. 3,339–510). – **5** *verästelt:* Das Epitheton *ramosus* für das Geweih des Hirsches (vgl. Verg. ecl. 7,30) birgt tragische Ironie, da es die Äste und Zweige des Waldes sind, in denen der Hirsch sich später verfangen wird (s. Gärtner 2015a, S. 156). Die Verästelung, die er zuvor bewundert hatte, wird ihm nun (10–11) zum Verhängnis. – **8** *Lauf:* Der Hirsch ist für seine Schnelligkeit auf der Flucht bekannt (vgl. Hor. carm. 1,15,29–31, Ov. met. 1,306 u. a.).

1,13 Hor. sat. 2,5,55–57, Äsop 126H (124P), Babrios 77, Luther 13, La Fontaine 1,2, Lessing 2,15, Thurber 45–46. Van Dijk 616.

3–4 Die Charakterisierung des Raben wird im Original von durchweg als k ausgesprochenen c-Alliterationen untermalt, die an das Krächzen des Raben denken lassen (s. Holzberg 2012, S. 47). – **10** Als der Rabe seine vom listigen Fuchs gepriesene schöne Stimme erklingen lassen will, ›erklingt‹ nur der Käse, *caseum*, der die c-Alliteration von oben wieder aufnimmt. Denn *emittere* wird bei anderen Autoren häufig mit *vocem* verbunden (s. Gärtner 2015a, S. 165). – **12** Die Personifikation der Dummheit, die anstelle des Raben aufstöhnt, stellt die Eigenschaft in den Vordergrund, die dem Raben zum Verhängnis geworden ist.

1,14 Van Dijk 1204.

Die Fabel erinnert an das deutsche Sprichwort »Schuster, bleib bei deinem Leisten« (Val. Max. 8,12 ext. 3; s. Büchmann 1981, S. 310). Der griechische Arzt Galen klagt im 2. Jh. n. Chr. über die mangelhafte Ausbildung der Ärzte, die sich u. a. vom Schuster zum Mediziner ausbilden lassen (meth. therap. 10, p. 5 und 19 Kühn). – **7** *Becher:* Zu *scyphus* in der Bedeutung »Giftbecher« vgl. Cic. Tusc. 1,97. Die Fabel enthält bemerkenswert viele griechische Wörter aus den Wortfeldern Gift und Betrug (3 und 8 *antidotum*; 4 *stropha*; 7 *scyphus*; 8 *toxicum*). Spielt Phaedrus hier mit dem Topos des griechischen Arztes (Plin. nat. 29,17)? – **15** *Leben:* Die wörtl. Bedeutung von *caput*, »Kopf«, schwingt als Gegensatz zu den Füßen im folgenden Vers mit.

1,15 Äsop 190H (179P), La Fontaine 6,8. Lessing schätzte diese Fabel als eine »von den schönsten Fabeln des *Phädrus*« (356). Van Dijk 140.

2 *Name:* Die Fabel lehrt, dass sich bei einem Herrschaftswechsel für die Untergebenen nichts ändert – statt der hier übernommenen Konjektur *nomen* (von Bongars) ist allerdings einhellig *mores* überliefert, was jedoch unverständlich ist, da sich mit dem Charakter des Herrn gewöhnlich auch die Situation der Untergebenen ändert. – **7** *gleichmütig:* Auch wenn *lentus* gewöhnlich auf die Langsamkeit des Esels hinweist, stellt es in dieser Fabel seine Gelassenheit heraus, die im Gegensatz zur Furchtsamkeit des Greises steht. – **10** An einem Packsattel war zu jeder Seite ein Korb angebracht. Das erklärt den Plural *clitellas.* Es kommt dem Esel darauf an, dass er weiterhin dieselbe Last trägt.

1,16 Van Dijk 662.

6 *Windeseile:* Zum Hirsch als Fluchttier vgl. 1,12,8. Das konventionelle Epitheton *velox* hebt die für den Hirsch charakteristische Schnelligkeit hervor (vgl. Verg. Aen. 5,253, Tib. 3,9,13, Ov. met. 1,306 u. a.). – **7** *Zahltag:* Cicero verwendet *cum dies venerit* (Att. 16,15,2) für die Rückgabe eines Darlehens.

1,17 Luther 4. Van Dijk 743.

Mithilfe juristischer Terminologie kann sich der Leser hier eine kleine Gerichtsszene zwischen Hund (2 *calumniator*), Schaf (5 *deberi*; 6 *damnata*; 7 *solvit*) und Wolf (4 *citatus testis*; 6 *falso testimonio*) vorstellen. – **8** *Opfer:* Der von Phaedrus gewählte sakralsprachliche Ausdruck *bidens* (wörtl. »doppelt bezahnt« für ein ausgewachsenes Schaf) stellt die Rolle des Schafes als Opfertier heraus. Das Opfer im Rechtsstreit triumphiert nun über den Wolf in der Grube. Mit dieser ist eine Fallgrube gemeint, die mit Zweigen bedeckt ist, damit Tiere hineintappen.

1,18 Plut. mor. 143E. Van Dijk 1179. Zu dem Gedanken, dass man einen Ort meidet, an dem man Unglück erfahren hat, vgl. Äsop Chambry 9 über Nachtigall und Schwalbe sowie Ov. trist. 1,1,86 *illum, quo laesa est, horret adire locum.*

3 *stöhnend:* Die Wendung findet sich bei Vergil für einen Stier im Todeskampf (vgl. georg. 3,517 *extremos … ciet gemitus*). Diese Parallele verleiht der Stelle zusätzliche Dramatik. – **4** *ins Bett legen:*

Properz verwendet *lecto recipere* im Kontext einer von Leidenschaft erfüllten Frau, die sich nachts nach ihrem Geliebten sehnt (vgl. 2,33,41 *nulla tamen lecto recipit se sola libenter*). Diese erotische Stimmung steht in einem starken Gegensatz zur Situation der gebärenden Ehefrau. – **7** *seinen Anfang genommen:* Phaedrus spielt mit der Doppelbedeutung von *concipere*, das vordergründig »entstehen« und speziell »schwanger werden« heißen kann.

1,19 Der Geschichtsschreiber Pompeius Trogus (vgl. Iust. 43,4,4–6) bindet die Fabel in einen historischen Kontext, die Gründung Massilias (7. Jh. v. Chr.), ein und warnt die vorherigen Bewohner. Eine weitere Fabelversion bietet der Kölner Papyrus 2,64. Luther 10, La Fontaine 2,7. Van Dijk 364.

1 *Schmeichelei*: Der Leser dürfte sich fragen, inwieweit die Kommunikation zwischen den Hündinnen von *blanditiae* geprägt ist. Möglicherweise werden Bitten und Flehen der obdachlosen Hündin als eine Form von Schmeichelei aufgefasst.

1,20 Äsop 138H (135P), Plut. mor. 1067F, La Fontaine 8,25. Van Dijk 756.

3 Die Vorliebe des Hundes für Tierhäute war in der Antike sprichwörtlich. So vergleicht Horaz (sat. 2,5,83) menschliche Gier mit der Gier des Hundes nach einem *corium*. – **5–6** Die Häufung von Explosivlauten (p, t, q, k) bildet das Zerplatzen der Hunde im Original lautmalerisch ab (s. Gärtner 2015a, S. 205). – **6** *was sie begehrt hatten: quod petierant* spielt auf *quem petebat* in 1,4,7 an, wo der Hund aus Gier sein Fleisch verliert.

1,21 La Fontaine 3,14. Van Dijk 117.

1 *einstiges Ansehen:* Dass *dignitas pristina* ein römischer Wertebegriff ist, zeigt seine hohe Verbreitung in der Geschichtsschreibung (Livius, Sallust) und in den politischen Reden Ciceros. – **5** *mit blitzenden Hauern:* Sein zerstörerisches Potential entfaltet der Eber sowohl im Mythos von Atalanta und Meleager (Ov. met. 8,289 *fulmen ab ore venit*) als auch in der Erzählung von Venus und Adonis (met. 10,550 *fulmen habent acres in aduncis dentibus apri*). Die Metapher des Blitzes illustriert einerseits das bedrohliche Glänzen der Zähne, andererseits die Schnelligkeit seines Angriffs. – **9** Die Redensart »einen Eselstritt geben« für einen Angriff gegen jemanden, dessen Niederlage feststeht, geht auf diese Fabel zurück (s. Büchmann 1981, S. 289).

1,22 Babrios 27. Van Dijk 1267.

1 In der Antike wurde das Wiesel als Haustier gehalten, da es als nützlicher Mäusefänger galt (s. Keller 1909, S. 73). – **2** *Schone mich:* Eine bizarre Parallele findet sich bei Tibull, wo das elegische Ich den Adressaten Marathus inständig um Schonung bittet, damit es nicht zum Stoff einer schändlichen *fabula* wird (1,4,83 *parce, puer, quaeso, ne turpis fabula fiam*). – **6–7** Die zweifelhafte ›Nützlichkeit‹ des Wiesels wird in einem Hysteron Proteron ausgedrückt: Es verzehrt sowohl die Speisereste, die die Mäuse auffressen wollen (aber nicht mehr können), als auch die Mäuse selbst. – **11–12** Die durch *quorum* in 11 eingeleitete relativische Konstruktion wird in 12 trotz Subjektwechsel fortgesetzt.

1,23 Van Dijk 755.

2 *eine Falle stellen:* Mit *tendere dolos* (wörtl. »Listen spannen«) greift Phaedrus auf eine Jagdmetapher, das Spannen von Netzen, zurück, die schon bei Horaz begegnet (epod. 2,33–34 *aut amite levi rara tendit retia, / turdis edacibus dolos*). – **4–8** Als der Dieb dem Hund das Futter zuwirft, reagiert das Tier entgegen seiner natürlichen Verhaltensweise: Sen., *De ira* 3,37,2 *et hic, cum multum latravit, obiecto cibo mansuescit* (siehe auch *De constantia sapientis* 14,2).

1,24 Hor. sat. 2,3,314–320, Babrios 28, Luther S. 106–107, Cervantes, *Don Quijote* 2,42, La Fontaine 1,3. Van Dijk 544.

1 Das Promythion nimmt eine Sentenz von Publilius Syrus auf: V 15 (644) *ubi coepit ditem pauper imitari, perit.* – **3–10** Die Fabel veranschaulicht die noch heute bekannte Redensart »vor Neid platzen« (vgl. Verg. ecl. 7,26 *invidia rumpantur ut ilia Codro*, Mart. 9,97,1 *rumpitur invidia quidam*; s. Büchmann 1981, S. 289). Drei Stufen führen zum Zerbersten des Frosches: Zunächst nutzt er beim Aufblasen seiner runzeligen Haut (4 *rugosam pellem*) das durch die Falten gegebene natürliche Volumen; dann spannt er die bereits geglättete Haut (6 *cutem*); das Aufblasen seines gesamten Körpers (10 *sese*) schließlich führt zu seinem Ende (s. Römisch 1970, S. 88).

1,25 Van Dijk 604.

3–4 *Man sagt, …:* Phaedrus stellt seiner Fabelhandlung eine naturwissenschaftliche Belehrung über die Eigenart ägyptischer Hunde, im Laufen zu trinken, voran. Mit der Formel *traditum est* beruft er sich auf die Überlieferung, die mit der *Naturgeschichte* seines Zeitgenossen Plinius auch tatsächlich vorliegt: 8,149 *certum est iuxta Nilum amnem currentes lambere, ne crocodilorum aviditati occasionem praebeant* (vgl. Ael. nat. anim. 6,53).

1,26 Plut. mor. 614E–615A, La Fontaine 1,18, Goethe, *Fuchs und Kranich* (Weimarer Ausgabe I 3, S. 178–179). Van Dijk 596.

1–2 *schaden / eine Verletzung verursachen / nach gleichem Recht bestrafen:* Die Ernsthaftigkeit des Tons, die im Promythion durch die juristische Sprache (*laedere* »verletzen«, *multare* »bestrafen«) und den auf das Zwölftafelgesetz zurückgehenden Rechtsgrundsatz »Gleiches mit Gleichem bestrafen« entsteht, wird durch die Doppeldeutigkeit von *ius* humoristisch durchbrochen. In der Welt von Fuchs und Storch wird »mit gleicher Brühe« bestraft (zur Ambiguität von *ius* s. Holzberg 2018, S. 224). So ergibt auch die zunächst irritierende Wortwahl *similis* (hier mit »gleich« übersetzt) Sinn, denn die Essensbrocken, mit denen der Fuchs bestraft wird, sind der Brühe allenfalls ähnlich. – **3** *Ein Fuchs soll …:* Mit *dicitur* (»es wird gesagt, dass …«) wie auch später mit *accepimus* (11 »wir nehmen an, dass …«) macht Phaedrus kenntlich, dass die Fabel einer Tradition folgt. – **7** *Essensbrocken:* In der römischen Küche steht *intritus cibus* für eine Kaltschale, bei der Brot oder Käsebrocken in eine Flüssigkeit (Wein, Milch) gegeben wurden (vgl. Varro rust. 3,9,21, Plin. nat. 9,32). – **11** *Zugvogel:* Die Verbindung *peregrina volucris* findet sich schon in Ov. Ib. 147.

1,27 Van Dijk 757.

4 *Manen:* die Seelen der Verstorbenen. – **7–8** Das Schicksal des Hundes erinnert an König Midas (Ov. met. 11,85–193), der sich von dem Gott Dionysos wünschte, dass alles, was er berührte, zu Gold würde. Als sich auch die Speisen, die er anfasste, in Gold verwandelten, drohte er zu verhungern. – **11** Die niedere soziale Herkunft des Hundes wird durch die chiastisch angeordneten Begriffe *trivio* (»in der Gosse«) und *stercore* (»im Dreck«) besonders drastisch zum Ausdruck gebracht. Die Wegkreuzung galt als zwielichtiger Ort, an dem sich auch streunende Hunde tummeln (vgl. Lucr. 4,1203–1205 *in triviis ... canes ..., quom ... validis Veneris compagibus haerent*, Tib. 1,5,56 *e triviis aspera turba canum*). *Stercus* steht für den Kot von Tieren.

1,28 Archil. frg. 172–181 West, Aristoph. av. 652–653, Äsop 1H (1P), Luther S. 122–124. Van Dijk 797.

1–2 Vgl. Publil. I 26 (255) *inimicum quamvis humilem docti est metuere*. Das soziale Gefälle zwischen *sublimes* (»Erhabenen«) und *humiles* (»Menschen niederen Standes«) drückt sich in den natürlichen Standorten von Adler und Füchsin aus. – **3** Auch wenn das grammatikalische Geschlecht darüber keinen Aufschluss gibt, hat man sich den Adler als Vogelmutter vorzustellen. – **10** *Verlust des eigenen Fleisches und Blutes:* Phaedrus spielt hier auf Medea an, die nicht davor zurückschreckt, ihre eigenen Kinder aus Rache an Iason zu töten (vgl. Ov. rem. 59–60 *Nec dolor armasset contra sua viscera matrem, / quae socii damno sanguinis ulta virum est.*). Die Füchsin dagegen riskiert das Leben ihrer Jungen, um sie zu retten.

1,29 Romulus 14, Ademar 12, Luther 11. Van Dijk 115.

7 *Penis:* Die Derbheit dieser Fabel ist im Corpus einzigartig. Das überlieferte *pene* wurde in Mittelalter und Humanismus zu *pede* oder *pedibus* konjiziert. In den späteren Prosafassungen *Romulus* und *Ademar* wird der heruntergelassene Penis des Esels gänzlich ausgeblendet. Der große Penis des Esels ist in der Literatur topisch (vgl. Apul. met. 10,22 *vastum genitale*). – **9** *nach seiner edlen Art:* Der Eber will seine Ehre verteidigen, wie es für ein Tier seines ›Standes‹ angemessen wäre. Der Eber gilt als edel, weil er eine typische Figur aus dem epischen Gleichnis ist.

1,30 La Fontaine 2,4. Van Dijk 447.

Vergil malt die Szene eines Stierkampfes im Wald aus. Der Verlierer zieht sich an einen entlegenen Ort zurück und erprobt seine Kraft erneut in der Natur (vgl. georg. 3,220–234). – **5** *Herrschaft:* Mit dem Begriff *principatus* rückt die Fabel in die politische Sphäre. Es ließe sich an die Machtkämpfe der ausgehenden Republik denken. – **10** *niedertreten:* Bei Horaz erleidet ein Froschkind, das von einem Kalb zertreten wird, ein solches Schicksal. Kurz darauf zerplatzt die Froschmutter, die sich aufgeblasen hatte (vgl. sat. 2,3,314–320). Die Fabeln 1,24 und 1,30 stehen also nicht nur durch ihre Protagonisten Stier und Frosch, sondern auch durch ihre gemeinsame Vorlage in Verbindung zueinander.

1,31 Van Dijk 770.

4 Für ihre Schnelligkeit auf der Flucht sind die Tauben auch in Ov. met. 1,506 bekannt (*aquilam penna fugiunt trepidante columbae*). – **7–9** Der Falke zeigt sich literarisch gebildet und rhetorisch versiert: Er hält den Tauben ein Leben in Sorge vor (*sollicitum ... aevum*) – eine Anspielung auf Lucr. 4,1007–1010, wo Vögel im Traum aufgeregt vor einem Falken zu fliehen scheinen. Diese politische Argumentation (Bündnis, Wahl zum König, Sicherheit vor Unrecht) klingt überzeugend.

Prolog zum zweiten Buch

1 *Gattung Äsops:* die Fabel als literarische Gattung. – **5** *Es empfiehlt sich jeder Spaß:* Phaedrus erneuert seine in 1 prol. dargelegte Programmatik des *delectare et prodesse* (»unterhalten und nützen«). Das *prodesse*, menschliche Irrtümer zu korrigieren und eifrige Bemühungen zu befördern, wurde in 3–4 genannt. – **8** *die Tradition des Alten bewahren:* Phaedrus bekennt sich wie in 1 prol. zur Nachfolge Äsops. – **9** *irgendetwas einschieben:* Hier könnten eigene Gestaltungselemente oder Anlehnungen an Autoren anderer literarischer Gattungen gemeint sein. Im zweiten Buch wechseln sich Tierfabeln mit Anekdoten und Schwänken ab. – **10** *Vielfalt erfreut:* Schon zu Phaedrus' Zeit war das uns als *variatio delectat* bekannte Motto ein geflügeltes Wort (s. Büchmann 1981, S. 256–257). – **12** Kürze und Vielfalt im Ausdruck sollen sich im Gleichgewicht befinden. – **13–15** Phaedrus scherzt, dass er nicht zu viele Worte über das Lob der *brevitas* (»Kürze«) verlieren will, und beschleunigt das Erzähltempo, indem er den Leser gleich auf das folgende Gedicht aufmerksam macht.

2,1 Van Dijk 229.

2 Trotz seiner kühnen Forderung nach einem Teil der Beute, die im Original durch die dreifache p-Alliteration eindringlich wirkt, lässt der Löwe den ›Beutemacher‹ schließlich leer ausgehen. Dessen

Gegenbild, der bescheidene Wanderer, wird dagegen zur Kühnheit aufgefordert (9 *audacter tolle*) und für seine Bescheidenheit belohnt. – **5** *den Wanderer verschlug es:* Die Konstruktion *est deductus* bildet die Passivität des Wanderers ab. – **6** *er kehrte um:* Ovid wählt dieselbe Formulierung für Thisbes Zurückweichen vor Pyramus' noch zuckenden Gliedern (met. 4,133–134 *tremebunda videt pulsare cruentum membra / solum retroque pedem tulit*). – **7–9** Gegenüber 1,5, wo der Löwe die gesamte Beute für sich beansprucht, wirkt seine friedfertige Bescheidenheit hier widernatürlich. – **11–12** Das Epimythion entlarvt die Lehre der Fabel, dass Bescheidenheit belohnt wird, als unrealistisch und rückt die verkehrte Welt – im Original in einem antithetischen Chiasmus (12) – wieder zurecht.

2,2 Diod. 33,7,5–7, Äsop 31H (31P), Babrios 22, La Fontaine 1,17. Van Dijk 1133. Die schwankhafte Fabel über die ›Ausbeutung‹ eines Mannes mittleren Alters durch zwei rivalisierende Liebhaberinnen unterschiedlichen Alters lehnt sich stark an die römische Liebeselegie an (s. Gärtner 2015c): So gehören Topoi wie Beutemachen (zu *spolia* vgl. Ov. am. 1,10,29), die Wahl zwischen junger und älterer Frau (Ov. ars 1,61–66), die ihr Alter verbergende Frau (Prop. 3,25,11–12) und das Zupfen grauer Haare (zu *vellere* vgl. Prop. 3,25,13, zu *legere* vgl. Ov. ars 2,666) in das Repertoire der Liebeselegie.

4–5 Die Eroberung des Geliebten und das Erhalten der Liebe sind zwei Grundkomponenten in der Liebeslehre Ovids (vgl. ars 2,12 *arte mea capta est, arte tenenda mea est*); hier werden beide auf zwei Frauen aufgeteilt. In der Liebesdichtung bedeutet *tenere* häufig »im Arm halten« (vgl. Tib. 1,1,60). – **10** Die Pointe greift den Wunsch der Frauen, dem Mann gleich zu scheinen (6), scherzhaft auf, indem jede ihm die für ihr Alter unpassenden Haare ausreißt.

2,3 Äsop 64H (64P), Lessing 2,20. Van Dijk 12.

4 *Äsop:* In dieser Fabel macht Phaedrus den Schöpfer der Gattung (vgl. 1 prol. 1) zu einer handelnden Figur, die der abergläubischen Vorstellung, eine Wunde könne geheilt werden, wenn man das Blut mit dem Angreifer in Berührung bringt, pragmatische Argumente entgegensetzt.

2,4 La Fontaine 3,6. Van Dijk 379.

1–3 Die parallele Anordnung der Verse, die mit dem jeweiligen Tier (*aquila* »Adler«, *feles* »Katze« – gemeint ist die Wildkatze – bzw. *sus* »Wildsau«) als Subjekt beginnen und den gleich ausklingenden Prädikaten (*fecerat, pepererat, posuerat*) enden, illustriert die anfängliche Harmonie der Wohngemeinschaft. – *Bewohnerin des Waldes:* Vergil bezeichnet mit *nemorum cultrix* die Göttin Diana (Aen. 11,557). – **5** Hier steht *evertere* (»zerstören«) metaphorisch für die Zerstörung der in den ersten Versen sorgsam aufgebauten Ordnung. In 9 wird es wörtlich für die drohende Entwurzelung des Baumes durch das Wildschwein gebraucht. Es wirkt ironisch, dass die Katze vor einem Untergang warnt, den sie selbst schon eingeleitet hat. – **6–15** Die Trugreden der Katze (6–10; 13–15) gelten durch gefahrverheißende Umdeutung der natürlichen Verhaltensweisen von Wildschwein und Adler und die Vortäuschung eigener Betroffenheit (7 *miserae mihi*) als »Musterbeispiele der Täuschungsrhetorik« (s. Oberg 2000, S. 100). – **26** *dumme Leichtgläubigkeit:* Zur *stulta credulitas* in der Liebeselegie vgl. Ov. am. 3,3,24; 3,14,30.

2,5 Van Dijk 214.

Titel Das unpassend wirkende *item* (»ebenso«) könnte auf den parallel aufgebauten Titel von 2,3 verweisen (s. Schönberger 2012, S. 170). – *Hausdiener:* Der über Atrium und Haus wachende Sklave (*atriensis*) ist eine Figur aus Plautus' Komödie *Asinaria.* In der Fabel trägt er durch Aufmachung und Übereifer komische Züge. – **6–7** Die von Phaedrus als »wahr« angekündigte »kleine Fabel« (*vera fabella*) erzählt eine zeitgenössische Anekdote über den römischen Kaiser Tiberius (reg. 14–37), die sich von den »erfundenen Fabeln« aus 1 prol. 6 abgrenzt. – **8–9** Das kaiserliche Landgut bei Misenum, einer Halbinsel westlich von Neapel, gehörte einst Lucius Licinius Lucullus (um 117 – 56 v. Chr., Konsul 74 v. Chr.; vgl. Tac. ann. 6,50). – **12–13** Die Tunika des Sklaven wirkt durch den kostbaren Stoff aus der ägyptischen Stadt Pelusium und die herabhängenden Troddeln aufwendig und exotisch. – **20** *Gerade als er glaubte, dass wer weiß was Gutes passiere:* Der Vers wird von Rigaltius u. a. als unecht athetiert. – **25** Anspielung auf Ohrfeigen als symbolische Handlung bei der Freilassung von Sklaven.

2,6 Van Dijk 571.

7 Zum Motiv der Krähe, die sich während ihres Fluges einmischt und einem anderen Vogel Ratschläge erteilt, vgl. Ov. met. 2,547–549. – **11–13** Die detailreichen und im Original durch Alliterationen auffälligen Anweisungen der Krähe ersetzen die Schilderung des Todes, der als Konsequenz aus der Befolgung dieser Anweisungen folgt (14). – Vom *Zertrümmern des Schildkrötenpanzers* (12) auf Felsen wird auch in anderen Fällen berichtet: Plinius (nat. 10,7) und Valerius Maximus (9,12, ext. 2) schildern den Tod des griechischen Dichters Aischylos (525–456 v. Chr.) durch eine Schildkröte, die von einem Adler aus dem Himmel hinabgeworfen wurde.

2,7 La Fontaine 1,4. Van Dijk 1552.

Titel Das *et* ist unverständlich und wurde daher von einigen Herausgebern athetiert. – **4–6** Der hochmütige Goldesel hebt sich optisch durch seinen gereckten Hals und akustisch durch das Klingen des Glöckchens vom ›armen‹ Esel ab. Diese aufmerksamkeiterregende Erscheinung wird im Original in zwei Versen (4–5) und sprachlich durch c-Alliterationen abgebildet. Der leise und friedlich hinter seinem Begleiter hertrottende Esel dagegen begnügt sich mit einem einzigen schmucklosen Vers (6). – **10** *sein Schicksal beweinen*: Phaedrus' Formulierung ist elegisch (Ov. am. 1,12,1 *flete meos casus*; trist. 4,3,37). – **11–12** Die Freude des bedürfnislosen Esels über seine Unversehrtheit ist stoisch: Sen., *De tranquillitate animi* 8,4 *regnum est inter avaros ... latrones ... unum esse, cui noceri non possit* (s. Oberg 2000, S. 107).

2,8 La Fontaine 4,21. Van Dijk 660.

11 Das Laub dient als Futter. – **18** *hundert Augen*: Anspielung auf Argus, der die in eine Kuh verwandelte Io mit seinen 100 Augen bewacht (vgl. Ov. am. 3,4,19–20 *centum fronte oculos, centum cervice gerebat / Argus*). – **20** *Hausherr:* Der *dominus* steht an der Spitze der sozialen Hierarchie am römischen Gutshof, die im Laufe der Fabel schrittweise aufgebaut wird (Hirsch, Rind, Rinderhirte, Landarbeiter, Verwalter, Hausherr). – **28** Gärtner (2021, S. 71) stellt einen Zusammenhang der Fabel mit dem Sprichwort »Augen des Hauses nenne ich des Herrn Anwesenheit« (Aischyl. Pers. 169) her.

Epilog zum zweiten Buch Van Dijk 9.

1 Phaedrus könnte sich auf eine Äsopstatue des Bildhauers Lysipp aus dem 4. Jh. v. Chr. beziehen (AP 16,332; s. Gärtner 2021, S. 75–76). – **7** *Wettstreit:* Der Begriff *aemulatio* bezeichnet das geistige Konkurrieren mit einem griechischen Vorbild als schöpferischen Akt literarischer Innovation. Hier geht es um die Einführung der von Äsop begründeten griechischen Fabel in die römische Literatur. – **8** *Latium:* die Landschaft um Rom. – **9** *mehr Leute:* römische Autoren, die den griechischen ebenbürtig sind. – **15** *gelehrte Arbeit:* Phaedrus stilisiert sich als gebildeten Dichter (*poeta doctus*) und rückt so in die Nähe der Neoteriker um Catull, die nach dem Vorbild des Kallimachos mit griechischen literarischen Modellen experimentierten. – **19** *Fortuna:* Göttin des Zufalls und des Glücks.

Prolog zum dritten Buch La Fontaine 4,18,1–9.

1 Es ist die einzige Stelle in seinem Werk, an der Phaedrus seinen Namen nennt. – **2** *Eutychus:* Der historisch nicht identifizierte Adressat des dritten Buches mit dem sprechenden Namen »Glückspilz« wird als vielbeschäftigter Geschäftsmann gezeichnet, der sich Zeit und Muße für die Fabellektüre nehmen soll (3). – **17** *geboren auf dem pierischen Berg:* Die makedonische Landschaft Pierien gilt als Heimat der Musen. Was manche Interpreten als Beweis für Phaedrus' griechische Herkunft sehen, deuten andere als poetologische Selbststilisierung zum Musensohn (s. S. 257). – **18** *Mnemosyne:* Göttin der Erinnerung, die nach neun Nächten mit Zeus die neun Musen, hier: »Chor der Künste« (19), zur Welt bringt. – **27** *was auch jetzt sein mag:* Das berühmte Zitat stammt aus der Rede des Griechen Sinon an den Trojanerkönig Priamus, in der er ihn überzeugt, das hölzerne Pferd in die Stadt zu lassen (vgl. Verg. Aen. 2,77 *fuerit quodcumque*). – **29** *mit dem Griffel Äsops schreiben:* Phaedrus bekennt sich wie in 1 prol. und 2 prol. zur Nachfolge Äsops. – **33–35** Phaedrus entfaltet seine Theorie der Fabel als einer Gattung, in der der unterworfene Sklavenstand seine Gedanken verschlüsselt ausdrücken kann. – **38** Die Metapher des Wegs ist schon bei Kallimachos poetologisch (ait. frg. 1,25–32 Pfeiffer) und wird von augusteischen Dichtern wie Properz (2,23,1; 3,1,14) aufgenommen. – **41** *Seianus:* 14–31 unter Kaiser Tiberius gefürchteter

Prätorianerpräfekt. Phaedrus deutet an, dass er mit seiner Dichtung Anstoß bei ihm erregt habe. – **52** Als Phrygien wurde eine Region im Landesinneren der heutigen Türkei bezeichnet, als Skythien ein Gebiet nördlich des Schwarzen Meeres. – *Anacharsis:* Der legendenhafte skythische Philosoph aus dem 6. Jh. v. Chr. wird bisweilen unter die Sieben Weisen gezählt. Als Musterbeispiel kynischer Lebensart (Cic. Tusc. 5,90) erinnert er an Sokrates und Äsop. – **56** *Thrakien:* eine Region in Nordgriechenland. – **57** *Linus, Orpheus:* Phaedrus nennt sich in einer Reihe mit den mythischen Begründern der Dichtkunst, in deren Nachfolge sich auch Vergil sah (vgl. ecl. 4,55–57 *non me carminibus vincat nec Thracius Orpheus, / nec Linus, huic mater quamvis atque huic pater adsit, / Orphei Caliopea, Lino formosus Apollo*). – **59** *Hebrus:* Fluss in Thrakien.

3,1 Ein Vorbild für die trunkene Alte könnte aus Plautus' Komödie *Curculio* stammen. Dort spricht die Figur der Leaena betrunken den Wein an (96–98 *flos veteris vini meis naribus obiectust! ... Salve, anime mi, Liberi lepos: / ut veteris vetusti cupida sum*; s. Oberg 2000, S. 120–121). Dass die betrunkene Alte zu Phaedrus' Zeit ein verbreiteter Topos war, zeigt die hellenistische Statue der ›Trunkenen Alten‹, von der Plinius berichtet (nat. 36,32 *anus ebria*). Eine römische Marmorkopie der Greisin, die mit beiden Händen eine Amphore umklammert, steht heute in der Münchner Glyptothek (Inv. 437). Van Dijk 1388.

2 *falernisch:* Der Wein aus dem falernischen Gebiet in Kampanien wurde in römischer Zeit hochgeschätzt. Sein Alter galt als Gütemerkmal (vgl. Catull. 27,1, Hor. sat. 2,3,115). – **5** *O süßer Hauch!:* Die Anrede des Weines (vgl. Hor. carm. 3,21 an einen Weinkrug) und die Vorstellung des Weinduftes als Atem oder gar Seele (*anima*) tragen zur Vermenschlichung der mit Wein gefüllten Amphore bei, so dass die Analogie zwischen dem Alter der Frau und dem Alter des Weines verstärkt wird. – **7** Im Epimythion überlässt Phaedrus die Deutung seinem kundigen Leser. Bajoni und Bajoni (1997, S. 289–291) beziehen die Fabel auf die zukünftige Rezeption, setzen also den Wein mit dem Werk gleich, dessen Größe spätere Leser spüren. Piepers poetologische Deutung (2010, S. 46) assoziiert die edle, duftende Weinflasche mit der äußeren Form der Fabel, den nicht sichtbaren Wein mit ihrem wertvollen Gehalt.

3,2 Van Dijk 1408.

2 *Panther:* Im Rom der späten Republik und der Kaiserzeit war das äußerst gewandte und schöne Raubtier, das aus den Provinzen eingeführt werden musste, beliebt für Kampfspiele in der Arena (s. Keller 1909, S. 63–64). – Fallgruben waren eine verbreitete Methode bei der Pantherjagd (s. Keller 1909, S. 63). – **5** Der Panther würde nicht durch Verletzungen, sondern vor Hunger sterben. – **14** *in einem Anfall von Zorn:* Das Senarende *irato impetu* begegnet auch in der Tragödie (vgl. Sen. Tro. 1159).

3,3 Plut. mor. 149C–E. Van Dijk 20.

7 *Kopf:* Metonymie für das Leben des Herrn. – **14** *mit scharfem Urteilsvermögen:* wörtl. »mit geschnäuzter Nase« (vgl. Hor. sat. 1,4,7–8 *[Lucilius] facetus, / emunctae naris, durus componere versus*, wo der Ausdruck für die scharfsinnige Beobachtungsgabe des Satirikers steht). – **16** *Wenn du das böse Vorzeichen sühnen willst, … gib deinen Hirten Frauen:* Äsop übernimmt zunächst den religiös-mystischen Jargon der Wahrsager, deren Weltfremdheit in der Fabel kritisiert wird, und setzt als Pointe seinen derben lebenspraktischen Rat entgegen, der als Ursache für die Zwittergeburten zoophilen Verkehr zwischen Hirten und Schafen annimmt.

3,4 Van Dijk 452.

1 In römischer Zeit galt der Affe als Inbegriff der Hässlichkeit. Affen waren als luxuriöse Haustiere beliebt und gehörten gewöhnlich nicht auf den Speiseplan (s. Keller 1909, S. 4–6). Auch wenn die meisten Interpreten annehmen, dass der Affe geschlachtet am Fleischerhaken hängt, ist denkbar, dass er lebendig ist und es sich zwischen den Waren bequem gemacht hat, was auch zum scherzhaften Charakter der Unterhaltung beitragen würde. – **4** Der Fleischer umgeht eine klare Antwort, indem er behauptet, das Tier schmecke so gut wie sein Kopf aussieht (d. h. nach landläufiger Ästhetik: gar nicht). Geschmack ist also eine Frage der Einstellung. Häufig wurde in *saperet* (3) / *sapor* ein Wortspiel mit der Doppelbedeutung »schmecken« und »Verstand haben« gesehen und an Äsop als Kunden gedacht, der notorisch hässlich, aber klug war

(s. Oberg 2000, S. 125–127). – **6–7** Dass innere Qualitäten nicht notwendigerweise dem äußeren Erscheinungsbild entsprechen, bekräftigt auch das Epimythion.

3,5 La Fontaine 12,22. Van Dijk 18.

3 *Bravo!:* Der hier ironisch gebrauchte umgangssprachliche Ausdruck *tanto melior* (wörtl. »umso besser«) findet häufig in der Komödie Verwendung. – *As:* römische Geldmünze von niedrigem Wert. – **6–7** Äsops Rat, in gleicher Weise einen Stein auf einen höhergestellten Herrn zu werfen, wird im Original sprachlich durch die Gleichheit des Ausdrucks in umgekehrter Reihenfolge nachgebildet (2 *lapidem impegerat* – 7 *impinge lapidem*). – *den verdienten Lohn erhalten:* Der einfältige Steinwerfer erkennt die Doppeldeutigkeit des Ausdrucks nicht (s. Oberg 2000, S. 127).

3,6 La Fontaine 7,8. Van Dijk 918.

1 *auf einer Wagendeichsel sitzen:* Die Wortwahl erinnert an Properz' Schilderung von Cynthia als Wagenlenkerin (4,8,21–22 *spectaclum ipsa <u>sedens</u> primo <u>temone</u> pependit, / ausa per impuros frena movere locos*). Wie Cynthia gibt auch die Fliege ein ›Schauspiel‹ ab. – **3** *Dolch:* Die Übertragung des epischen Ausdrucks *dolo* (Verg. Aen. 7,664) auf den Stachel der Stechfliege wirkt komisch und spiegelt die Selbstüberschätzung des Tieres. – **5** Fliege und Herrn verbindet, dass beide sitzen (1 und 5 *sedere*), die Position des Herrn ist jedoch entsprechend seiner Hierarchie höher. Er nutzt Peitsche und Zügel maßvoll (6 *temperat*).

3,7 Babrios 100, Avian 37 (Hund und Löwe), La Fontaine 1,5. Van Dijk 710.

1 Der Begriff »süße Freiheit«, der mit Blick auf das raue Leben des Wolfes in Hunger und Kälte irritierend wirkt, ist ideell zu verstehen. Zum Ideal der Freiheit bei wilden Tieren als Alternative zur Unterordnung unter König oder Staat vgl. Cic. rep. 1,55 *libertate ne feris quidem quicquam esse dulcius; hac omnes carere sive regi sive optimatibus serviant.* – **2–12** Mit der Beschreibung des mageren Wolfs (*macie confectus*) und seiner bescheidenen Lebensweise (12 *in silvis asperam vitam trahens*) spielt Phaedrus auf die epische Figur des Achaemenides an, der sein Leben in der Nachbarschaft Polyphems verbringt (vgl. Verg. Aen. 3,590; 646;

s. Gärtner 2021, S. 145–147). – Zum *Wächter* (9) vgl. Tib. 2,4,32 *et coepit custos liminis esse canis.* Wie der Hund wählt das elegische Ich ein unfreies Leben im Dienst seiner Herrin. – **26** *Frui* (»genießen«) weckt Assoziationen mit der epikureischen Philosophie, als deren höchstes Gut die Lust gilt (vgl. Cic. fin. 2,27 *Epicurus ... enim summo bono fruitur, id est voluptate*). – **27** *König sein:* d. h. in Reichtum leben. – Der Wolf, dem seine Freiheit wichtiger als die Befriedigung körperlicher Bedürfnisse ist, verkörpert ein stoisches Ideal (Sen. epist. 85,28 *perit libertas nisi illa contemnimus, quae nobis iugum inponunt*).

3,8 Bei Plut. mor. 141D und Diog. Laert. 2,5,33 gibt Sokrates jungen Menschen, die in den Spiegel schauen, Ratschläge: Die einen mögen ihr hässliches Äußeres durch Tugendhaftigkeit verbessern, die anderen ihre Schönheit nicht durch Laster entstellen. Van Dijk 428.

1 In dieser Fabel, in der es um innere und äußere Schönheit geht, hat die Aufforderung *considera* (»betrachte dich!«), die an das delphische »Erkenne dich selbst!« erinnert, einen doppelten Sinn: Der Blick in den Spiegel soll zugleich ein Blick ins eigene Innere sein (vgl. Sen. epist. 80,10 *intus te ipse considera*). – **11** Die Schwester wirft ihrem Bruder vor, als ›Mann‹ eine Frauensache angerührt zu haben. Hier könnte der Spiegel der Mutter gemeint sein (s. Holzberg 2018, S. 231).

3,9 La Fontaine 4,17. Van Dijk 1021.

Promythion (Wahre Freundschaft ist selten.) und Pointe (Ein kleines Haus genügt, wenn man es nur mit wahren Freunden füllt.) erinnern an Sen. amic. frg. 97 *rara res est amicitia, [non] vulgaris aut exposita, ut inplere totas domus possit, [ut] vulgo sibi homines persuasere.* – **2–3** Nach seiner Verurteilung starb der griechische Philosoph Sokrates 399 v. Chr. durch das Gift des Schierlings. Phaedrus inszeniert sich hier als Nachfolger des Sokrates, der äsopische Züge trägt (zu Sokrates als Phaedrus' Vorbild s. S. 257). – **5** *Sokrates spricht, wie es üblicherweise geschieht, jemanden aus der Menge an:* Phaedrus spielt auf Sokrates' bekannte Praxis an, auf dem Marktplatz von Athen mit Menschen aus dem Volk ins Gespräch zu kommen.

3,10 Van Dijk 4.

2 *kurz ein Beispiel geben:* Phaedrus meint sein Stilideal der *brevitas* (»Kürze«). Im Folgenden setzt er es in den chiastisch zueinander angeordneten und in je einem Vers komprimierten mythologischen Exempla von Hippolytos und Kassandra um, demonstriert jedoch zugleich anhand einer weiteren Geschichte aus seiner eigenen Lebenswirklichkeit, die 42 Verse umfasst, umfangreichere Erzählkunst. – **3** *Hippolytos:* Aus Rache über seine Zurückweisung behauptete Hippolytos' Stiefmutter Phaidra, er habe sich ihr unsittlich genähert. Ihr Mann Theseus glaubte ihr und ließ seinen Sohn töten. – **4** *Kassandra:* Die trojanische Königstochter prophezeite den Untergang Trojas. Doch Apoll hatte sie aus verschmähter Liebe dazu verdammt, dass man ihren Weissagungen nicht glaubte. – *Troja fiel:* Vgl. Verg. Aen. 2,290 *ruit alto a culmine Troia.* – **10** *weiße Toga:* Bei Erreichen des Mannesalters (mit dem 15. Lebensjahr) wurde Knaben die *toga pura* ohne Purpurstreifen am Saum angelegt. – **17** *schändliche Affäre:* Die Anspielung auf Horaz' *Oden* evoziert den Hintergrund der Ehegesetze des Augustus (4,5,21 *nullis polluitur casta domus stupris*; s. Gärtner 2021, S. 183–184). – **35** *Hundertmänner:* Das in den Tribus gewählte Richterkollegium entschied über Streitigkeiten von öffentlichem Interesse, insbesondere bei Erbschaftsangelegenheiten. – **39** *Augustus:* 27 v. Chr. – 14 n. Chr. römischer Kaiser. – **45** *ohne Sohn, des Mannes beraubt:* Vgl. Hypsipyles Verwünschung Medeas in Ov. epist. 6,155–156 *utque ego destituor coniunx materque duorum, / cum totidem natis orba sit illa viro.*

3,11 Van Dijk 836.

5 Der Doppelsinn von *testes* (»Hoden/Zeugen«) *integritatis* (»Unversehrtheit/Unbescholtenheit«) kann im Deutschen nicht wiedergegeben werden: Für seine körperliche Unversehrtheit fehlen dem Eunuchen die Hoden, für seine moralische Integrität die Zeugen. Das Wortspiel mit *testis* stammt aus Kontexten der Komödie, in denen die Kastration als Strafe für Ehebrecher eine Rolle spielt (vgl. Plaut. Curc. 31, Mil. 1426). – **6** *Verfehlung des Schicksals:* Der Eunuch erklärt, dass er seine Entmannung nicht selbst verschuldet hat.

3,12 Als Eingangsfabel in der Prosasammlung des Romulus hat diese Fabel eine programmatische Stellung. Luther 1, La Fontaine 1,20. Van Dijk 527.
1 Das Bild des Hahns im Misthaufen erinnert an das römische Sprichwort *gallum in suo sterquilino plurimum posse* (Sen. apocol. 7,4). – **2** Der Chiasmus *dum quaerit escam, margaritam repperit* verdichtet den Vorgang: Das Huhn sucht nach Essen, findet jedoch eine Perle, deren Wert es zwar anerkennt, für die es aber dennoch keine Verwendung hat. Die beiden Güter, deren Wert im Auge des Betrachters liegt, stehen einander in der Mitte des Verses gegenüber. – **8** *die mich nicht verstehen:* Gemeint sind kritische Leser. Das Nachwort hat viele Interpreten zu einer poetologischen Deutung veranlasst, die in der Perle eine Allegorie für die Fabel sehen (Speckenbach 1978, S. 178–229; Gärtner 2011, S. 219–221 u. a.).

3,13 La Fontaine 1,21. Van Dijk 280.
1 Nach antiker Vorstellung bilden die fleißigen und sittsamen Bienen einen Idealstaat, in dem Gerechtigkeit geübt wird (vgl. Verg. georg. 4,154 *magnisque agitant sub legibus aevum*; Keller 1913, S. 424). Daher eignen sie sich gut als Akteure in dem rechtlichen Raum, den Phaedrus in dieser Fabel erschafft (vgl. 3 *lis ad forum deducta est, iudice*; 5 *legem*; 13 *sententiam*; 15 *restituo* u. a.). Seit Simonides identifiziert sich der Dichter mit der Biene (vgl. PMG 593, Hor. carm. 4,2,27–32 u. a.). – **2** Hesiod schildert die ungerechte Arbeitsverteilung zwischen Bienen und Drohnen (theog. 594–599). In poetologischen Deutungen der Fabel stehen die Drohnen allegorisch für Plagiatoren. – **3–15** Die den Bienen und Drohnen verwandte Wespe ist ein besonnener Richter, der die Parteien auf eine kluge Probe stellt. In den *Wespen* des Aristophanes bilden die Tiere den Chor des Richterkollegiums.

3,14 Van Dijk 8.
1 *Attika:* Landschaft um Athen. – **2** Geschicklichkeitsspiele, bei denen man Nüsse in ein Gefäß, über bestimmte Markierungen oder gegen andere Nüsse warf, um sie auseinanderzubewegen, waren in der Antike ein beliebter Zeitvertreib für Kinder. – **9** *weise:* σοφός ist als Beiwort für den Philosophen Sokrates verbreitet (z. B. Plat.

apol. 21a). Auch in der Straßenszene erinnert Äsop an Sokrates, der das einfache Volk gern in Gespräche verwickelte. Von Sokrates' Gewohnheit, seinen Geist durch das Spiel mit Kindern zu entspannen, berichtet Seneca (*De tranquillitate animi* 17,4; s. Oberg 2000, S. 146).

3,15 Van Dijk 759.

In dieser bukolischen Szene, in der die natürliche Ordnung aus dem Gleichgewicht geraten ist, geht es um die Definition von Mutterschaft: Das Schafböckchen zieht die Ziege, die es aufgenommen und liebevoll mit ihrer Milch gesäugt hat, seiner leiblichen Mutter vor, die ihre biologische Rolle bei Zeugung und Geburt nur passiv ausgeführt hat. In der römischen Gesellschaft entspräche diese Konstellation Amme und Mutter. – **7** *sie säugt:* Mit derselben Formulierung wirft Dido Aeneas vor, von Felsen gezeugt und von wilden Tigerinnen gestillt worden zu sein (Verg. Aen. 4,367 *admorunt ubera tigres*). – **14** Da das männliche Lamm nicht als Mutter- oder Milchtier dienen kann, ist es zum Schlachten bestimmt.

3,16 Van Dijk 548.

1–2 Das Promythion erinnert an Sen. epist. 88,30 *humanitas vetat superbum esse adversus socios, vetat avarum* (s. Oberg 2000, S. 151). Als erstes Wort der Fabel betont der Begriff *humanitas* (hier übersetzt mit: »menschliches Verhalten«) das Spannungsverhältnis zwischen Mensch- und Tierwelt. – **3** In Aristophanes' *Lysistrata* (760–761) stört die Eule mit ihrem κικκαβαῦ die Nachtruhe der Athener. In der Fabel ist es umgekehrt: Die Zikade, die als unermüdliche Sommersängerin in der Mittagshitze gilt, bringt die nachtaktive Eule um ihren Schlaf. – **12** Die Zikade stand unter dem Schutz des musischen Gottes Apoll. Eine solche Identifikation einer Sängerin aus der Natur mit dem Dichter ist nicht selten (s. Keller 1913, S. 402–403; Kallim. ait. frg. 1,34 Pfeiffer [Aitienprolog], Theokr. eid. 1,148). Eine andere Übersetzungsmöglichkeit von *putes*, »du glaubst«, entlarvt die Selbstüberschätzung der Zikade. – **13** *Pallas:* Beiname Athenes, der Göttin der Weisheit und des Krieges. Die ihr heilige Eule legt ein ihrer Patronin entsprechendes kluges und kriegerisches Wesen an den Tag.

3,17 Van Dijk 633.

1–4 Phaedrus versetzt die episch geprägte Fabel in die mythische Vorzeit: Götter suchen sich – entsprechend der literarischen Tradition – jeweils eine Baumart als Attribut aus, die sie unter ihren Schutz stellen. Die Zusammenstellung der Baumarten und ihrer göttlichen Zugehörigkeit erinnert an Verg. ecl. 7,61–62 *populus Alcidae gratissima, vitis Iaccho, / formosae myrtus Veneri, sua laurea Phoebo.* – *Kybele:* Die phrygische Gottheit, auch Kybebe genannt, wird als Mutter der Götter verehrt. Ihr Geliebter Attis hatte sich in eine Pinie verwandelt (Ov. met. 10,103–105). – **7** Die Götter verleihen den Bäumen Ehre, erwarten dafür aber keine Erkenntlichkeit in Form von Früchten. – **8–12** Minervas Pragmatismus überzeugt den Göttervater, der zunächst ideelle Werte über wirtschaftlichen Nutzen gestellt hat.

3,18 La Fontaine 2,17. Van Dijk 1191.

1 Der Pfau wendet sich an seine Patronin Juno, die Gattin Jupiters und Göttin u. a. der Ehe. – **6** Juno setzt all ihre Überzeugungskraft ein, um dem schönsten aller Vögel zu schmeicheln. Die chiastisch gerahmte Anadiplose *vincis, vincis* bildet im Original das Rad des Gefieders ab. – **8** *den Schweif entfalten:* Auch im Elysium entfaltet der Pfau die Pracht seines Gefieders (Ov. am. 2,6,55 *explicat ... pinnas*). – *der wie Juwelen funkelt:* Juno füllt den Pfauenschweif mit sternengleichen Juwelen, als sie die Augen des verstorbenen Argus in das Gefieder setzt (Ov. met. 1,723 *gemmis caudam stellantibus implet*). – **12** *Weissagung:* Beim Augurium wurden Vogelflug und -schrei gedeutet. Günstig war ein Vorzeichen, wenn der Rabe von rechts, die Krähe von links geflogen kam (Nisbet/Rudd 2004, S. 323–324).

3,19 Van Dijk 17.

3 Zur alltäglichen Praxis des Feuerholens vgl. Plaut. Aul. 90–92. Auch das Motiv des eiligen Sklaven (5), des *servus currens*, stammt aus der Komödie. – **9** *»Ich suche einen Menschen«:* Der Ausspruch stammt aus einer berühmten Anekdote über den Kyniker Diogenes (um 413 – um 323 v. Chr.). Am helllichten Tag soll er mit seiner Laterne über den Marktplatz von Athen gegangen sein und nach Menschen gesucht haben (Diog. Laert. 6,41). Das ›Unmenschliche‹

des Schwätzers besteht in seiner fehlenden Sensibilität für den richtigen Zeitpunkt seiner Späße.

Epilog zum dritten Buch

2 *damit ich dir nicht allzu lästig erscheine:* Der Adressat könnte der Geschäftsmann Eutychus sein, an den sich auch 3 prol. richtet. – **7** Die sentenzhafte Aussage, es fehle an Dichtern, die die Themenvielfalt bewältigen können, wird durch die Metapher vom Dichter als Handwerker sowie im Original durch Polyptoton und Chiasmus stilistisch pointiert. Sie lässt Phaedrus' Vorsatz, mit dem Schreiben aufzuhören (28), wenig überzeugend wirken. – **10–19** Phaedrus begründet die Notwendigkeit, möglichst bald finanzielle Unterstützung von seinem Gönner zu erhalten, philosophisch mit Hinweis auf sein fortgeschrittenes Alter und die Kürze seines Lebens. Vgl. Sen. epist. 1,2 *qui intellegat se cotidie mori.* – *Denn das Leben kommt dem Tod jeden Tag ein Stück näher* (10): Zu *vita morti propior est cotidie* als Grabinschrift vgl. CLE 186 (CIL 9,3473), 10 *nam vita morti propior fit cottidie.* – **25** *im Wechsel an die Reihe kommen:* Im Laufe der Zeit gibt es verschiedene Mäzene. – **27** *Urteil:* Durch die Gerichtssprache (vgl. auch 22 *reus* »der Angeklagte«) stilisiert Phaedrus den Adressaten zu einem Richter, der ihn mit seinem Urteil gegen Kritiker schützen müsse. – **28** *mein Herz überschreitet die Grenze:* Möglicherweise ist das Vorhaben gemeint, mit dem Dichten aufzuhören. Passenderweise geschieht dies, als der Dichter weitschweifiger wird und seinen Vorsatz der *brevitas* (»Kürze«, 8) zu brechen droht. – **34** *»Für den einfachen Mann ist es ein Vergehen, in der Öffentlichkeit aufzumucken.«:* Offenbar gehörte Ennius' Tragödie *Telephus* zur Schullektüre des Autors. Das Zitat (frg. 142 Jocelyn) weist auf die Gefahr hin, sich in der Öffentlichkeit frei zu äußern.

Prolog zum vierten Buch

5–9 Trotz des Vorsatzes, sein Werk zu beenden, findet Phaedrus Gründe, warum er es dennoch fortsetzt: Kein Nachahmer könne wissen, welchen Stoff er unbearbeitet gelassen habe (5), und in seinem Stil schreiben (7–8). – **10** *Particulo:* Über ihn ist nichts bekannt; an ihn richtet sich auch der Epilog des vierten Buches. – **11** *»äsopisch«, nicht »von Äsop«:* Phaedrus stellt seine Äsopnachfolge hier differenziert dar: Er erweitere die äsopische Gattung nicht nur quantitativ (12 *plures*), sondern auch durch neuartige Stoffe (13 *rebus novis*). – **18** Gönner wie Particulo verbreiten die Fabeln durch Abschriften.

4,1 Äsop 173H (164P), Babrios 141. Van Dijk 189.

4 *Priester der Kybele:* Die sogenannten Galli waren selbstentmannte Priester, die die phrygische Muttergottheit Kybele (auch Magna Mater oder Kybebe genannt) verehrten. In Prozessionen tanzten sie sich in Ekstase und forderten dabei Almosen ein. – **5** Bei den kultischen Prozessionen der Priester gehörten Esel, die man sich entfesselt und lüstern vorstellte, zum Gefolge. Auf ihrem Rücken trugen sie das Bild der Göttin (s. Keller 1909, S. 260). – **7** *Tamburine:* Die Handpauken schlugen die Priester zur Musik von Flöten und Zimbeln bei ihrem orgiastischen Tanz.

4,2 Äsop 81H (79P), Babrios 17, La Fontaine 3,18. Van Dijk 507.

2 Das dichterische Spiel mit dem leichten Schilfrohr steht poetologisch für die feine alexandrinische Poesie (vgl. Verg. ecl. 1,10 *ludere quae vellem calamo permisit agresti*). Zum Topos der Kleinpoesie als scherzhafter Spielerei vgl. Catull. 50. – **19** *So gut möge es dir gehen, wie du Mehl bist:* Da das Wiesel natürlich keine Speise aus Mehl ist, wünscht die lebenserfahrene Altmaus dem listigen Wiesel das Gegenteil. Die verschmitzte Rede der Maus passt zum scherzhaften Ton des Fabelbeginns. Phaedrus spielt mit der sprichwörtlichen Redensart »vom selben Mehl sein«, die so viel bedeutet wie »von einem Menschenschlag sein« (s. Otto 1890, S. 132; Pers. 1,115).

4,3 Äsop 15H (15P), Babrios 19, La Fontaine 3,11, Lessing 2,21. Van Dijk 944. Durch ihren klaren Aufbau und ihre Anschaulichkeit gilt die sechs Verse umfassende Fabel als mustergültiges Beispiel der *brevitas*, »Kürze«. Sie ist nicht nur vielfach verarbeitet, sondern auch gedeutet worden: erotisch, metapoetisch und philosophisch (einen Überblick gibt Dunsch 2013, S. 124–129).

1 Der Fuchs ist als Plünderer des Weinbergs in der antiken Literatur topisch (vgl. z. B. Theokr. eid. 5,112–113). – **4** *ich will keine saure nehmen:* Man kann fragen, ob die Abwertung der für den Fuchs unerreichbaren Traube negativ als mangelnde Erkenntnis des eigenen Unvermögens oder positiv als rationaler Ausweg aus der eigenen Notlage zu bewerten ist.

4,4 Aristot. Rhet. 2,20 (1393b 8–22), Hor. epist. 1,10,34–41, Äsop 238H (269P), La Fontaine 4,13, Goethe, *Reineke Fuchs* 10,133–151. Van Dijk 1145.

2 Im Epos übernimmt der Eber häufig die Rolle des zornigen Angreifers (z. B. Ov. met. 8,355 *ira feri*); hier geht er dagegen friedlich seinem Vergnügen nach. – **6** *er soll so gesprochen haben: Traditur* spielt auf die Überlieferung der Fabel an – Aristoteles schreibt sie Stesichoros (6. Jh. v. Chr.) zu. – **12** *hitzige Gemüter:* Die Fabel übt Kritik an der Übermacht der Affekte (*ira* »Zorn«), durch die das Pferd erst zum Knecht des Menschen wird. Horaz empfiehlt dem Zornigen, die Affekte »mit Zaumzeug« (auch hier: 9 *frenos*) zu bändigen, bevor sie die Herrschaft übernehmen (epist. 1,2,62–63 *ira furor brevis est. animum rege, qui nisi paret, / imperat; hunc frenis, hunc tu compesce catena*).

4,5 La Fontaine 2,20. Van Dijk 789.

Die als »kurz« (2) angekündigte Erzählung erweist sich als eine der längsten im gesamten Corpus. Die komplexe Beschreibung der Erbschaftsbedingungen und das vielfältige juristische Vokabular illustrieren Phaedrus' Freude an diffizilen juristischen Zusammenhängen. Am Ende ist es jedoch nicht die Gelehrsamkeit der Rechtsexperten (14), die das Rätsel des Testaments löst, sondern die Klugheit Äsops (29–49). – **10** *Die Erben sollen das Gegebene weder besitzen noch nutzen können:* Das Paradox des rätselhaften Testaments liegt darin, dass die Erbschaft ohne Recht auf Eigentum und Nutzung angetreten werden soll.

4,6 Äsop 174H (165P), Babrios 31, La Fontaine 4,6. Van Dijk 1329.

2 *an die Wand gemalt:* Das Kampfgeschehen zwischen Wieseln und Mäusen war zu Phaedrus' Zeit offenbar bildlich verbreitet. Es erinnert an das pseudo-homerische parodistische Epyllion *Batrachomyomachie* (»Froschmäusekrieg«) aus späthellenistischer Zeit. – **10** *Tartaroshöhle:* Der Bauch des Wiesels wird für die Mäuseführer zur Unterwelt. Ein seltenes Beispiel direkter Phaedrusimitation aus der Spätantike ist Prud. cath. 7,114–115 *Exceptus inde* *belvinis faucibus / alvi capacis vivus hauritur specu.* – **12** *Größe:* Die Personifikation von *magnitudo* bildet ab, wie die durch Hörner künstlich herbeigeführte physische Größe den Mäuseführern buchstäblich zum Verhängnis wird.

4,7 Van Dijk 7.

5 *Kothurn:* Schuh mit hohen Absätzen; typische Fußbekleidung der Tragödienschauspieler. – **6–16** Um den kritischen Leser, der an der leichten Fabeldichtung keinen Geschmack findet, umzustimmen, parodiert Phaedrus eine wohlbekannte Tragödie: den bei römischen Autoren vielfach zitierten Beginn der *Medea exul* des Ennius (frg. 103 Jocelyn), der an Euripides' Tragödie *Medea* angelehnt ist. Bemerkenswert erscheint die Angleichung der Verse an den jambischen Trimeter, das Metrum der Tragödie (s. Gärtner 2000, S. 671–672). – *Pelion* (6): Berg in der nordgriechischen Landschaft Thessalien. – *das unwirtliche Meer* (10): Das Epitheton kehrt die ursprüngliche Bezeichnung für das Schwarze Meer, *Pontus Euxinus* (»das gastliche Meer«), um. – Auf der Argo, also Argus' Schiff (9), reisten die Argonauten unter Iasons Führung zu König Aiëtes nach Kolchis, um das Goldene Vlies zu rauben – mit Pallas' Kunst (9) ist die Kriegskunst gemeint (Pallas war ein Beiname der Göttin Athene/Minerva). Aiëtes' Tochter Medea verliebte sich in Iason und half den Argonauten mit ihrer Zauberkraft. Auf der Flucht tötete sie ihren Bruder Absyrtus und warf ihn stückweise ins Meer, um Aiëtes aufzuhalten (15–16). Pelias (13), der König von Iolkos, hatte Iason nach dessen Rückkehr den Thron versprochen. Da er sein Versprechen nicht einlöste, stiftete Medea seine Töchter, die Peliaden (16), durch eine List dazu an, grausam ihren Vater zu ermorden. – **18** *das ist falsch erzählt:* Der kleinliche Leser kritisiert eine sachliche Ungenauigkeit (das Ägäische Meer sei doch vor dem Schwarzen Meer bereist worden), obwohl es um literarische Stilfragen geht. – **19–20** *Minos als Beispiel der Gerechtigkeit:* Der König von Kreta wird nach seinem Tod zum Richter der Unterwelt. – **21** *Cato:* Der Name steht sprichwörtlich für den kritischen Leser. Sowohl Cato der Ältere (234–149 v. Chr.) als auch der Stoiker Cato Uticensis (der Jüngere; 95–46 v. Chr.) waren für ihr strenges Urteil bekannt.

4,8 Äsop 59H (59P); 95H (93P), La Fontaine 5,16. Van Dijk 882. In dieser Fabel spricht eine ›bissige‹ Feile zur Schlange. Es ist die einzige Stelle in Phaedrus' Werk, an der ein Gegenstand spricht.

4,9 Äsop 9H (9P), La Fontaine 3,5. Van Dijk 949.
10 *der Langbärtige:* Bei Äsop sagt der schlaue Fuchs über die Dummheit des Ziegenbocks: »wenn du so viel Verstand im Kopf wie Haare am Bart hättest …« (Übers. Th. Voskuhl). – *Füchschen:* Das Diminutiv *vulpecula* unterstreicht die leichtfüßige und wendige Flucht des Füchschens über die Hörner des Bocks. Es war als Fuchs (3 *vulpes*) in den Brunnen gefallen.

4,10 Äsop 229H (266P), Babrios 66, La Fontaine 1,7. Van Dijk 1305. Diese äsopische Fabel, die das Wesen des Menschen aitiologisch über eine Bildmetapher erklärt, ist eigentlich eher untypisch, zeigte jedoch eine breite Wirkung: Zum Bild der eigenen Fehler, gegenüber denen man blind ist, als Päckchen auf dem Rücken vgl. Catull. 22,21, Hor. sat. 2,3,299, Sen., *De ira* 2,28,8, Pers. 4,24.
1 *Säckchen:* Die griechische πήρα war eine Tasche mit Proviant, die man über der Schulter trug.

4,11 Van Dijk 1056.
4 *die heilige Religio:* die personifizierte Gottesfurcht. – **12–13** Die Fabel vom Tempelraub enthält eine – im Original durch Chiasmus und Polyptoton stilistisch hervorgehobene – aitiologische Erklärung: Das Tempelfeuer darf weder zum Entzünden gewöhnlicher Lampen genutzt noch durch sie entzündet werden. In vielen Tempeln wurde ein ewiges Feuer unterhalten, bei dessen Erlöschen besondere kultische Handlungen notwendig wurden. Noch heute erinnert die Entfachung des Olympischen Feuers vor dem Heratempel mithilfe von Sonnenstrahlen, die in der Mitte eines Hohlspiegels gebündelt werden, an dieses ewige Tempelfeuer. – **14–21** Lessing übte heftige Kritik an den drei Lehren im Nachwort, von denen nur die zweite einen klaren Bezug zur Fabel hat: »Eine elende Fabel, wenn niemand anders als ihr Erfinder es erklären kann, *wie viel* nützliche Dinge sie enthalte! Wir hätten an einem genug!« (Lessing, S. 359)

4,12 Äsop 113H (111P). Van Dijk 1055.

5 *Plutus:* Der Gott des Reichtums ist dafür bekannt, dass er wahllos (schließlich gilt er bei Phaedrus als Sohn der Schicksalsgöttin Fortuna) und ungeachtet individueller Verdienste Reichtum verteilt (z. B. Aristoph. Pl. 87–92). – **6** *Vater:* Herkules ist Sohn des Zeus und der Alkmene. – **8** Herkules' Worte lassen an ein römisches Sprichwort über Reichtum als Zeichen der Gunst der Götter denken (vgl. Plaut. Curc. 531 *quoi homini di sunt propitii, lucrum ei profecto obiciunt*; Persa 470). Durch seine Abwertung des Reichtums erweist sich der starke Held hier als moralische Instanz in kynisch-stoischer Tradition.

4,13 Romulus 78, Ademar 51. Van Dijk 1231.

Der fragmentarisch erhaltene Fabelbeginn über den zweifelhaften Nutzen von Ehrlichkeit könnte das Promythion zu der Prosafabel über den Affenkaiser sein, die bei *Romulus* und *Ademar* überliefert ist: Ein ehrlicher und ein unehrlicher Mensch reisen in das Land der Affen. Als sie von einem Affen, der sich als Kaiser geriert, gefragt werden, wen sie vor sich sehen, antwortet der Unehrliche, er sehe einen Kaiser und sein Gefolge; der Ehrliche dagegen sagt, er habe Affen vor sich. Zur Strafe wird der wahrheitsliebende Mensch von den Affen zerrissen. Auch plausibel erscheint die Zusammenlegung des Promythions mit der folgenden Fabel über das wilde Regiment des Löwen (s. Zago 2020, S. 122).

4,14 Romulus 70, Ademar 49, La Fontaine 7,6. Van Dijk 67.

Die Fabel über den Löwen, der sich zum König aufschwingt und seinen Vorsatz, ein gerechter Herrscher zu sein, aufgibt, ist nur fragmentarisch erhalten. Sie könnte ihre Ergänzung bei *Romulus* und *Ademar* finden: Nacheinander lockt der Löwe die anderen Tiere zu sich und fragt, ob er aus dem Maul rieche. Während sowohl die, die es bejahen, als auch die, die es verneinen, gefressen werden, kann sich der Affe zunächst retten, indem er dem Löwen besonders schmeichelt. Doch dann verändert der Löwe seine Taktik, indem er vorgibt, krank zu sein. Auf den Rat der Ärzte, leicht bekömmliches Fleisch zu fressen, verschlingt er schließlich auch den Affen. Gerade vor dem Hintergrund der *Romulus*-Fabel erscheint Zagos Zusammenlegung mit dem fragmentarischen Promythion über die Gefahr, die Wahrheit zu sagen (4,13; s. Zago 2020, S. 122), überzeugend.

4,15 Van Dijk 1457.

Titel Nach einer Version des Mythos modellierte der Titan Prometheus Menschen aus Ton und belebte sie. Das Fragment erscheint als Teil einer aitiologischen Erklärung für den Cunnilingus. Den nachträglich vergebenen Titel verdankt es der motivischen Nähe zur folgenden Fabel über Prometheus als Schöpfer, die ebenfalls eine sexuelle Aitiologie bildet.

4,16 Van Dijk 219.

1 Phaedrus interessiert das Phänomen vertauschter Geschlechterrollen: Tribaden werden lesbische Frauen genannt, die beim Geschlechtsverkehr eine aktive männliche Rolle übernehmen (s. Adams 1982, S. 121–122). Das weich alliterierende Epitheton *mollis* bezeichnet hier Männer, die beim Geschlechtsverkehr eine passive, ›weibliche‹ Rolle innehaben. – **2–16** Äsop (2 *senex* »Greis«) gibt eine humorvolle aitiologische Erklärung für Homosexualität: Nach einem feuchtfröhlichen Abend beim Weingott (Liber [8] als Alternativname zu Dionysos) vertauschte Prometheus (3; s. Anm. zu 4,15) die Geschlechtsteile beim Anpassen an die von ihm aus Ton geschaffenen Körper, was in 12–13 kunstvoll in einem Chiasmus abgebildet wird.

4,17 Lessing 2,24. Van Dijk 1041.

1 In der Natur gibt es auch weibliche Ziegen mit Bart. Bei den Böcken jedoch fällt er länger aus und dient als Duftfänger und zur Markierung. – **3** *gleiche Stellung:* In Aristophanes' Komödie *Die Weibervolksversammlung* statten sich Frauen mit Bärten aus, um in der Politik männliche Rollen zu übernehmen (s. Oberg 2000, S. 189). – **5** *Zierde:* Die Gleichsetzung des Ziegenbartes mit einem römischen Statussymbol (*ornatus muneris*), das man etwa auf der Kleidung trug (z. B. Purpurstreifen auf der Toga), hat ironische Wirkung.

4,18 Äsop 80H (78P). Van Dijk 1061.

Titel Der Begriff *fortuna* vereinigt die Gegensätze Glück und Unglück (vgl. 1) in sich, da der Zufall beides gleichermaßen verursachen kann. – **8–10** Die Weisheit des Steuermannes besteht in der stoisch-epikureischen Erkenntnis, dass man der Wechselhaftigkeit des Schicksals nur mit Gelassenheit begegnen kann. Da sowohl Freude als auch Leid zum Leben dazugehören, sollen starke Gefühlsausbrüche unterdrückt werden.

4,19 Van Dijk 746.
Logische Brüche und Sprünge in der Erzählung lassen die Überlieferung lücken- und fehlerhaft erscheinen (etwa nach 6/7; 13; 34) und haben einige Herausgeber zu Versumstellungen, Streichungen, Konjekturen und der Annahme des Ausfalls ganzer Verse veranlasst (zuletzt Zago 2020). Unklar ist sowohl der Verbleib der ersten als auch der zweiten Hundegesandtschaft. Denn die Nachfahren warten noch immer (35), obwohl Jupiter die Gesandten zuvor entlassen hat. Das derb-volkstümliche Gedicht gibt eine aitiologische Erklärung für das natürliche Verhalten von Hunden, sich beim Kennenlernen gegenseitig am Hinterteil zu beschnuppern (36). – **9** *Merkur:* s. Anm. zu 1,2,27.

4,20 Äsop 186H (176P), Babrios 143, La Fontaine 6,13, Lessing 2,3. Van Dijk 855.
Aus dieser Fabeltradition stammt das Sprichwort »eine Schlange am Busen nähren« (s. Otto 1890, S. 372–373; Büchmann 1981, S. 250). – **3** *im Schoß wärmen:* Die in der Liebeselegie verbreitete liebevolle und intime Geste *sinu fovere* (Tib. 1,8,30, Ov. epist. 19,62) wirkt gegenüber einem Fremden unpassend. – **6** *Damit bloß niemand lernt, Übeltätern zu nützen.:* Die Schlange formuliert hier das *fabula docet* selbst.

4,21 Van Dijk 1007.
Mit seiner Kritik an Geiz übernimmt der Fuchs hier als höflicher Höhlenbesucher die Rolle eines kynisch-stoischen Wanderphilosophen, der durch seine kritischen Fragen das Elend des Drachen offenlegt (s. Oberg 2000, S. 196–197). Die Motive, die zur Charakterisierung des geizigen Drachen beitragen (Bewachung, geringe Lebensqualität, Blindheit, Unmut der Götter u. a.) trägt auch Horaz in einer Satire zusammen (2,3,108–167; s. Oberg 2000, S. 198). – **3–4** Die Vorstellung des schlangenähnlichen mythischen Drachen als Bewacher des Schatzes ist verbreitet (vgl. Cic. Phil. 13,12 *circumplexus quasi thesaurum draco*). – **26** *Libitina:* Göttin der Leichen und Bestattungen.

4,22
5 *um jeden Preis wetten:* Vgl. Catull. 44,4 (von denen, die Catull verletzen wollen) *quovis Sabinum pignore esse contendunt* (sc. *fundum Catulli*). – **8** *jener hat es sich ausgedacht, meine Hand hat es vollendet:* Phaedrus erinnert seine Kritiker – im Original stilistisch eindrucksvoll mit Antithese und Chiasmus – an sein Verhältnis zu Äsop, das er bereits in 1 prol. 1–2 skizziert hatte: Äsop habe den Stoff erfunden, er selbst ihn ausgestaltet. – **9** *lass uns fortfahren:* Phaedrus lässt das poetologische Gedicht wie einen Einschub wirken, mit dem er von der geplanten Anordnung des Gedichtbuches abweicht.

4,23 Van Dijk 581.
2 Der lyrische Dichter Simonides von Keos lebte im 6./5. Jh. v. Chr. – **5** *Lobeslieder:* Simonides verfasste epinikische Oden für Sieger bei Wettkämpfen (506–519 PMG). Es ist auch bekannt, dass er Geld für seine Poesie bekam und viele Patrone hatte. – **8** *Keos:* eine Kykladeninsel, Heimat des Simonides. – **14** *»Bei mir habe ich alle meine Dinge.«:* Die berühmte Sentenz *Omnia mea mecum porto* wird verschiedenen Weisen zugeschrieben. So soll auch Bias von Priene diese Worte auf der Flucht aus seiner Heimatstadt gesagt haben, als er keinerlei Besitz mit sich nahm (Cic. parad. 1,8). Eine besondere Wendung nimmt die Fabel, da Simonides, der bedürfnislos erscheint, weil ihm seine Dichtkunst als einziges Gut gilt, dennoch zu einem reichen Mann wird (23–24). – **17** *Klazomenä:* antike ionische Stadt in der Nähe von Smyrna (Izmir) an der Ägäisküste. – **24** *Tafel:* In Hor. carm. 1,5,13 und Pers. 1,88–90 tragen Schiffbrüchige ein Bild von sich und dem Wrack mit sich, um Almosen zu sammeln.

4,24 La Fontaine 5,10. Van Dijk 1355.
Die Fabel, beispielhaft in ihrer *brevitas* (»Kürze«), erweitert den satirischen Hexameter *parturient montes, nascetur ridiculus mus* aus Hor. ars 139 über Dichterkollegen, die zu dick auftragen.

4,25 La Fontaine 4,3. Van Dijk 86.
1 Das als unecht geltende Promythion deckt sich mit dem Epimythion von 3,17. – **2–22** Im Streit über die bessere Lebensform erweist sich sowohl die Fliege als auch die Ameise als rhetorisch ver-

siert. Das Zusammenspiel aus der Rede der Fliege (4–10) und der Gegenrede der Ameise (11–22), in der sie das so ruhmreich ausgemalte Dasein der Fliege Punkt für Punkt aufgreift, widerlegt und als traurige Existenz entlarvt, erinnert an eine Gerichtsrede. – Zur fleißigen Ameise als Getreidesammlerin, die sich einen Vorrat in ihrer unterirdischen Behausung anlegt, vgl. z. B. Ov. trist. 5,6,39–40 *quam multae gracili terrena sub horrea ferre / limite formicae grana reperta solent.*

4,26 Kallim. ait. frg. 64,8–14 Pfeiffer, Cic. de orat. 2,352–354, La Fontaine 1,14. Van Dijk 396.

4 *Derselbe Simonides:* Vgl. 4,23. – **9** *Zwillingssterne Ledas:* Die Dioskuren Castor und Pollux (oder Polydeukes), Söhne des Zeus und der Leda, wurden als Zwillingsgestirn an den Himmel versetzt. Als legendärer Faustkämpfer bot Polydeukes sich als Exemplum für Simonides' Epinikion an (vgl. Simon. PMG 509 zu einem Vergleich des Boxers Glaucus mit dem Dioskuren). – **22–24** Staub und Schweiß (aus der Sportarena) sowie die übernatürliche Körpergröße legen nahe, dass es sich bei den beiden Rettern um die Heroen Castor und Pollux handelt. So entpuppt sich der Scherz des geizigen Gastgebers, die Dioskuren würden den ausstehenden Lohn zahlen (13), für ihn als tragische Ironie. – **28–30** Der Einsturz des Hauses des Skopas und die Rettung des Dichters Simonides durch die Dioskuren findet sich auch bei Kallimachos. Seit diesem Gastmahl gilt Simonides als Erfinder der Mnemotechnik: Indem er sich die Tischordnung vor Augen führte, konnte er sich erinnern, welcher der Gäste wo gesessen hatte – und so konnten die aus den Trümmern geborgenen Leichen identifiziert werden (Cic. de orat. 2,352–354).

Epilog zum vierten Buch

3–4 *geistreicher Witz in Maßen, der im Übermaß verletzt:* Vgl. Sen., *De constantia sapientis* 16,4 *iocis temperatis delectamur, inmodicis irascimur.* – **5–6** Phaedrus rundet das Particulo (s. Anm. zu 4 prol. 10) gewidmete vierte Buch mit einem Epilog an seinen Gönner ab, indem er ihm in augusteischer Manier (vgl. Hor. carm. 3,30, Ov. met. 15,875–879) Ruhm verspricht, der so lange währen werde, wie man lateinische Poesie lese. – *Preis:* Nach der besonderen Würdigung des Simonides in 4,23 und 4,26, der für seine Dichtung ein Honorar erhielt, liegt nahe, dass Phaedrus hier tatsächlich den Verkauf seiner Fabeln im Sinn hat. – **7** *Kürze:* Auch wenn es noch eine Fülle an Themen gibt, verschreibt Phaedrus sich der *brevitas.*

Prolog zum fünften Buch

1–3 Im Laufe seines Werkes löst Phaedrus sich zunehmend von seinem Vorbild. Feierte Phaedrus Äsop in 1 prol. 1 noch als Schöpfer der Fabel, so nutzt er den bekannten Namen jetzt als eine Art Markenzeichen, um seine Gedichte in den Augen seiner Leserschaft aufzuwerten, die gegenüber modernen Werken skeptisch ist. – **6** *Praxiteles:* athenischer Bildhauer des 4. Jh.s v. Chr., der u. a. die Marmorstatue der Aphrodite in Knidos schuf. – **7** *Myron:* Bronzebildner des 5. Jh.s v. Chr. aus dem attischen Eleutherai; er gilt als Meister der Darstellung bewegter Körper und naturnaher Elemente und soll u. a. die säugende Kuh auf der Athener Akropolis gefertigt haben. – *Zeuxis:* aus Herakleia; einer der berühmtesten Maler im 5./4. Jh. v. Chr.

5,1 Van Dijk 209.

1 *Phalereus:* Vermutlich wird Demetrius von Phaleron (um 360 – 280 v. Chr.), Schüler Theophrasts und Statthalter Athens, hier mit dem Makedonier Demetrius Poliorketes (337/336–283 v. Chr.) verwechselt, der ihn 307 v. Chr. aus Athen vertrieb. – **4–8** Phaedrus kritisiert den in allen Bevölkerungsgruppen verbreiteten Opportunismus gegenüber dem neuen Herrscher. Dafür gibt es eine historische Grundlage: Demetrius Poliorketes soll bei seiner Ankunft in Athen emphatisch empfangen worden sein (vgl. Plut. Demetr. 9). – **9** *Menander:* Der Dichter (342/341–291/290 v. Chr.) gilt als der bedeutendste Vertreter der Neuen Komödie Athens. Ihn verband eine Freundschaft mit Demetrius von Phaleron, vermutlich durch ihre gemeinsame Verbindung zum Peripatetiker Theophrast.

5,2 Van Dijk 1535.

Titel Handschrift N überliefert *Multos in rebus secundis fortes esse qui in dubiis sunt timidi* (»Dass im Glück viele tapfer sind, die im Unglück furchtsam sind.«). – **4–7** Der ängstliche Begleiter inszeniert sein verspätetes mutiges Auftreten nicht nur mit kühnen

Worten, sondern auch mit heroischen Gesten (Herbeieilen, Zücken des Schwertes, Zurückschlagen des Mantels), so dass das Missverhältnis zwischen mutigem Gehabe und hasenfüßiger Flucht stärker zum Ausdruck kommt. – **15** Da man in guten Zeiten keine Tapferkeit beweisen muss, ist »tapfer« hier ironisch zu verstehen.

5,3 Van Dijk 225.

1 *Fliege:* Cicero verwendet *musca* als Metapher für lästige Menschen (de orat. 2,247). – **3–10** Der Stich wird zum Auslöser einer juristischen Auseinandersetzung zwischen Stechfliege und Mensch, bei der sich beide entsprechenden Vokabulars bedienen: Nach dem missglückten Tötungsversuch spottet die Fliege über die Unverhältnismäßigkeit ihrer Strafe und fragt den Menschen schadenfroh, wie hoch denn die Strafe für die eigene Ohrfeige ausfalle. – **12–13** Im Epimythion löst der Autor den Konflikt auf: Der Stich der Fliege verdient eine hohe Strafe, weil er mit Absicht geschah.

5,4 Van Dijk 162.

1 In der Antike war das Opfern von Ebern für den mythischen Helden Herkules durchaus verbreitet (s. Keller 1909, S. 401). – **2** Mit dem Opfer löst der Besitzer sein Versprechen ein, das er Herkules in einer Notlage gegeben hatte. – **7–8** Für den Esel ist der gefahrvolle Gewinn die Gerste aus dem Futtertrog seines Stallgenossen. Er fürchtet, ebenso wohlgenährt dasselbe Schicksal zu erleiden. – **9–12** Die Verse, die in der Handschrift N fehlen, hält Zago (2020) für unecht, da sie keinen inhaltlichen Bezug zum Rest der Fabel haben.

5,5 Plut. mor. 674B–C. Van Dijk 609.

4 *Festspiele: Ludi* boten dem Publikum neben sportlichen Wettkämpfen auch künstlerische Darbietungen wie Musik und Theater. – **8** *Possenreißer: Scurrae* waren Unterhaltungskünstler, die mit Späßen und lustigen Merkwürdigkeiten auf Märkten und bei Tischgelagen auftraten (Cic. Verr. 2,3,146). Zum Repertoire des *scurra*, den Phaedrus in der Theaterwelt ansiedelt (9; 10; 13), gehört das Bauchreden, mit dem er das Grunzen eines Ferkels nachahmt (17). Nicht nur das Bühnenszenario ohne Maske und Requisiten (14), sondern auch seine Imitation der Natur rückt den Spaßmacher in die Nähe des Mimos, bei dem derb-realistische Szenen des Alltags nachgeahmt wurden (in Iuv. 13,111 heißt der Mimenspieler *scurra*). – **34–38** *Das Volk ruft, der Possenreißer habe das Ferkel viel besser nachgeahmt . . .:* Einerseits führt Phaedrus hier die im Promythion angeprangerte Voreingenommenheit des Publikums vor, das sich von der Show des Possenreißers blenden lässt (oder lassen will), andererseits illustriert die Anekdote, dass die Kunst die Natur bisweilen übertreffen kann.

5,6 Van Dijk 1540.

3 *»Gewinn muss geteilt werden!«:* Noch bevor er den Fund kennt, macht der später hinzugetretene Kahlkopf seinen Besitzanspruch als Mitfinder geltend. Umso enttäuschter ist er, als sich herausstellt, dass der Kamm für beide wertlos ist. Zum Teilen von Fundsachen vgl. Sen. epist. 119,1 *quotiens aliquid inveni, non expecto donec dicas »in commune«: ipse mihi dico.* – **6** *Kohle anstelle eines Schatzes:* Phaedrus spielt auf das griechische Sprichwort ἄνθρακες ὁ θησαυρός πέφηνεν an, das im Kontext getäuschter Hoffnung verwendet wird (s. Otto 1890, S. 76). Der Schatz, nach dem man gegraben hat, erweist sich als wertlose Kohle.

5,7 Van Dijk 1455.

4 *Princeps:* Ein Pfeifenspieler namens Lucius Cassius Princeps ist in einer Inschrift belegt (CIL 11,4424). – **5** *Bathyllus:* Der alexandrinische Freigelassene des Maecenas, eines Freundes des Kaisers Augustus und bekannten Literaturförderers, gilt als Schöpfer der römischen Pantomime, eines tänzerischen Solovortrags mit dem Körper als einzigem Ausdrucksmittel. – **7** *Bühnenmaschine:* Mit diesem Aufzug konnten Schauspieler rasch auf die Bühne emporsteigen und wieder verschwinden. – **8** Aus der Doppeldeutigkeit des Wortes *tibia* (»Schienbein« und »Pfeife«) entsteht hier ein Wortspiel: Lieber als sein linkes Schienbein hätte Princeps zwei rechte Pfeifenrohre zerbrochen. Das römische Blasinstrument (Rohrblattinstrument) bestand aus zwei Rohren unterschiedlicher oder gleicher Länge (*dexterae*, *sinistrae*), die verschieden kombiniert werden konnten. – **23** Zu Beginn eines Stückes wurde der Vorhang hinuntergelassen, nach Spielschluss wurde er mit Seilen wieder hochgezogen. – *abgerollt:* Göttererscheinungen wurden von Donnergetöse begleitet, das durch das Rollen großer Steine hinter der Bühne erzeugt wurde (s. Luzzatto 1976, S. 166). – **27** *Princeps:* Wieder zieht die komisch wirkende Theaterszene ihren Witz aus einem Wortspiel. Der Pfeifenspieler Princeps bezieht die Huldigung des Kaisers (*princeps*) auf sich und wird aus dem Theater geworfen. Zu einer ähnlichen Huldigung vgl. Suet. Cal. 6. – **35** *auf allen Plätzen:* Da die Sitzreihen im römischen Theater hierarchisch gestaffelt waren, hatte der privilegierte Ritterstand einen guten Blick auf die Bühne.

5,8 Auson. 12 Green. Van Dijk 1392.
Die in der Fabel geschilderte allegorische Figur Tempus hat ihren Ursprung in der bildenden Kunst (7): in der berühmten Statue des Kairos (griech.: »der [günstige] Zeitpunkt«) von Lysipp (4. Jh. v. Chr.), die einen geflügelten, nackten Jüngling mit kahlem Hinterkopf und lockiger Stirn dargestellt haben soll, der eine Waage auf einem Rasiermesser balanciert (zum Standbild vgl. Poseidippos AP 16,275 = 142 Austin-Bastianini). – **1** *Schermesser:* Die seit Homer (Il. 10,173) verbreitete griechische Redensart »auf des Messers Schneide stehen« beruht auf der Vorstellung, dass etwas, das auf einer Klinge schwebt, jeden Moment das Gleichgewicht verlieren und zu der einen oder anderen Seite kippen kann. – **3** *halte ihn fest:* Packen kann man Kairos nur an seinem Stirnhaar. Ist er vorübergezogen, kann man ihn nicht mehr von hinten am Schopf greifen. Vgl. Shakespeare, *All's Well That Ends Well* V,3,2730 *Let's take the instant by the forward top!*

5,9 Lessing 2,5. Van Dijk 436.
Die Stallszene gewährt Einblick in einen Konflikt zwischen Jung und Alt: Ein Kalb gibt einem Stier Ratschläge, als der wegen seiner großen Hörner den Stall nur schwerlich betreten kann, und wird abgekanzelt. Im Epimythion (5) ergreift der Erzähler für den Stier Partei, indem er das Kalb als besserwisserisch, den Stier als klüger darstellt.

5,10 Van Dijk 1164.
Als letzte Fabel der Sammlung wurde die Erzählung vom treuen alternden Jagdhund, der seinem Herrn nicht mehr dienen kann, nicht selten mit Blick auf Phaedrus' schwindende dichterische Pro-

duktivität oder biographisch mit Blick auf sein Alter gedeutet. Als *senex* könnte Phaedrus auch in der Nachfolge Äsops stehen (zu Belegen von *senex* für Äsop s. Oberg 2000, S. 224). – **9** *Du lobst, was ich war, wenn du missbilligst, was ich bin:* Im Original steht hier ein antithetisch angelegter Chiasmus; der Hund deutet darin die Kritik an seiner Altersschwäche zum Lob seiner Lebensleistung um. – **10** *Philetus:* Der (nicht weiter bekannte) Adressat des fünften Buches trägt einen griechischen Namen (φιλητός »geliebt«).

App. 1 In Äsop 17H (17P) rät eine Füchsin, die sich für ihren Schwanzverlust schämt, ihren Artgenossen, sich ebenfalls ihre Schwänze abzuschneiden. Van Dijk 968.

1 *Affe:* Der aus Nordafrika stammende Berberaffe, eine Makakenart, ist schwanzlos. Das Hinterteil des Affen galt in der Antike als besonders hässlich (s. Keller 1909, S. 6). – **3–5** Die Antwort des missgünstigen Fuchses bildet in ihrer Länge die hypothetische Länge des nachgezogenen Schwanzes ab.

App. 2

2 Das Lob der Kritiker hängt nicht von der Qualität der Dichtung ab, denn nicht alle Leser meinen es ernst. – *liederliche und ordentliche Menschen: Nequitia* (eigentl. »die Nichtsnutzigkeit«) und *frugalitas* (eigentl. »die Brauchbarkeit«) werden jeweils als Abstractum pro concreto gelesen.

App. 3 Van Dijk 40.

Die anthropologischen Gedanken des Autors in der Ich-Form über die mangelhafte ›Ausstattung‹ des Menschen und das Fehlen einer Handlung heben das Gedicht von der typischen Fabel ab. Gleichwohl berührt der Vergleich zwischen Mensch und Tier ein zentrales Thema der Gattung, in der Tiere menschliche Eigenschaften annehmen. – **6** *Prangen des wilden Stiers:* Hier könnten die prachtvollen Hörner als Symbol der Kraft des Stiers gemeint sein. – **8** *Intelligenz:* Als Fähigkeit, die den Menschen von den Tieren unterscheidet, nennt der Autor lebenspraktische Klugheit (*sollertia*), nicht jedoch, wie man aus dem philosophischen Diskurs (Cicero, Seneca) erwarten würde, die *ratio* (»Vernunft«). – **11** Die Warnung vor menschlicher Hybris lässt an den Prometheusmythos (Hes. theog. 507–616) denken, der in App. 5 zum Thema wird.

App. 4 Van Dijk 1320.

Der Autor greift den legendenhaften Motivkomplex des auf Erden wandernden Gottes auf, der die Menschen besucht und belohnt oder bestraft (vgl. Hom. Od. 17,485–487). Ein Beispiel dafür ist der Philemon-und-Baucis-Mythos (Ov. met. 8,611–724), der die Fabel als groteske Umkehrung erscheinen lässt: Die Götter Jupiter und Merkur werden von dem Ehepaar Philemon und Baucis gastlich aufgenommen (629 *recepit*) und bedanken sich, indem sie ihnen den Wunsch erfüllen (704–705 *dicite … quid optetis*), Tempelhüter zu werden und gleichzeitig zu sterben (Ovids abschließendes Fazit: 724 *qui coluere, colantur*). – **5** *angemessener Dank:* Wie das lateinische Wort *par* verrät, will Merkur Gleiches mit Gleichem ›belohnen‹. – **8** *Merkur wird den Frauen gewähren, was jede sich wünscht:* Merkur zeigt sich hier von seiner bekannten Seite als scherzender, tricksender Gott, indem er die beiden Frauen beim Wort nimmt und absichtlich missversteht. – **10** *alles, was sie berühre, möge ihr folgen:* Die Prostituierte wünscht sich, dass das von ihr Berührte in ihren Besitz übergehen (oder wie ein Freier folgen) möge (s. Cremona 1980, S. 525). – **17** *auslachte … ausgelacht:* Das Polyptoton *ridens … ridenda* (vgl. Ovids eben zitiertes Fazit) illustriert das zentrale Motiv und die Lehre der Fabel, dass Gleiches mit Gleichem vergolten wird.

App. 5 Van Dijk 654.

1 Prometheus soll die Menschen aus Erde und Regenwasser geformt haben (Ov. met. 1,82–88). Zu einer weiteren Szene aus seiner Werkstatt s. 4,16. – **5** *List:* Prometheus gilt als listig (Hes. theog. 507–616), da er Zeus beim Tieropfer täuscht und ihm das Feuer entwendet. *Dolus*, die personifizierte List, erscheint daher als passender Lehrling in seiner Werkstatt. – **21** *Lüge:* In der Fabel wird die Lüge zur gleichen Zeit wie die Wahrheit erschaffen und tritt als ihr unvollkommenes Ebenbild in Erscheinung. – **22** Die Fabel könnte eine Aitiologie des uns heute bekannten Sprichworts »Lügen haben kurze Beine« sein.

App. 6

Der Zweizeiler, der sich durch seine Kürze von den anderen Gedichten der Appendix absetzt, setzt das Thema der vorausgehenden Fabel, »Lügen haben kurze Beine«, fort. Er hat den Charakter eines Pro- oder Epimythions.

App. 7 Van Dijk 637.

Die Fabel deutet die alten Mythen (vgl. 17 *antiquitas*) über die Büßer der Unterwelt (in verschiedenen Besetzungen auch bei Hom. Od. 11,576–600, Lucr. 3,978–1010, Verg. Aen. 6,562–627, Ov. met. 4,455–463) als moralische Allegorie, die sich freilich nur dem Kundigen eröffnet: **1** *Ixion:* Seine Strafe an dem sich ewig drehenden feurigen Rad soll die Wechselhaftigkeit des Schicksals veranschaulichen (Rad der Fortuna). – **3** *Sisyphus:* Er muss immer wieder aufs Neue den schweren Stein den Berg hinauf wälzen – sein Schicksal illustriert die Grenzenlosigkeit menschlichen Elends. – **7** *Tantalus:* Er steht inmitten eines Gewässers und kann doch die Welle nicht erreichen; der Autor deutet dies als Allegorie für den Geizigen, der seine Güter nicht antasten will. – **10** *Danaiden:* Sie tragen vergeblich Wasser in löchrigen Fässern und stehen für die Vergänglichkeit von Luxus. – **13** *Tityos:* Sein Körper ist über neun Morgen (ca. 2,25 Hektar) Land gestreckt, und an seiner Leber hacken Geier. Dieses Beispiel steht für mit Landbesitz verbundene Sorgen.

App. 8 Van Dijk 100.

In der 2014 entdeckten Handschrift M folgt diese Orakelszene der letzten Fabel des Corpus über Lerche und Fuchs (hier App. 32, s. Zago 2020, App. 30,13–29). Die einleitende Frage an Apoll (1 *Phoebe*) wird durch *igitur* (M) anstelle von *nobis* (N) gedanklich an die Fabel angeschlossen. Das allein in M überlieferte Epimythion (17a–d) verbindet beide Fabeln thematisch, einerseits durch Hinweis auf die Lehren Apolls (App. 8), andererseits durch Hinweis auf Vorsicht als Eigenschaft eines Klugen (App. 32). Mir erscheint diese von Zago 2020 und Holzberg 2018 in ihren Text übernommene Verbindung der beiden Fabeln jedoch erzwungen, so dass Zweifel an der Authentizität des Epimythions aufkommen (17c ist in der überlieferten Form zudem metrisch fehlerhaft): Die Fabel über Lerche und Fuchs (App. 32) wirkt stimmig und enthält die typische Lehre, dass man Schurken gegenüber vorsichtig sein müsse. Auch die Orakelszene (App. 8) ist mit ihrem Katalog römischer Verhaltensregeln und einer eigenen Pointe zwar keine typische Fabel, jedoch in sich stimmig und nur schwer auf die Tierszene beziehbar. – **1–6** Übernatürliche Phänomene bei der Anrufung des Orakels (Erzittern von Lorbeer und der Umgebung, eine donnernde Stimme aus dem Heiligtum, Raserei der Seherin) und Wortwahl finden ein Vorbild bei Verg. Aen. 3,90–93 und 6,98–102. – Die für das Apollon-Orakel berühmte Stadt Delphi liegt am Fuße des Musenbergs Parnass (2). Dort verkündet die Priesterin Pythia (6 *Python*, der alte Name Delphis) auf einem Dreifuß sitzend Orakel. – Religio (4) ist die Personifikation der göttlichen Ehrfurcht. – Der Lorbeer (5) ist dem Apoll heilig. – **7–15** Auf die Frage nach der Nützlichkeit (1 *utilius*) folgt ein Katalog mit typisch römischen Verhaltensregeln (8 *pietas* »Ehrfurcht« u. a.), der durch Anlehnung an die delphische Spruchsammlung der Sieben Weisen überhöht wird (s. Gärtner 2007b, S. 417–429, die die Fabel auf verschiedene literarische Vorbilder zurückbezieht und insbesondere eine Parodie der poetologischen Aussage von Hor. ars 309–322 erkennt). – **16–17** Die doppeldeutige Anadiplose *furens, / furens* birgt die Pointe: Zunächst rast die Seherin vor Verzückung, schließlich jedoch vor Wut, da sich ihre Mahnungen an die Menschheit als nichtig erweisen. Dieser Skeptizismus bricht die mystische Überhöhung der Ausgangsszene.

App. 9 Van Dijk 21.

2 *sich selbst rühmen:* Auch Horaz kennt den Typus des untalentierten Versemachers, der sich selbst lobt, besonders wenn andere schweigen (vgl. epist. 2,2,106–108; s. Zago 2020, S. 159).

App. 10 Van Dijk 1440.

Die Figur des Soldaten, eines einfallsreichen wendigen Diebs, der auch vor Meineid nicht zurückschreckt, könnte an den Trickster Hermes aus dem homerischen Hermeshymnos (68–104; 254–282) angelehnt sein (s. Grottanelli 1983, S. 125–126). Die Anekdote spielt im Lager des Feldherrn Gnaeus Pompeius Magnus (106–48 v. Chr.). – **3** *Schwuchtel:* Der dem Griechischen entlehnte Ausdruck *cinaedus* ist eine abschätzige Bezeichnung für einen Homosexuellen mit passivem Sexualverhalten. – **14** Pompeius traut dem Soldaten wegen seiner femininen Art nicht zu, genügend Mut für den Diebstahl seiner Kostbarkeiten aufzubringen. Im zweiten Teil der

Erzählung verrät sich der Soldat durch seinen kaltblütigen Sieg über den Barbaren (28–29). – **18** *Mars:* der Gott des Krieges. – **19** *Tribunal:* der erhöhte Amtssitz für den Feldherrn vor dem Prätorium. – **28** *schneller, als man es sagen konnte:* Zur bekannten Redewendung *dicto citius* vgl. z. B. Verg. Aen. 1,142; Hor. sat. 2,2,80. – **32** *Es sollen meine Augen zerfließen:* Pompeius wiederholt den pathetischen Schwur des Soldaten (11) im Original in umgekehrter Wortfolge, um ihn ironisch zu spiegeln. Dank seines beherzten Einsatzes für die Ehre Roms scheint der Soldat noch einmal mit Spott davonzukommen.

App. 11 Plut. mor. 516D, Lessing 2,9. Van Dijk 1111.

1–2 Die Szene mutet wie eine homerische Götterversammlung an, bei der Juno als Sinnbild ehelicher Treue und Venus als Patronin sinnlicher Begierde zusammentreffen. – **4–12** Mit dem Hennengleichnis veranschaulicht Venus humorvoll, dass die weibliche Begierde mächtiger ist als eheliche Treue: Auch wenn das Huhn genug zu fressen hat (sexuell befriedigt wird), kratzt es nach Futter (sucht es das erotische Abenteuer). – *kratzen* (7–10, 12): Der natürliche Trieb der Henne besteht darin, nach Futter zu scharren. Das durch Polyptoton, fünffache Wiederholung und Steigerung stark betonte Verb *scalpere* kann auch im obszönen Sinne für »sexuell erregen« stehen (Pers. 1,20–21; s. Adams 1982, S. 48).

App. 12 Van Dijk 1400.

Die Fabel besteht aus zwei Erzählebenen: Äsop greift auf eine Tierfabel über die Rinderzucht (6–11) zurück, um einem Hausherrn Erziehungstipps im Umgang mit seinem hitzköpfigen Sohn zu geben (1–4; 12–14). Das Heilmittel zur ›Zähmung‹ von Jungstier und Sohn sei das Vorleben von Sanftmut und Ruhe durch die ältere Generation (15). – **6** Der geschilderte Umgang mit dem jungen Stier war offenbar gängige Praxis. Zur Zähmung empfiehlt Columella in seinem Lehrwerk *De re rustica* das gemeinsame Anschirren mit einem ruhigen Altrind und rät, dem jungen Stier das Ausschlagen mit Huf und Horn (*calce aut cornu*) abzugewöhnen (6,2,8–10).

App. 13 Van Dijk 213.

Phaedrus führt den Leser in die griechische Welt des Sports. Entsprechend verwendet er das griechische Wort *gymnicus* (1 »sportlich«). In sokratisch anmutender Weise entlarvt Äsop einen prahlerischen Sieger durch die Frage, wer stärker gewesen sei. Der Sieger antwortet erwartungsgemäß. Die folgende rhetorische Frage (6–7) enthält die Moral: Es sei kein Zeichen von Ruhm, wenn ein Stärkerer über einen Schwächeren siege. – **10** Das Epimythion ist allein in der 2014 entdeckten Handschrift M überliefert.

App. 14 Van Dijk 174.

Phaedrus setzt die griechische Wendung »Esel auf der Lyra« (ὄνος λύρας) für unbegabte Musiker in eine Fabel um. Zum Motiv des unmusikalischen Langohrs vgl. auch Kallim. ait. frg. 1,29–32 Pfeiffer, wo der Dichter äußert, er singe mit der Zikade, aber brülle nicht wie der Esel. Unser Esel überrascht durch die Einsicht in sein eigenes Unvermögen (4). – **2** *er tastete die Saiten mit dem Huf ab:* Ovid benutzt diese Worte für den Sänger Orpheus, wenn er die Saiten der Lyra stimmt, um mit seinem Gesang die Natur zu verzaubern (vgl. met. 10,145 *ut satis inpulsas temptavit pollice chordas*). – **7** Talente gehen ungenutzt durch Missgeschicke wie das Verlieren der Lyra verloren.

App. 15 Phaedrus bietet die erste uns überlieferte Erzählung des Novellenstoffs *Die Witwe von Ephesos*, die durch Petron. 111–112 berühmt geworden ist. Die *Vita Aesopi* überliefert (129) eine motivisch verwandte Fabel von einem Bauern, dem die Ochsen gestohlen werden, als er eine trauernde Witwe am Grab ihres Mannes verführt. Ein prominentes Beispiel für die breite Rezeption ist Lessings Komödie *Die Matrone von Ephesus*. Van Dijk 1175.

16–24 Der Wendepunkt zum Niedergang der tugendhaften Heldin liegt etwa in der Mitte der Fabel. Lange muss der *exclusus amator* (der »ausgesperrte Liebhaber«) nicht vor der Tür warten. Das Spiel mit Motiven aus der Liebeselegie (*foedus aeternum* [»ewiger Bund«], *militia amoris* [»Kriegsdienst der Liebe«]) und weitere Ovid-Reminiszenzen (z. B. ars 2,345–348) wirken parodistisch (s. Holzberg 2012, S. 50–51). – **25** *der aufmerksame Wächter:* Die Ironie liegt darin, dass der Grabwächter nur noch Augen für die schöne Witwe hat, so dass er es nicht bemerkt, als ein Leichnam vom Kreuz geraubt wird. – **29** Bisher erschien die Witwe in ihrer Liaison mit dem Wächter passiv und unbeteiligt (22–25). Umso mehr schockiert die Schlusswendung, bei der sie den Leichnam ihres geliebten Mannes *aktiv* übergibt, um ihn an die Stelle eines Kriminellen setzen zu lassen. Huber (1990, S. 67–82) sieht darin ein Indiz dafür, dass Phaedrus die Erzählung auf die didaktische Absicht, die Darstellung weiblicher Schändlichkeit, reduziert.

App. 16 Van Dijk 424.

9 *Festzug:* Nach der Hochzeitszeremonie begann die *deductio* der Braut, bei der sie aus den Armen ihrer Mutter entführt (vgl. 7 mit Catull. 61,56–60) und von Fackelträger und Menschenschar begleitet zum Haus des Bräutigams gebracht wurde (s. Marquardt 1886, S. 52–57). – **10** *Hymenaeus:* Der Hochzeitsgott trägt den Eheleuten symbolisch die Fackel voran (vgl. Ov. met. 4,758–759 *taedas Hymenaeus Amorque / praecutiunt*). – **15–20** Das auf göttliche Veranlassung hin plötzlich einsetzende Gewitter, das in dieser Novelle den mittellosen Verehrer mit der Braut zusammenführt, erinnert an die berühmte Liebesszene in Verg. Aen. 4,160–168, bei der Dido und Aeneas in einer Höhle vor dem Unwetter Schutz suchen. – **21–22** Der Esel, der dem Fruchtbarkeitsgott Priap heilig ist, führt das Mädchen unwissentlich ihrem neuen Liebhaber zu. – **29** *Hochzeit:* Der schöne Jüngling vollzieht die ›Ehe‹ wohl sexuell (zu *nuptiae* in der Bedeutung »Beischlaf« s. Adams 1982, S. 159–161; vgl. Verg. Aen. 4,172 [die eben angesprochene Szene] *coniugium vocat*).

App. 17 Van Dijk 16.

6 *ablegen:* Äsops Äußerung ist doppeldeutig: Die Frau versteht es als Kompliment, dass sie ihren Schmuck abnehmen solle (um durch ihre natürliche Schönheit mehr Wirkung auf Männer zu haben). In Wahrheit meint Äsop, dass sie ihre Liebhaber bezahlen müsse (also *deponere* für das Übergeben von Wertsachen zur Aufbewahrung oder Anlage; vgl. *Oxford Latin Dictionary*, s. v. *deponere*, 7a). – **8–9** *leer bleiben* (zweimal eine Form von *cessare*): Die Frau kontert Äsop in einem weiteren Wortspiel mit seinen eigenen Worten. Im Gegensatz zu ihrem Bett werde sein Körper nicht frei (von Prügeln) bleiben. – **11** Wer das silberne Armband gestohlen hat, bleibt der Phantasie des Lesers überlassen. War es ein Liebhaber? – **13** *Prügel:* Ironie liegt darin, dass die Wahrheit in jedem

Fall mit Prügeln verbunden ist: im ersten Fall als Strafe für ungefragte Offenheit, im zweiten Fall als Mittel der Wahrheitsfindung. – **16** Die witzige Pointe besteht darin, dass Äsop vorgibt, nicht zwischen unerwünschter und erwünschter Wahrheit unterscheiden zu können.

App. 18 Van Dijk 520.

1 *Katzen als Sänftenträger:* Das versumspannende Hyperbaton *Feles … lecticarios* deutet die Übermacht der hinterlistigen und beutegierigen Katzen schon im Eingangsvers an. Zur natürlichen Feindschaft zwischen Hahn und Katze vgl. Sen. epist. 121,19. – **2–5** Der Fuchs, der in anderen Fabeln die List verkörpert (1,13), warnt den stolzen Hahn als wohlgesinnter Ratgeber vor der List der Katze. Seine Rolle ist ungewohnt, wenn man bedenkt, dass Fuchs und Hahn selbst natürliche Feinde sind.

App. 19 Äsop 7H (7P) und Babrios 121 erzählen die Fabel mit kranken Hühnern und einem Kater, der sich als Arzt anbietet. Van Dijk 1520.

4 *Hinterlist:* In der antiken Tradition ist der Wolf vor allem als reißender Räuber bekannt (s. Keller 1909, S. 87). Im ersten Fabelbuch tritt der boshafte, verschlagene Charakter des Wolfes besonders zutage (1; 8; 10; 16; 17). – **8** *gleicher Schmerz:* Die Sau ahnt, dass der Wolf ihre Jungen gefressen hätte. Phaedrus vergleicht den Schmerz über ihren Verlust mit dem Geburtsschmerz.

App. 20 Van Dijk 14.

Phaedrus eröffnet den Blick auf den leidensvollen Alltag eines Sklaven, der seinen strengen Herrn bei dessen gesellschaftlichen Aktivitäten begleitet (Schläge, zu wenig Essen, zu wenig Schlaf). – **9** *auf dem Weg:* Der Sklave wartet vor dem Haus auf seinen Herrn. – **18** Mit väterlicher Freundlichkeit rät Äsop dem geplagten Sklaven, sich vor Augen zu führen, dass ihm im Falle der Flucht ein schlimmeres Schicksal drohe.

App. 21 Babrios 29. Van Dijk 1380.

2 Pferde wurden zum Drehen der Mühlsteine eingespannt. – **5** *Zirkusspiele:* Neben Wagenrennen standen im Zirkus auch sportliche oder musische Wettkämpfe, Gladiatorenkämpfe oder Tierhetzen auf dem Programm. – **6–9** Die tränenreichen Abschiedsworte des

Pferdes erinnern an Aeneas' Abschied von Andromache und Helenus, als der trojanische Held davonsegelt, um sein Fatum zu erfüllen (vgl. Verg. Aen. 3,492–494 *lacrimis adfabar obortis: / »Vivite felices, quibus est fortuna peracta / iam sua: nos alia ex aliis in fata vocamur.«*). – *Festtag* (7): Zirkusspiele wurden an Festtagen zu Ehren der Götter abgehalten.

App. 22 Van Dijk 250.

Phaedrus beschreibt die in der Natur beobachtete einfallsreiche Beutesuche des Bären nach Krebsen, anstatt eine fabeltypische Szenerie zu entwerfen, in der Tiere wie Menschen agieren. – **6** *verschmitzt:* Plinius attestiert dem Bären Dummheit und Kunstfertigkeit zugleich (vgl. Plin. nat. 8,131; s. Oberg 2000, S. 257). – **7** Das Epimythion variiert das alte Sprichwort »Hunger ist Meister« oder »Der Bauch lehrt alle Künste« (vgl. Sen. epist. 15,7 *admitte istos quos nova artificia docuit fames*; Pers. prol. 10–11 *magister artis ingenique largitor / venter*; s. Otto 1890, S. 132).

App. 23 Van Dijk 1467.

2 *Ave!:* Der lateinische Gruß bleibt hier unübersetzt, da er lautmalerisch dem Krähen des Raben nahekommt. – **9–10** In der Antike galt der Rabe als sprachbegabt (s. Keller 1913, S. 94–96). Plinius etwa berichtet von einem Raben, der Kaiser Tiberius auf dem Forum höflich mit Namen begrüßen konnte (nat. 10,121). Das Motiv, dass der Rabe als Erster grüßt, begegnet auch bei Martial (3,95,2). – **11** *zum Teufel mit dir:* Anstatt seinem Gegenüber mit derselben Höflichkeit (6 *par officium*) zu begegnen, verwünscht der Wanderer ihn, als sein Gesprächspartner sich als Vogel herausstellt, der nur menschenähnliche Laute von sich geben kann. Diese Geschichte ist bemerkenswert für ein Fabelcorpus, in dem Tiere mit Tieren und Menschen reden können.

App. 24 Babrios 3. Van Dijk 1038.

1–2 Das hierarchische Verhältnis zwischen dem Hirten und der Ziege kehrt sich mit der Verletzung der Ziege um. Aus Furcht vor dem gemeinsamen Herrn bittet der Hirte die Ziege um ihre Mithilfe. – **4** *herausschreien:* Der metaphorische Gebrauch von *clamare* (›die Sache schreit‹) entfaltet durch die Antithese zum Schweigen der Ziege (3) eine besondere Wirkung.

App. 25 Van Dijk 1249.

In der dramatisch ausgeschmückten Kampfszene, die vom Ergreifen und Loslassen der Beute durch die Schlange gerahmt wird (1 und 6 *serpens*), siegt die körperlich unterlegene Eidechse durch geschickte Intelligenz über die Schlange. – **5** *bändigen:* Der Ausdruck *frenare* für das Bezwingen der übermächtigen Schlange durch die kleine Eidechse hat eine komische Wirkung.

App. 26 Van Dijk 611.

5–7 Die mythische Langlebigkeit der Krähe (s. Keller 1913, S. 105–106; Ov. met. 7,274 *novem cornicis saecula passae*) wird aitiologisch durch ihr opportunistisches Verhalten erklärt: Wehrlosen gegenüber sei sie rücksichtslos, Starken gehe sie aus dem Weg.

App. 27 Van Dijk 1299.

Die typische Straßenszene, in der der griechische Philosoph Sokrates (Äsop hat bei Phaedrus eine ähnliche Rolle) Leute brüskiert, erheitert oder belehrt, hat die Form eines Apophthegmas, also eines aus einer anekdotischen Situation herausgelösten Sinnspruchs. – **4–5** Das Wortspiel besteht in der Verschiebung des *non* (4 *non debes* [»du darfst nicht«]; 5 *non places* [»du gefällst nicht«]) in den beiden wortgleichen Kausalsätzen, wobei das vom Genus unbestimmte *cui* Deutungsspielraum lässt – die verblümte Sentenz spielt mit dem zu ergänzenden Wissen der Leute um die Affäre zwischen dem Sklaven und seiner Herrin: Er gefalle *der Frau, der* er nicht gefallen dürfe, nicht aber *dem Herrn, dem* er gefallen müsse.

App. 28 Äsop 22H (22P), Babrios 50. Van Dijk 1005.

Der Hase trifft auf zwei Menschen: den Jäger, der erklärter Feind des beliebten Jagdwildes ist (zu Hase und Jäger im Gleichnis vgl. Hor. carm. 1,37,18–19, sat. 1,2,105–106), und den Rinderhirten, der mit Worten vorgibt, dem Hasen zu helfen, ihn jedoch mit einem Augenzwinkern verrät. – **8** *rechte Seite:* Hier hält der Hase sich versteckt. – **12–14** Im pathetischen Schlusswort des Hasen stehen die Körperteile stellvertretend für das ambivalente Verhalten der Person: die Zunge für die freundlichen Worte, die Augen für den mimischen Verrat.

App. 29 Van Dijk 1458.

1 *Hure:* Die schmeichlerische und habgierige *meretrix* ist eine typische Figur der Komödie (vgl. Plaut. Truc.; Ter. Eun.). – **7–8** Der junge Liebhaber wägt die Vorteile seiner Liebschaft pragmatisch ab und nimmt die Treulosigkeit seiner Gespielin gelassen für die schönen sinnlichen Momente in Kauf. – *mein Liebling:* Die zärtliche Anrede *mea lux* stammt aus der Liebeselegie (vgl. Prop. 2,14,29, Ov. am. 1,4,25 u. a.). Zu weiteren typischen Motiven der Liebeselegie, wie etwa der Gewinnung der Gunst durch Geschenke (4–5), s. Baeza-Angulo 2013, S. 3–16.

App. 30 Äsop 120H (118P), Cervantes, *Don Quijote* 1,21. Van Dijk 270.

2 *Castor:* Der griechische Name lässt an das lateinische Wort *castrare* denken. Die Nähe des Bibers zum Dioskuren Castor (vgl. 4,26,9) besteht möglicherweise in seiner Heilswirkung (s. Schönberger 2012, S. 204). – **5** *sich die Hoden mit einem Biss abreißen:* In der Antike glaubte man an die Eigenart des Bibers, sich bei Gefahr selbst zu kastrieren (vgl. Plin. nat. 8,109, Iuv. 12,34–36). – **8** *Heilmittel:* Das sogenannte Bibergeil, das man aus den Drüsen des Bibers gewann, wurde aufgrund seiner krampfstillenden Wirkung in der Antike als Arzneimittel eingesetzt. – **12** Gemeint sind Menschen ohne Besitz.

App. 31 Van Dijk 456.

3 *Lebenshauch:* Das griechische Wort ψυχή bedeutet sowohl »Seele« als auch »Schmetterling« – man stellte sich die Seelen der Verstorbenen als Schmetterlinge vor, die als geflügelte schattenhafte Abbilder der Menschen über ihren Grabstätten schwebten. Bienen, Wespen und andere Insekten konnten nach antiker Vorstellung aus Tierkadavern von Rindern, Pferden oder Eseln entstehen (vgl. Verg. georg. 4,554–558, Plin. nat. 11,70). – **2–8** Der Schmetterling beklagt seinen sozialen Abstieg vom erfolgreichen Staatsmann zum schwachen Flügeltier und bewundert die Wespe für ihren Aufstieg vom Packesel zum wehrhaften Tier. Ihm entgegnet die Wespe stoisch weise, dass er sich in sein jetziges Dasein fügen möge (10).

App. 32 Van Dijk 957.

In Handschrift M wird App. 8 über das Orakel Apolls direkt an diese Fabel angeschlossen und mit einem Epimythion versehen, das sonst nicht überliefert ist, so dass Zago (2020) annimmt, es handle sich um *eine* zusammenhängende Fabel (vgl. Anm. zu App. 8). – **1** *»kleiner Erdbewohner«:* Der lateinische Name *terraneola* beruht auf der Angewohnheit der Lerche, am Boden zu nisten. – **12** *»Warum folgst du mir nicht?«:* Mit diesen Worten nimmt die Lerche die Frage des Fuchses *cur me fugisti?* (5 »Warum bist du vor mir geflohen?«) auf und zeigt ihm ironisch, dass sie ihm sehr wohl gewachsen ist (11 *par*). Auffällig ist der höfliche Dialog zwischen beiden Tieren, die zudem gemeinsam haben, dass sie mit der Deminutivform (1 *terraneola*; 3 *vulpecula*) bezeichnet werden.

Literaturhinweise

Ausgaben, Übersetzungen, Kommentare, Konkordanz, Bibliographie

Phaedrus

Baeza Angulo, E.: Fedro. Fábulas Esópicas. Introducción, edición crítica, traducción y notas. Madrid 2011.
– Una fábula elegíaca. Comentario a Fedro, App. 29. In: Maia 65 (2013) S. 3–16.
Cremona, C. A.: Lexicon Phaedrianum. Hildesheim / New York 1980.
Gärtner, U.: Phaedrus. Ein Interpretationskommentar zum ersten Buch der Fabeln. München 2015. [Zit. als Gärtner 2015a.]
– Phaedrus 1975–2014. In: Lustrum 57 (2015) S. 7–90. [Bibliographie. Zit. als Gärtner 2015b.]
– Phaedrus. Ein Interpretationskommentar zum zweiten und dritten Buch der Fabeln. München 2021.
Guaglianone, A.: Phaedri Augusti liberti liber fabularum. Turin 1969. [Kritische Ausgabe.]
Henderson, J.: Telling Tales on Caesar. Oxford 2001. [Kommentar.]
Holzberg, N.: Phaedrus. Fabeln. Lat./Dt. Unter Mitarbeit von S. Seibold hrsg. und übers. von N. H. Berlin 2018.
Luzzatto, M. J.: Fedro. Un poeta tra favola e realtà. Antologia a cura di M. J. L. Turin 1976. [Kommentar.]
Oberg, E.: Phaedrus-Kommentar. Stuttgart 2000.
– Phaedrus. Fabeln. Lat./Dt. Hrsg. und übers. von E. O. Düsseldorf/Zürich 2002.
Schönberger, O.: Phaedrus. Liber Fabularum / Fabelbuch. Lat./Dt. Übers. von F. Fr. Rückert und O. S. Hrsg. und erl. von O. S. Stuttgart 2012. [1. Aufl. von 1975.]
Zago, G.: Phaedrus. Fabulae Aesopiae. Berlin/Boston 2020. [Kritische Ausgabe.]

Andere Fabelsammlungen

Ademar Bertini, F. / Gatti, P.: Ademaro di Chabannes. Favole. Genua 1988. [Fabeln des lateinischen (Pseudo-)Äsop in der Leidener Handschrift Codex Vossianus Latinus O. 15, benannt nach ihrem Redaktor Ademar; Ausgabe mit italienischer Übersetzung.]

Äsop Aesopica. A Series of Texts Relating to Aesop or Ascribed to Him or Closely Connected with a Literary Tradition that Bears his Name. Vol. 1. Collected and critically edited, in part translated from oriental languages, with a commentary and historical essay by B. E. Perry. Urbana 1952. [Zit. als P.]

Corpus fabularum Aesopicarum I: Fabulae Aesopicae soluta oratione conscriptae. Edidit A. Hausrath. Leipzig 1959–70. [Zit. als H.]

– Fasc. I. Editionem alteram curavit H. Hunger. Leipzig ⁴1970.

– Fasc. II. Indices ad fasc. 1 et 2 adiecit H. Haas. Editionem alteram curavit H. Hunger. Leipzig 1959.

Ésope. Fables. Texte établi et traduit par E. Chambry. Paris ²1960.

Äsop. Fabeln. Griech./Dt. Übers. und Anm. von T. Voskuhl. Nachw. von N. Holzberg. Stuttgart 2005.

Leben und Fabeln Äsops. Griech./Dt. Hrsg. und übers. von N. Holzberg. Berlin/Boston 2021.

Arntzen Arntzen, H.: Kurzer Prozeß. Aphorismen und Fabeln. München 1966.

Avian Spätantike Fabeln: Avian und Romulus. Lat./Dt. Hrsg. und übers. von N. Holzberg. Berlin/Boston 2022.

Babrios Babrius and Phaedrus. Edited and translated by B. E. Perry. Cambridge (Mass.) 1965.

van Dijk van Dijk, G.-J.: *Aesopica Posteriora*. Medieval and Modern Versions of Greek and Latin Fables. 2 Bde. Genua 2015.

Kölner Papyrus Kölner Papyri (P. Köln). Bd. 2. Bearb. von B. Kramer und D. Hagedorn. Opladen 1978. S. 56–61.

La Fontaine, *Fables* (1668–94) La Fontaine, J. de: Sämtliche Fabeln. Aus dem Französischen von E. Dohm und G. Fabricius. Düsseldorf/Zürich 2002.

Lessing, *Fabeln. Drei Bücher. Nebst Abhandlungen mit dieser Dichtungsart verwandten Inhalts* (1759) Lessing, G. E.: Werke und

Briefe in zwölf Bänden. Bd. 4. Hrsg. von G. E. Grimm. Frankfurt a. M. 1997. S. 297–411.
Luther, *Etliche Fabeln aus Esopo von D. M. L. verdeudscht* (1530) und weitere Fabeln Luthers, Tischreden sowie Theorie und Urteile über die Fabel: Martin Luthers Fabeln und Sprichwörter. Mit Einl. und Komm. hrsg. von R. Dithmar. Darmstadt [2]1995.
Romulus Thiele, G.: Der Lateinische Äsop des Romulus und die Prosa-Fassungen des Phädrus. Heidelberg 1910. [Die in zwei Recensiones (*recensio Gallicana, recensio vetus*) überlieferte Sammlung, der ein Brief von Romulus vorangestellt ist.]
Thurber Thurber, J.: Fables for Our Time. New York 1943.

Weiterführende Literatur

Allgemeines zur Fabel

Adrados, F. R.: History of the Graeco-Latin Fable. Bd. I. Introduction and from the Origins to the Hellenistic Age. Leiden [u. a.] 1999.
– History of the Graeco-Latin Fable. Bd. II. The Fable during the Roman Empire and in the Middle Ages. Leiden [u.a.] 2000.
– History of the Graeco-Latin Fable. Bd. III. Inventory and Documentation of the Graeco-Latin Fable. Supplemented and edited by the author and G.-J. van Dijk. Indices by G.-J. van Dijk. Leiden [u. a.] 2003.
van Dijk, G.-J.: ΑΙΝΟΙ, ΛΟΓΟΙ, ΜΥΘΟΙ. Fables in Archaic, Classical, and Hellenistic Greek Literature. With a Study of the Theory and Terminology of the Genre. Leiden [u. a.] 1997.
Dithmar, R.: Fabel. In: K. Ranke [u. a.] (Hrsg.): Enzyklopädie des Märchens. Bd. 4. Berlin 1984. S. 727–745.
– Die Fabel. Geschichte, Struktur, Didaktik. Paderborn [7]1988.
Holzberg, N.: Die antike Fabel. Eine Einführung. Darmstadt [3]2012.

Zur Rezeption

Dicke, G.: Heinrich Steinhöwels »Esopus« und seine Fortsetzer. Untersuchungen zu einem Bucherfolg der Frühdruckzeit. Tübingen 1994.

Dicke, G. / Grubmüller, K.: Die Fabeln des Mittelalters und der frühen Neuzeit. Ein Katalog der deutschen Versionen und ihrer lateinischen Entsprechungen. München 1987.

van Dijk, G.-J.: Transmission and Reception of the Classical Fable Tradition. In: Bertini, F. (Hrsg.): Favolisti Latini medievali e umanistici XIII. Genua 2005. S. 9–31.

Elschenbroich, A. (Hrsg.): Die deutsche und lateinische Fabel in der Frühen Neuzeit. 2 Bde. Tübingen 1990.

Fansa, M. (Hrsg.): Tierisch moralisch. Die Welt der Fabel in Orient und Okzident. Begleitschrift zur Sonderausstellung des Landesmuseums Natur und Mensch Oldenburg vom 22. Februar bis zum 1. Juni 2009. Wiesbaden 2009.

Grubmüller, K.: Meister Esopus. Untersuchungen zu Geschichte und Funktion der Fabel im Mittelalter. München 1977.

Holzberg, N.: Phaedrus in der Literaturkritik seit Lessing. Alte und neue Wege der Interpretation. In: Anregung 37 (1991) S. 226–242.

Stoffel, C.: Phaedrus (Gaius Iulius Phaedrus), *Fabulae Aesopiae*. In: Chr. Walde [u. a.] (Hrsg.): Der Neue Pauly, Suppl. 7. Die Rezeption der antiken Literatur. Kulturhistorisches Werklexikon. Stuttgart 2010. S. 635–644.

Anderes

Adams, J. N.: The Latin Sexual Vocabulary. London 1982.

Bajoni, M. G. / Bajoni L.: Un esempio di autoapologia in Phaedrus III,1? In: Antiquité Classique 66 (1997) S. 289–291.

Büchmann, G.: Geflügelte Worte. Frankfurt a. M. [33]1981.

de Lorenzi, A.: Fedro. Florenz 1955.

Dunsch, B.: Phaedrianische Ambiguitäten. Zur Interpretation von *De vulpe et uva* (fab. 4,3). In: Forum Classicum 56,2 (2013) S. 124–129.

Gärtner, U.: *Phaedrus tragicus.* Zu Phaedr. 4,7 und seinem Selbstverständnis als Dichter. In: Stärk, E. / Vogt-Spira, G. (Hrsg.): Dramatische Wäldchen. Festschrift für E. Lefèvre zum 65. Geburtstag. Hildesheim [u. a.] 2000. S. 661–682.

– *levi calamo ludimus.* Zum poetologischen Spiel bei Phaedrus. In: Hermes 135 (2007) S. 429–459. [Zit. als Gärtner 2007a.]

– *consulto involvit veritatem antiquitas.* Zu den Werten bei Phaedrus. In: Gymnasium 114 (2007) S. 405–434. [Zit. als Gärtner 2007b.]

– Maske, Perle, Feile, Lyra. Phaedrus, die literarische Gattung und die klassische Bildung. In: Hermes 139 (2011) S. 216–248.

– *Anus diligens iuvenem, item puella.* Phaedrus und die Elegie. In: LGBB 59 (2015) S. 79–85. [Zit. als Gärtner 2015c.]

Grottanelli, C.: Tricksters, Scapegoats, Champions, Saviors. In: History of Religions 23 (1983) S. 117–139.

Huber, G.: Das Motiv der »Witwe von Ephesus« in lateinischen Texten der Antike und des Mittelalters. Tübingen 1990.

Keller, O.: Die antike Tierwelt. 2 Bde. Leipzig 1909/13.

Korzeniewski, D.: Zur Verstechnik des Phaedrus. In: Hermes 98 (1970) S. 430–458.

Marquardt, J.: Das Privatleben der Römer. Leipzig [2]1886.

Mordeglia, C.: Aldo Manuzio il Giovane e un nuovo manoscritto umanistico di Fedro: indagini preliminari. In: M. C. (Hrsg.): *Lupus in Fabula.* Fedro e la favola latina tra antichità e medioevo. Studi offerti a F. Bertini. Bologna 2014. S. 131–161.

Nisbet, R. G. M. / Rudd, N.: A Commentary on Horace: *Odes.* Book III. Oxford 2004.

Otto, A.: Die Sprichwörter und sprichwörtlichen Redensarten der Römer. Leipzig 1890.

Park, J.: Interfiguralität bei Phaedrus. Ein fabelhafter Fall von Selbstinszenierung. Berlin/Boston 2017.

Pieper, C.: Phaedrus' Ironie. Anmerkungen zum Prolog des dritten Fabelbuches. In: Gymnasium 117 (2010) S. 33–48.

Römisch, E.: Der Weg zur Dichtung im altsprachlichen Unterricht. In: Hörmann, F. (Hrsg.): Neue Einsichten. Beiträge zum altsprachlichen Unterricht. München 1970. S. 82–100.

Schadewaldt, W.: Antikes Drama auf dem Theater heute. In: Schade-

waldt, W.: Hellas und Hesperien. Bd. 2. Zürich/Stuttgart [2]1970. S. 650–671.
Speckenbach, K.: Die Fabel von der Fabel. Zur Überlieferungsgeschichte der Fabel von Hahn und Perle. In: Frühmittelalterliche Studien 12 (1978) S. 178–229.
von Wilpert, G.: Sachwörterbuch der Literatur. Stuttgart [8]2001.

Nachwort

Zur Gattung der Fabel

Ein Fuchs begegnet einem Raben, der auf einem Ast sitzt und einen stibitzten Käse verzehrt. Er schmeichelt dem Raben, lobt seine Schönheit und bittet, ihm den unübertrefflichen Klang seiner Stimme vorzuführen. Als der Rabe zu singen beginnt, fällt ihm der Käse aus dem Schnabel – und der Fuchs reißt ihn mit seinem gierigen Maul an sich.

An dieser berühmten äsopischen Fabel von Fuchs und Rabe (Phaedr. 1,13), die von Luther, La Fontaine und Lessing adaptiert wurde und heute in allen Fabelanthologien zu lesen ist, lässt sich das typische Wesen der Fabel zeigen: Wie die lateinischen Bezeichnungen *fabula* (»Erzählung«), *fabella* (»kleine Erzählung«) und *exemplum* (»Beispiel«) es bereits vermuten lassen, ist sie eine kurze fiktionale Erzählung mit modellhaftem Charakter. Dies spiegeln auch die griechischen Begriffe αἶνος, λόγος, μῦθος sowie παράδειγμα wider (zur Terminologie s. Adrados 1999, S. 3–17). Mit zwölf Versen erfüllt die Fabel von Fuchs und Rabe bei Phaedrus das Kriterium der Kürze. Es gibt nur eine Haupthandlung, die sich an einem einzigen Ort, dem Baum, abspielt. Die dargestellte Zeitspanne umfasst kaum mehr als einen knappen Dialog. Die Einheit von Ort, Zeit und Handlung erinnert an das Drama. Die Fiktionalität dieser Fabel zeigt sich darin, dass eine Welt erschaffen wird, in der Tiere miteinander sprechen und sich wie Menschen verhalten. Die Fabel ist außerdem modellhaft, da Fuchs und Rabe menschliche Verhaltensweisen und Charaktereigenschaften annehmen (der Fuchs versinnbildlicht listige Schlauheit, der Rabe eitle Dummheit). Die tierischen Akteure geben dem Leser durch ihr Beispiel eine Lehre mit auf den Weg: Hüte dich vor Schmeichelei!

Um den Kern der Fabel von Fuchs und Rabe zu erfassen, muss der lebenserfahrene Leser wie bei einem Gleichnis aus dem Sachverhalt, der bildlich auf die Tierwelt übertragen wurde, durch Analogieschluss das gemeinte Tertium comparationis erfassen: Er stellt sich Situationen vor, in denen Menschen andere austricksen, indem sie sie durch Komplimente zu einem gewünschten Verhalten bewegen. Eine solche Tierfabel wird »äsopische Fabel« genannt.

Trotz aller Vielfalt zeichnet sich ein allgemeines Aufbauschema für die Fabel ab (s. Dithmar 1988, S. 193–194), dem auch unsere Fabel von Fuchs und Rabe folgt:

Bestandteil	**Verse**
Promythion (Lehre)	1–2 Wer sich der Schmeichelei hingibt, bereut es hinterher.
Situation	3–5 Der Rabe stiehlt einen Käse und setzt sich auf einen Baum. Der Fuchs kommt dazu.
Actio (Rede/Handlung)	6–8 schmeichlerische Rede des Fuchses
Reactio (Gegenrede/ Gegenhandlung)	9–11 Als der Rabe zu singen beginnt, fällt ihm der Käse aus dem Schnabel, und der Fuchs verschlingt diesen gierig.
Ergebnis	12 Einsicht des Raben in die eigene Dummheit
Epimythion (alternativ zum Promythion)	*Hier nicht vorhanden.*

In der Theorie werden die Wesensmerkmale der Gattung folgendermaßen beschrieben (für einen allgemeinen Gattungsüberblick s. Dithmar 1984, S. 727–745): Der antike Rhetor Theon (1./2. Jh.) definierte die Fabel als eine »erfundene Geschichte, die die Wahrheit abbildet« (prog. 3, p. 72,28 Spengel = p. 30 Patillon). In der Aufklärung beschrieb Lessing das Wesen der Fabel so: »Wenn wir einen allgemeinen moralischen Satz auf einen besondern Fall zurückführen, diesem besondern Falle die Wirklichkeit erteilen, und eine Geschichte daraus dichten, in welcher man den allgemeinen Satz anschauend erkennt: so heißt diese Erdichtung eine Fabel.« (Lessing, S. 376 – Fabelsammlungen anderer Autoren sind auf S. 243–244 aufgeführt.) Und in einem modernen Literaturlexikon (von Wilpert 2001, S. 254) lesen wir über die Fabel: »selbständige kurze episch-didakt. Gattung vorwiegend der Tierdichtung in Vers oder Prosa, die als Beispielgeschichte eine allg. anerkannte Wahrheit, e. moral. Satz, e. prakt. Lebensweisheit an Hand e. überraschenden, doch analogen Beispiels in uneigentlicher Darstellung veranschaulicht und bes. aus der anthropomorphisierenden Übertragung menschl. Eigenschaften, Verhaltensweisen, Verhältnisse, Sitten, auch der Rede, auf die beseelte oder unbeseelte Natur (Pflanzen, Steine, bes. Tiere) witzig-satir. oder moral.-belehrende Effekte erzielt.«

Aus diesen Definitionen treten zwei Grundkomponenten der Fabel hervor: die erzählende (›episch‹ bei von Wilpert) und die didaktisch-belehrende. Letzere wird entweder im Pro- oder im Epimythion auf den Punkt gebracht oder muss vom Leser selbst erschlossen werden. Die Fabel will also unterhalten (*delectare*) und nützen (*prodesse*). Luther lobte in seiner Vorrede zur Fabel 1530 ihre Lehrhaftigkeit sowohl für Kinder als auch für Fürsten, denn: »Ja, alle Welt hasset die Warheit, wenn sie einen trifft. DArumb haben solche weise hohe Leute die Fabeln ertícht und lassen ein Thier mit dem andern reden.« (Luther, S. 159)

Dank ihrer Kürze, ihrer schlichten Sprache, ihrem klaren Aufbau und ihrer Lehrhaftigkeit konnte sich die Fabel im Schulunterricht über Mittelalter und Reformation bis in die heutige Zeit behaupten. Luthers Weggefährte Melanchthon, der Praeceptor Germaniae, etwa verankerte die äsopischen Fabeln im *Unterricht der Visitatoren* 1528 im Lehrplan.

Die Geschichte der griechisch-römischen Fabel

Es gibt in den verschiedensten Kulturkreisen Spuren der Fabel. Dies führte Romantiker wie Jacob Grimm dazu, sie als ein Stück urmenschlicher Poesie zu verstehen. Ob sie ihren Ursprung in Griechenland, Indien, Mesopotamien oder in den nur bruchstückhaft erhaltenen Texten und Bildern ägyptischer Mythen hat, lässt sich nicht abschließend klären. Aber wir wollen unser Augenmerk ohnehin auf die in der griechischen und römischen Welt verbreiteten Fabeln legen (für einen Überblick s. Holzberg 2012 und Gärtner 2015a, S. 13–21).

Für uns ist die antike Tierfabel untrennbar mit dem Namen **Äsop** verbunden. Der legendenhafte Fabelerzähler (λογοποιός) soll Anfang des 6. Jh.s v. Chr. als Sklave auf Samos gelebt haben (Hdt. 2,134). Der für seine Weisheit und seine körperliche Hässlichkeit bekannte Greis wurde im 2./3. Jh. n. Chr. im *Äsoproman* zu einer eigenen Romanfigur. Ob seine Fabeln verloren sind oder nur mündlich überliefert wurden, ist schwer zu sagen. Der klare Aufbau, die Kürze und die schlichte Sprache sprechen dafür, dass der Ursprung der Fabeln zunächst in der mündlichen Tradition liegt.

Die ersten sicher bezeugten Sammlungen von Fabeln, die unter Äsops Namen gefasst werden, entstanden später. So enthält die sogenannte *Augustana-Sammlung* aus dem 2./3. Jh. n. Chr. (*Augsburger Sammlung*, Codex Monacensis 564), die zusammen mit dem *Äsoproman* überliefert wurde, 231 äsopische Fabeln in alphabetischer Reihenfolge. Die Fabeln dieser Sammlung finden sich zusammen mit einigen weiteren, möglicherweise verlorenen Fabeln in bearbeiteter Form in byzantinischen Sammlungen griechischer Prosafabeln wieder: der *Collectio Vindobonensis* und der *Collectio Accursiana* des Maximos Planudes. Wenn man heute also eine Ausgabe der Fabeln Äsops in den Händen hält, liegen diese Sammlungen zugrunde.

Auch wenn Äsop in der Antike als Archeget der Gattung galt, war er weder der Erfinder noch der erste Fabelerzähler. Die früheste uns erhaltene Fabel ist die vom Habicht und der Nachtigall in Hesiods Lehrgedicht *Werke und Tage* (202–212; um 700 v. Chr.). Thema ist das Verhältnis zwischen Schwächeren und Stärkeren. Weitere Fabeln sind über andere Gattungen der griechischen Poesie (z. B. »Adler und Fuchs« in Archilochos' *Epoden* frg. 172–181 West oder »Reiher und Bussard« in Semonides' *Iamben* frg. 8–9 West oder die Fabel über den Streit zwischen Lorbeerbaum und Ölbaum in Kallimachos' *Iamben* frg. 194 Pfeiffer) und Prosa (z. B. »Zikaden« in Platons *Phaidros* 259b–c und »Löwe und Hase« in Aristoteles' *Politika* 1284a 15–17) verstreut (für eine umfassende Übersicht s. van Dijk 1997). Sie haben gemein, dass sie nicht für sich standen, sondern innerhalb einer längeren Argumentation als *exempla* (»Beispiele«) eingesetzt wurden.

Das gleiche Phänomen begegnet auch in der römischen Literatur. So finden wir etwa die Fabel von der Haubenlerche in Ennius' *Satiren* frg. 21–58 Vahlen, die Fabel über die Stadtmaus und die Landmaus in Horaz' *Satiren* 2,6,79–117 und die Parabel über Magen und Glieder in Livius' *Ab urbe condita* 2,32,5–12 (für eine Übersicht s. Holzberg 2012, S. 36–42).

Die vermutlich erste Sammlung äsopischer Fabeln soll **Demetrios von Phaleron** im 4. Jh. v. Chr. in griechischer Prosa angelegt haben (Diog. Laert. 5,80). Das älteste Stück einer solchen Sammlung wurde auf dem Papyrus Rylands 493 überliefert. Vermutlich hatten diese frühen Fabelsammlungen den Charakter eines systematischen Nachschlagewerks (Promptuarium), aus dem Redner und Schriftsteller narrative Versatzstücke schöpfen konnten. Die Schriften der Rhetoriklehrer Ps.-Dositheus (2./3. Jh. n. Chr.) und Aphthonios (4./5. Jh. n. Chr.) beweisen, dass Fabeln auch im Rhetorikunterricht eine Rolle spielten.

Im 1. Jh. n. Chr. bildet **Phaedrus'** Fabelsammlung, die uns als erste erhalten ist, einen besonderen Höhepunkt in der Entwicklung der Fabel. Über seine Quelle kann nur spekuliert werden. Phaedrus führte – wie er selbst im Prolog zum ersten Buch sagt (1 prol. 1–2) – den äsopischen Stoff in die lateinische Sprache ein und übertrug die griechische Prosa in jambische Senare. Seine besondere Leistung besteht außerdem darin, dass er als erster antiker Autor die Fabeln kunstvoll in Gedichtbüchern anordnete und ihnen durch die Pro- und Epiloge einen poetologischen und biographischen Rahmen gab. Indem er also das künstlerisch eigenständige, poetische Fabelbuch entwickelte, trug er entscheidend zur Entstehung der Fabel als literarischer Gattung bei.

In Spätantike und Mittelalter entstanden zahlreiche Prosaparaphrasen der Fabeln des Phaedrus, die für die Rekonstruktion des Werkes von großem Wert sind (s. S. 268–270). Sie werden in der als *Aesopus Latinus* (oder auch *Romulus*) bekannten Sammlung, deren Urfassung wohl auf das 4. Jh. zurückgeht, zusammengefasst.

Als erster griechischer Fabelerzähler verfasste **Babrios** im 2. Jh. n. Chr. eine Sammlung in Gedichtform. Er knüpfte in seinem Prolog an Kallimachos' Fabel über den Ursprung menschlicher Geschwätzigkeit (frg. 192 Pfeiffer) an und nahm sich auch bei der Wahl des Hinkjambus ein metrisches Vorbild an Kallimachos, dessen Fabeln Teil seiner Jambendichtung sind (frg. 192 und 194 Pfeiffer). Die über 140 meist äsopischen Fabeln, die Babrios darstellte, sind in alphabetischer Reihenfolge überliefert, allerdings nur fragmentarisch. Parallelen zwischen Phaedrus und Babrios legen nahe, dass sie gemeinsame Quellen benutzten.

Schließlich fand die antike Fabel um das Jahr 400 mit dem lateinischen Dichter **Avian** ihren Abschluss. In seinen 42 Fabeln in elegischen Distichen bekannte dieser sich zu seinen Vorgängern Babrios und Phaedrus und ahmte sie nach.

Das Leben des Phaedrus

Über das Leben des Fabeldichters haben wir kaum verlässliche Informationen. In der antiken Literatur gibt es nur zwei Hinweise auf ihn als Autor: Zunächst erwähnt Martial Phaedrus als dreisten Verfasser launiger Texte (3,20,5 *improbi iocos Phaedri*; s. S. 272). Um 400 n. Chr. nennt ihn dann der spätantike Fabeldichter Avian in seinem Widmungsbrief an Theodosius (15) als Vorbild seiner Fabeln in elegischen Distichen.

Gewiss weist der Name Phaedrus (griechisch Phaidros) auf eine griechische Herkunft hin. Für die Rekonstruktion seines Lebens bleiben uns nur Phaedrus' eigene Aussagen in den Pro- und Epilogen seiner Fabelsammlung. Nehmen wir ihn beim Wort, dann wurde er, mit Namen Phaedrus (3 prol. 1), um 20–15 v. Chr. in der griechischen Provinz Makedonien in der Landschaft Pieria geboren (3 prol. 17). In der Schule las er Ennius (3 epil. 33–34). Als Sklave nach Rom gekommen, hatte er vielleicht eine pädagogische Funktion am Hofe von Augustus (gest. im Jahr 14 n. Chr.) oder Tiberius (reg. 14–37) inne und wurde später freigelassen (in den Handschriften gilt er als *Augusti libertus*). In Rom schrieb Phaedrus zunächst zwei Fabelbücher (2 epil. 8), bis der mächtige Prätorianerpräfekt Aelius Seianus ihn anklagte, da er sich von seinen Fabeln angegriffen gefühlt habe (3 prol. 41–50). Nach dessen Tod im Jahr 31 verfasste Phaedrus bis ins hohe Alter drei weitere Fabelbücher (5,10,10). Die vermutlich sprechenden Namen seiner Förderer Eutychus (»Glückspilz«), Particulo (»Teilnehmer, Genosse«) und Philetus (»Geliebter«), denen er die Bücher 3–5 widmete, sind historisch nicht identifizierbar. Mehrfach beklagt der

Dichter sich über Kritiker und Neider (2 epil. 15–19; 4 prol. 15–16; 5 prol. 9; App. 2). Er starb wohl um die Mitte des 1. Jh.s n. Chr.

Die Bandbreite der Interpretation dieser biographischen ›Fakten‹ ist groß. Phaedrus' Selbstaussagen wurden in der Forschung einerseits wörtlich genommen und phantasievoll ausgeschmückt (z. B. de Lorenzi 1955), andererseits als fiktionale poetologische Stilisierung infrage gestellt (z. B. Gärtner 2007a und 2015a, S. 21–35, Pieper 2010). Und der Name wurde durch Anspielung auf Platons Dialog *Phaidros* (227b 8–11) als Pseudonym gesehen, das den Dichter mit Sokrates, der Äsop in Phaedrus' Werk ähnelt, als Vorbild assoziiere, da der im Gefängnis die Fabeln Äsops in Verse gesetzt habe (Phaid. 61b 2–7).

Um die verschiedenen Richtungen zu veranschaulichen, soll Phaedrus' Angabe zu seiner Herkunft als Beispiel dienen (3 prol. 17–19): *Ego, quem Pierio mater enixa est iugo, / in quo tonanti sancta Mnemosyne Iovi, / fecunda novies, artium peperit chorum.* Lesen wir diese Passage wörtlich-biographisch, wurde Phaedrus in der griechischen Landschaft Pieria geboren. Deuten wir die Stelle poetologisch, rückt Phaedrus' Geburt auf dem berühmten Musenberg seine Mutter in die Nähe Mnemosynes und stilisiert ihn zum Musensohn. Diese geistige Verwandtschaft übersteigert den Topos der Musenweihe, der seit Hesiod in der antiken Literatur verbreitet ist (theog. 22–35, hier insbesondere 52–61). Auch Properz (3,5,19–20) und Ovid (trist. 5,3,9–10) erzählen etwa, dass sie ihre Jugend in Gesellschaft der Musen verbracht haben, Properz sogar auf dem Helikon. Phaedrus' Angabe zu seiner Geburt kann daher poetologisch gedeutet als literarisches Motiv verstanden werden.

Manche biographischen Angaben wurden als Teil einer poetologischen Stilisierung dann Teil des Dichter-Ichs (s. dazu S. 262–264). Bei der Lektüre sollte sich der Leser daher immer bewusst sein, dass das in den Fabeln sprechende Dichter-Ich nicht mit dem realen Autor identisch ist.

Die Fabelwelt des Phaedrus

Die Hauptakteure in den Fabeln des Phaedrus sind Tiere. Sie können sprechen und nehmen andere menschliche Charaktereigenschaften an. So streitet sich der Wolf mit dem Lamm an einem Bach (1,1), der Fuchs luchst dem Raben seinen Käse ab (1,13), ein Esel übt sich im Lyraspiel (App. 14). Auf die im Prolog angekündigten sprechenden Bäume (1 prol. 6) wartet der Leser vergeblich, dafür spricht mit der Feile in 4,8 sogar ein Gegenstand. Bisweilen vermischen sich auch Tier- und Menschenwelt, etwa wenn ein Hirte (1,15) oder Räuber und Wanderer (2,1) hinzutreten und mit Tieren kommunizieren. Über den Rahmen der äsopischen Tierfabel hinaus lässt Phaedrus jedoch auch ausschließlich Menschen als Hauptakteure auftreten. Zwei prominente Figuren sind Äsop und Sokrates, die sich in Straßenszenen durch Weisheit und Witz als überlegene Gesprächspartner erweisen. Hinzu kommen die Dichter Simonides, Menander und weitere Künstlerpersönlichkeiten wie ein Pfeifenspieler namens Princeps oder ein Possenspieler, der das Grunzen des Ferkels auf der Bühne nachahmen kann. Die Geschichten ranken sich bisweilen auch um Gestalten der politischen Geschichte wie Pompeius oder Kaiser Tiberius oder bestimmte menschliche

Typen wie die gebärende Frau, den Bauern oder den Schuster. Aber nicht nur Menschen, sondern auch Figuren des Mythos und Götter wie Prometheus, Merkur, Juno und Apoll kommen vor.

Mit dieser Erweiterung der äsopischen Tierfabel um reine Personenkonstellationen öffnet Phaedrus die Gattung für neue Erzählformen: Die Fabel über Sokrates' Hausbau (3,9) etwa, in welcher der Philosoph Umstehende mit Schlagfertigkeit und Witz frappiert, wirkt anekdotisch (d. h. wie eine knappe, witzig-pointierte Geschichte, die eine Persönlichkeit oder Geistesrichtung auf den Punkt bringt). Schwankhaft (d. h. wie eine zugespitzte derb-komische Erzählung) geht es beispielsweise in den Fabeln über den Eunuchen (3,11) oder über die von Merkur verspottete Hure (App. 4) zu. Als Novelle (d. h. eine kurze, geschlossene Erzählung einer »unerhörten Begebenheit« [Goethe] mit einem zentralen Konflikt) erscheint die Fabel über die Witwe von Ephesos (App. 15).

Metrik und Sprache in Phaedrus' Fabeln

Wie Phaedrus uns in seinem Prolog zum ersten Buch eröffnet, setzt er das rohe Prosamaterial Äsops in jambische Senare um. Das allgemeine Schema dieses Metrums lässt sich folgendermaßen abbilden (die übereinander geschriebenen Längen und Kürzen zeigen alternative Auflösungsmöglichkeiten an):

UU	ÚU	UU	ÚU	UU	ÚU	UU	ÚU	UU	ÚU		Ú
—	—	—	—	—	—	—	—	—	—	U	—
U		U		U		U		U			

Beim jambischen Senar handelt es sich um eine Variation des jambischen Trimeters. In der griechischen Dichtung fand der jambische Trimeter in der ebenfalls »Jambos« genannten Gattung (z. B. bei Archilochos oder in Kallimachos' Jambenbuch, das in Horazens *Iambi* adaptiert wurde), im Epigramm und im Drama (Tragödie und Komödie) Verwendung. Der jambische Senar, der mit Plautus und Terenz für das altrömische Drama typisch wurde, ist durch eine besonders hohe Anzahl von Auflösungsmöglichkeiten gekennzeichnet und steht daher dem Rhythmus der gesprochenen Sprache sehr nahe (*sermo cottidianus*). Seine Verwendung in der römischen Komödie kam Phaedrus' Ziel entgegen, mit seinen Versen Heiterkeit zu erregen (vgl. 1 prol. 3). Zu den kallimacheischen Zügen seiner Fabeln (s. S. 265) steht die Wahl des Senars in einem ambivalenten Verhältnis: Einerseits knüpft es als grundsätzlich jambisches Metrum an die Jamben des Kallimachos an, in denen übrigens auch Fabelstoffe vorkamen (frg. 192 und 194 Pfeiffer), andererseits kommt es als typisch altrömisches Metrum in Gattungen vor, die als ›unkallimacheisch‹ galten (s. Gärtner 2015a, S. 54).

Beim Versbau wendet Phaedrus nicht alle Freiheiten der Komödiendichter (Jambenkürzung, Auflösungsmöglichkeiten) an, sondern verfolgt eine größere Strenge, durch die er das volkstümliche Metrum verfeinert. Er setzt die Auflösung vielmehr bewusst zur Unterstützung der Aussage und als Mittel der Charakterisierung ein (s. Korzeniewski 1970). In 4,7 etwa beweist er seinen Kritikern, dass er auch ›tragisch‹ dichten kann, indem er einen Medeaprolog einfügt, dessen strenger gebaute Verse sich stark an den jambischen Trimeter, das Metrum der Tragödie, angleichen (vgl. 4,7,6–16).

Phaedrus' Sprache orientiert sich an der gebildeten Umgangssprache seiner Zeit und erfüllt im Ganzen durch ihre Klarheit und Schlichtheit das für die Fabel verbindliche Stilideal. Die Virtuosität des Dichters zeigt sich jedoch in der feinen Abstimmung der Sprache auf die Aussageabsicht des jeweiligen Gedichts: So bilden in 1,6 k- und q-Laute das Quaken der Frösche lautmalerisch ab, und in 1,13 geben Alliterationen mit dem k-Laut das Krächzen des Raben wieder. Analoges gilt im Bereich des Vokabulars: In Fabeln, die vor Gericht spielen oder in denen es um Gerechtigkeit geht (1,1; 1,5; 1,10), häufen sich Begriffe aus dem Rechtsbereich. Fabeln, die in der griechischen Welt angesiedelt sind, enthalten dagegen griechisches Vokabular (App. 13). Die Pointe so mancher Fabel lebt vom doppeldeutigen Wortspiel (3,11 *testes* als »Hoden/Zeugen«; 5,7 *Princeps* als Name von Schauspieler und Kaiser). Phaedrus verwendet auch Ausdrücke aus anderen Gattungen wie Elegie, Epos oder Komödie mit einer besonderen Wirkungsabsicht. Nicht selten entfalten elegische oder epische Ausdrücke etwa in der Welt von Esel, Fliege und Hetäre durch stilistische Brechung eine komische Wirkung (1,11; 3,6; App. 29).

Eine kunstvolle Verdichtung von Stilmitteln wie Chiasmus, Antithese, Polyptoton und Alliteration sowie die Personifikation von Abstrakta lässt sich zwar vermehrt in den Pro- und Epimythien (1,4; 1,13; 1,31; App. 4) und in eingestreuten Sentenzen (3 epil. 7; App. 27) beobachten, doch auch den Erzählteil der Fabeln schmückt Phaedrus stilistisch aus. Man denke etwa an die schmeichlerische Rede Junos an den Pfau, in der die chiastische Rahmung der Geminatio (3,18,6 *forma vincis, vincis magnitudine*) Schönheit und Größe des Pfauenrads abbildet.

Für die dramatische Zuspitzung eines Höhepunktes in der Erzählung wechselt Phaedrus gern zum Präsens, etwa wenn der Wolf das Lamm zerfleischt (1,1,13) oder wenn der Storch sich am Fuchs rächt, indem er seine Speise genüsslich vor dessen Augen aus einem langhalsigen Gefäß verzehrt (1,26,8–9). Die Liste sprachlicher Kunstgriffe ließe sich noch beliebig erweitern. Es bleibt festzuhalten, dass Phaedrus im Rahmen seines schlichten Stilideals seine Sprache spielerisch variiert und stilistischen Schmuck bewusst für seine Aussageabsicht einsetzt.

Der Dichter über seine Dichtung

Auch wenn wir Phaedrus kaum als historische Person greifen können, so nehmen seine dichterische Entwicklung und seine poetologischen Grundsätze in den Fabeln deutliche Konturen an. Nicht nur in seinen Pro- und Epilogen, sondern auch in anderen Gedichten (3,10; 4,2; 4,5; 4,22; 4,26) meldet sich der Dichter in eigener Sache zu Wort. In 3 prol. 33–37 klärt er den Leser über den **Ursprung der Gattung** auf: Der Sklavenstand habe sie erfunden, um für diejenigen, die nicht frei reden könnten, einen Weg zu finden, die Wahrheit zu sagen, wenn auch in humorvolle und erfundene Geschichten gekleidet.

Die Pro- und Epiloge dienen auch als poetologischer Rahmen, in dem Phaedrus seine **Entwicklung als Dichter** skizziert. Im Zentrum dieser Entwicklung steht das **Verhältnis zu seinem Vorbild Äsop**, von dem sich der Poet zunehmend emanzipiert: Als erstes Wort der Fabelsammlung steht der Name Aesopus an exponierter Stelle.

Sogleich feiert Phaedrus Äsop als Schöpfer der Fabel (*Aesopus auctor*), wobei die Formulierung *materiam repperit* offenlässt, ob Äsop den Fabelstoff *er*funden oder *ge*funden und zusammengetragen hat (1 prol. 1–2). Äsops (griechische) Prosa diene ihm als Rohmaterial für seine lateinischen Verse. Schon im zweiten Buch distanziert Phaedrus sich leicht. Im Prolog verpflichtet er sich zwar, die »Tradition des Alten« zu bewahren, kündigt jedoch bisweilen Abwechslung an (2 prol. 8–11). Und so wechseln sich im zweiten Buch Fabeln äsopischer Tradition mit Schwänken und Anekdoten ab. Seinen unerreichbaren Rang verliert Äsop dann im Epilog (2 epil. 1–9). Phaedrus bezeichnet sein produktives Wirken als »Wettstreit« (*aemulatio*) und wünscht sich die Anerkennung von seinem römischen Publikum, die Äsop in Griechenland zuteilwurde, wo man ein Standbild für ihn errichtete. In Buch 3 verbildlicht Phaedrus, der weiterhin im Stile Äsops schreiben will (3 prol. 29 *Aesopi stilo*), sein neues Selbstbewusstsein in der kallimacheischen Metapher des äsopischen Trampelpfads (3 prol. 38 *semita*), den er zu einer großen Straße (3 prol. 38 *via*) ausgebaut habe, indem er Äsops Vorlage durch eigene Erfindungen ergänzt habe. Und in der Tat gibt es nicht wenige Fabeln, die eigene Schöpfungen des Phaedrus zu sein scheinen (z. B. 1,16; 2,1; 3,1; 4,11; 5,10). In 4 prol. 11–13 lehnt Phaedrus den possessiven Genitiv *Aesopi* zugunsten des Adjektivs *Aesopius* ab, das bloß eine allgemeine Verpflichtung gegenüber Äsop andeutet. Als Begründung führt er an, dass er selbst die alte Gattung durch mehr Fabeln und neue Stoffe erweitere. In seinem letzten Prolog (5) verrät Phaedrus, dass er Äsops Namen nach dem Vorbild bildender Künstler, die die Namen großer Künstler auf ihre Werke schreiben, um sie teurer zu verkaufen, zu Werbezwecken einstreut. Sollte der erste Prolog also ein Qualitätssiegel, die Auseinandersetzung mit Äsop gar eine einzige Werbekampagne sein? Wenn wir die Wirkung des Phaedrus auf seine Nachwelt ansehen (s. S. 271–278), scheint das Konzept aufgegangen zu sein.

Parallel zur wachsenden Emanzipation von seinem griechischen Vorbild scheint unser Dichter-Ich im Laufe des Werkes kraftloser zu werden und zu altern. In Buch 3 klagt Phaedrus über das unaufhörliche Fortschreiten seiner Lebenszeit und das Nachlassen seiner Leistungsfähigkeit (3 epil. 10–19). Sein Vorhaben, sich zur Ruhe zu setzen (3 epil. 1–7), gibt Phaedrus jedoch gleich zu Beginn des folgenden Buches wieder auf (4 prol. 1–9). Die letzte Fabel vom treuen alternden Jagdhund, der seinem Herrn nicht mehr dienen kann (5,10), wurde oft poetologisch mit Blick auf Phaedrus' schwindende dichterische Produktivität gedeutet.

Poetisches Programm und poetische Technik

Phaedrus erweist sich als Kenner der Literatur seiner Vorgänger und Zeitgenossen. Sein Spiel mit literarischen Vorlagen ergänzt seine expliziten poetologischen Aussagen und gibt weiteren Aufschluss über sein poetisches Programm. Gerade die jüngere Phaedrusforschung hat sich der Vielfalt von Intertexten und der Komplexität des phaedrianischen Dichtungsprogramms gewidmet und sich von den motiv- und sozialgeschichtlichen sowie biographischen Deutungsansätzen abgewandt (s. Gärtner 2015a und 2021, Park 2017).

Im Prolog zum ersten Buch spielt Phaedrus auf das kallimacheische Stilideal an, dem sich nicht nur die augusteischen, sondern auch spätere römische Dichter angeschlossen haben. Kaum ein Topos des kallimacheischen Programms scheint in seinen Fabeln zu fehlen, der teils neutral, teils übertrieben, teils ironisch aufgenommen wird (s. Gärtner 2015a, S. 43–47): So hebt Phaedrus die Feinheit seiner Poesie hervor (1 prol. 2), stellt sich als von den Musen geweihter (3 prol. 17) und armer Dichter (3 epil.) dar, der mit dem Neid seiner Kritiker zu kämpfen hat (1 prol. 5). Er greift die poetologische Metapher des Wegs auf (3 prol. 38) und spielt mit leichtem Schilfrohr (4,2). Stets gibt Phaedrus sich dem Stilideal der *brevitas* verpflichtet (»Kürze«; 1,9,2; 2 prol. 12; 4 epil. 7), auch wenn er dieses Vorhaben bisweilen durch längere Erzählungen konterkariert (3,10). Die Zikade, eine Verkörperung des kallimacheischen Dichters, findet jedoch den Tod, da sie die Eule mit ihrem Gezirpe belästigt (3,16). Der Esel, der bei Kallimachos für Unbegabtheit steht, erweist sich als selbstkritischer Kunstkenner (App. 14). Mit Aufnahme und spielerischer Weiterentwicklung kallimacheischer Topoi ist Phaedrus in bester Gesellschaft mit römischen Dichtern wie Catull, Vergil, Horaz, Tibull, Properz und Ovid. Auch mit der Komposition seiner Gedichte zu Büchern schließt er sich dieser hellenistischen Tradition an. Dem Augusteer Horaz scheint Phaedrus nicht nur durch motivische und sprachliche Anlehnungen, sondern durch sein Bekenntnis zur berühmten Dichtermaxime des *delectare et prodesse* (»unterhalten und nützen«) besonders verpflichtet, die er zum Zweck seines Werkes erklärt (1 prol. 3–4; 2 prol. 5; zu Phaedrus und Horaz zuletzt Park 2017, S. 148–231). Das Motto *variatio delectat* (»Abwechslung erfreut«) erhebt Phaedrus in 2 prol. 10 zum Prinzip seiner Dichtung. Und so prägen auch viele Einflüsse anderer Gattungen wie Epos, Elegie, Tragödie, Komödie sowie philosophische Literatur sein Gesamtwerk. Diese Einflüsse aus anderen Gattungen tragen durch die Erweiterung der Fabel um eine neue intertextuelle Ebene zur Vielschichtigkeit des Werkes bei.

Macht man sich etwa bewusst, dass die alte Frau, die in 3,1 zur leeren Amphore spricht, der trunkenen Leaena aus Plautus' Komödie *Curculio* nachempfunden ist, gewinnt die melancholisch anmutende Fabel eine komische Dimension. Um seinen Lesern zu beweisen, dass er auch Tragödien dichten kann, parodiert Phaedrus mit 4,7 im Versmaß der Tragödie den Beginn von Ennius' *Medea exul*, wie bereits ausgeführt. In App. 14 findet ein Esel eine Lyra und zeigt Einsicht in seine mangelnde künstlerische Begabung, als er ihre Saiten mit dem Huf abtastet. Der Versuch des Esels, die Saiten erklingen zu lassen, ist an Orpheus' Lyraspiel in Ovids *Metamorphosen* angelehnt. Die epische Überhöhung des Esels erzeugt hier einen komischen Effekt. Ovids *Metamorphosen* dienen nicht selten als Vergleichsfolie zur Fabelwelt, wie der Actaeon- und Narzissmythos bei der Fabel vom Hirsch an der Quelle (1,12) oder der Philemon-und-Baucis-Mythos, der in App. 4 grotesk verkehrt scheint. Dem Pferd, das sich traurig von seinen Mitstreitern verabschiedet, legt Phaedrus die tränenreichen Abschiedsworte des epischen Helden Aeneas in den Mund (App. 21). Topoi aus der Liebeselegie verwendet Phaedrus gern in derb-erotischen Kontexten (2,2; App. 15; App. 29). Einen komischen Effekt erzielt er auch durch die implizite Gleichsetzung der Fliege auf der Deichsel mit Properz' Cynthia (3,6).

Zur Überlieferung des Textes

In dieser Ausgabe lesen wir 126 Fabeln, fünf Prologe und drei Epiloge, die sich auf fünf Bücher und eine Appendix verteilen. Dass weder die Einteilung des Phaedruscorpus in Bücher noch die uns vertrauten Titel noch die Anzahl und Anordnung der Fabeln gesichert sind, zeigt ein Blick auf die komplexe Überlieferungsgeschichte (s. zuletzt Zago 2020) dieses Textes, dem Feuersbrünste und eindringende Feuchtigkeit nur bedingt etwas anhaben konnten.

Für die Herstellung des Textes sind die Handschriften **P**, **R**, **D**, **N**, **V** und **M** von Bedeutung. Keine von ihnen enthält *alle* uns heute überlieferten Fabeln:

Der wichtigste Textzeuge für das Phaedruscorpus ist der Codex Pithoeanus (**P**) aus dem 9. Jh. (New York, Pierpont Morgan Library, M. 906), den der Gelehrte Pierre Pithou seiner Erstedition (1596) zugrunde legte. Die Handschrift **R** (Codex Remensis), im 9. Jh. in Reims entstanden, verbrannte im Jahr 1774, doch aus den Kollationen verschiedener Herausgeber ist erkennbar, dass darin dieselben Fabeln in derselben Reihenfolge angeordnet waren wie in **P**; eine gemeinsame Quelle ist anzunehmen. **P** und **R** nehmen eine Einteilung in Bücher vor und überliefern die dem heutigen Phaedrusleser bekannten Titel, deren Authentizität freilich umstritten ist. Von diesem Überlieferungsstrang unabhängig ist die Handschrift **D** (Charta Danielis), die im 9. Jh. in Fleury entstand und heute im Vatikan aufbewahrt wird (Codex Reginensis Latinus 1616). Sie enthält acht Fabeln des ersten Buches (11–13; 17–21).

Im 15. Jh. entstanden weitere Handschriften aus einer anderen Überlieferungstradition, die 32 neue, uns heute als

Appendix Perottina bekannte Fabeln ans Licht brachten: Um 1470 stellte Niccolò Perotti eine Fabelanthologie für seinen Neffen zusammen (Handschrift **N**), die diese 32 noch unbekannten Fabeln, die Phaedrus zugeschrieben werden, mit 32 Fabeln aus den Büchern 2–5 durchmischte (Neapel, Codex Neapolitanus sive Perottinus, Bibliotheca Nazionale, IV F 58). Diese Handschrift ist heute stark von Feuchtigkeit entstellt, jedoch dank Jacque Philippe D'Orvilles Abschrift aus dem Jahr 1727 (Oxford, Bodleian D'Orville 524) rekonstruierbar; von ihr hängt auch die Handschrift **V** (Codex Urbinas Latinus 368, um 1482) ab. Zu Beginn des 19. Jh.s wurde die *Appendix Perottina* von Cataldo Iannelli neu ediert, der Perottis längeren Prosaüberschriften kurze Titel hinzufügte.

Erst 2014 wurde die von **N** unabhängige Humanistenhandschrift **M** (nach ihrem Besitzer Aldus Manutius d. J. benannt) entdeckt und der Öffentlichkeit zugänglich gemacht (s. Mordeglia 2014, S. 131–161). Sie überliefert 23 Fabeln aus den Büchern 2–5 und der *Appendix Perottina* (Codex Vaticanus Latinus 5190).

Diese unübersichtliche Überlieferungslage, die unausgewogene Verteilung der Fabeln auf Bücher (Buch 1: 31, Buch 2: 8, Buch 3: 19, Buch 4: 26, Buch 5: 10) und die unerfüllte Ankündigung im Prolog zum ersten Buch, dass Phaedrus in den Fabeln auch Bäume sprechen lassen will, lassen nur einen Schluss zu: Das Phaedruscorpus, wie wir es kennen, ist unvollständig.

In Spätantike und Mittelalter erfuhr die Fabeldichtung eine große Blüte, die etliche **Prosaparaphrasen** entstehen ließ, aus denen wir wiederum auf die Existenz weiterer Phaedrusfabeln schließen können (für einen guten Überblick über die diffizile Überlieferungslage s. Holzberg 2012, S. 4 und 105–116). Als verlorene Urfassung mittelalterlicher Fabelsammlungen gilt die als *Aesopus Latinus* (oder auch *Romulus*) bekannte, auf fünf Bücher verteilte Sammlung aus dem 4. Jh., die vor allem typisch äsopische Tierfabeln enthalten haben dürfte. Der Name beruht auf einem Widmungsbrief des Aesopus an Rufus, den der anonyme Verfasser der Sammlung vorangestellt hat. Der *Aesopus Latinus* wird in vier Handschriftenklassen überliefert, von denen zwei zusätzlich das Schreiben eines Romulus an seinen Sohn Tiberinus enthalten (daher der alternative Name).

Gegen Ende des 9. Jh.s entstand im elsässischen Kloster Weißenburg der Codex Wissenburgensis (***Wissenburgensis***) mit etwa 58 Fabeln, von denen die meisten nachweislich, weitere mit hoher Wahrscheinlichkeit auf Phaedrus zurückgehen. Er kommt der phaedrianischen Urform nicht nur aufgrund seiner engeren Anlehnung an die Originale bei Phaedrus (parallele Versionen in anderen Handschriften erlauben einen Vergleich), sondern auch aufgrund seiner Reihenfolge und der Verteilung auf fünf Bücher am nächsten (Wolfenbüttel, Herzog August Bibliothek, Codex Gudianus Lat. 148, 9. Jh.).

Die bereits erwähnte vier Bücher umfassende Sammlung mit Romulus-Brief (***Romulus***) wird in zwei Recensiones, der *recensio Gallicana* und der *recensio vetus*, überliefert (am besten erhalten im Codex Londoniensis, London, British Library, Burneianus 59, 11. Jh., ediert und mit ***Wissenburgensis*** und ***Ademar*** verglichen bei Thiele 1910). Obwohl der anonyme Verfasser mit dem Pseudonym Romulus behauptet, er habe Äsops Verse aus dem Griechischen übertragen, geht mehr als die Hälfte der über 80 Fabeln ohne Zweifel auf Phaedrus zurück.

Die illustrierte Handschrift des Presbyters Ademar von Chabannais (***Ademar***), die er im 11. Jh. im Kloster St. Martial bei Limoges schrieb (Leiden, Bibliotheek der Rijksuniversiteit, Codex Vossianus Lat. O. 15), enthält 67 Fabeln, von denen 19 sicher und elf weitere mit größter Wahrscheinlichkeit Prosaauflösungen von Phaedrusgedichten sind.

Die Phaedrusimitation in diesen Handschriftensammlungen umfasst ein breites Spektrum von eng an Phaedrus angelehnten rein mechanisch durchgeführten Prosaauflösungen bis hin zu freieren Bearbeitungen bestehender Phaedrusfabeln. Die vier Handschriftenklassen variieren in der Auswahl und Anzahl der zweifellos von Phaedrus stammenden Fabeln. Es gibt zudem parallele Versionen von Fabeln, die nicht bei Phaedrus überliefert sind und zur Rekonstruktion des Gesamtcorpus beitragen können. Hinzu kommen Fabeln, die von anderen Autoren stammen und der Sammlung den Charakter einer Anthologie geben.

Da ein großer Anteil der Fabeln aus diesen Sammlungen Prosaversionen von Phaedrusfabeln sind, wird angenommen, dass einige der uns unbekannten Fabeln die lückenhafte Phaedrusüberlieferung ergänzen können; die Anzahl der rekonstruierten Fabeln variiert dabei zwischen elf und 30 (s. Adrados 2000, S. 516–517). Doch auch die Prosaauflösungen der überlieferten Phaedrusfabeln sind für die Rekonstruktion des Textes von großem Wert. Zur Textgrundlage dieser Ausgabe s. S. 187.

Die Redensart »sich mit fremden Federn schmücken« aus der Fabel über die stolze Krähe, die sich Pfauenfedern anlegt, dafür von den Pfauen übel zugerichtet und von ihresgleichen verachtet wird (1,3), oder das sprichwörtliche »vor Neid platzen« aus der Fabel über den Frosch, der den Ochsen an Größe übertreffen will und platzt (1,24), sind in unseren Sprachgebrauch übergegangen. Hierin zeigt sich die breite Wirkung, die der über viele Jahrhunderte des Mittelalters vergessene Phaedrus unbemerkt entfalten konnte. Eine Besonderheit in der Rezeption des Phaedrus als eines Autors, der nach eigener Angabe seinen Stoff von Äsop übernommen hat, ist, dass seine Fabeln über zwei Jahrtausende so häufig ab-, weiter- und umgeschrieben wurden, dass es nicht immer leichtfällt, zurückzuverfolgen, wer welche Aspekte von welchem Autor übernommen hat. Es ist eine Geschichte der direkten und indirekten Imitation (zur komplexen Rezeption der klassischen Fabel allgemein s. van Dijk 2005, zur Phaedrusrezeption s. Stoffel 2010; einen guten Überblick über die Bedeutung der Fabel in den verschiedenen Epochen der Literaturgeschichte gibt Fansa 2009).

In der **Antike** gibt uns Phaedrus selbst Hinweise auf seine Rezeption zu Lebzeiten, wenn auch im Rückgriff auf traditionelle Topoi poetischer Selbststilisierung. So beklagt er sich über neidvolle Kritiker (4,22; App. 2), wünscht sich ein gebildetes Publikum mit Muße zum Lesen (3 prol.; 4 prol. 20), berichtet von Abschriften seiner Fabeln (4 prol. 17–18) und glaubt an seine literarische Unsterblichkeit (4 epil. 5–6).

Im Widerspruch dazu steht das rätselhafte Schweigen Senecas, der behauptet, keine lateinische Version der äsopischen Fabeln zu kennen (*Consolatio ad Polybium* 8,3), und Quintilians (beide 1. Jh.), der Phaedrus im passenden literarischen Kontext nicht erwähnt (inst. 1,9,2; 5,11,19–20). Über die Gründe wurde viel spekuliert: Abgesehen von der naheliegenden Erklärung, dass der Fabeldichter ihnen unbekannt war, könnten Seneca und Quintilian sein Werk auch aus Geringschätzung bewusst verschwiegen oder Phaedrus für einen Griechen gehalten haben.

Martial gibt uns dann im späten 1. Jh. einen Anhaltspunkt für die Rezeption des Fabelautors in der Kaiserzeit. In einem Epigramm fragt er seine Muse, wie sein Freund Canius Rufus seine Zeit verbringe. Eine der vorgeschlagenen Antworten lautet: *an aemulatur improbi iocos Phaedri?* – »oder ahmt er die Scherze des dreisten Phaedrus nach?« (3,20,5) Als Alternativen zu den textkritisch unsicheren *iocos* (ein Wort, das Phaedrus selbst in 4,7,2 für seine Dichtung wählt) bestehen die überlieferten *locos* (»Textstellen«) und λόγους (»Fabeln«). Die Muse antwortet knapp (3,20,21): *ridet.* – »Er lacht.« Ihre Antwort könnte eine Anspielung auf Phaedrus' Prolog sein, in dem er das Lachen zu einem Zweck seiner Dichtung erklärt (1 prol. 3). Die geistige Nähe zwischen Martial und Phaedrus (beide sehen sich als Schöpfer einer Gattung und legen Wert auf Kürze und literarisches Spiel) und das verwendete Vokabular (*improbus* begegnet bei Phaedrus 14-mal) könnten dafür sprechen, dass unser Fabelerzähler gemeint ist (s. Gärtner 2015a, S. 57).

Eine Blüte erfuhr die Phaedrusrezeption in der Spätantike. Als erster Autor würdigte der Dichter Avian um das Jahr

400 Phaedrus im Prolog zu seiner Fabelsammlung als Gattungsvorbild. Er verarbeitete dessen Fabeln in seinen 42 eigenen Fabeln in elegischen Distichen, die sich zu einem großen Teil auch auf Babrios stützen und einen stärker moralisierenden Charakter haben. Daneben gab es in dieser Zeit einzelne Anklänge an Phaedrus' Werk etwa bei dem christlichen Dichter Prudentius (s. Anm. zu 4,6,10). In der Spätantike begannen Autoren, die Versfabeln des Phaedrus in lateinische Prosaparaphrasen umzusetzen, wie wir bereits gesehen haben (s. S. 268–270), so dass bis ins Mittelalter hinein mit dem *Codex Wissenburgensis*, *Romulus* und *Ademar* ein umfangreiches Corpus entstand, das unter dem Namen *Aesopus Latinus* (oder auch *Romulus*) bekannt geworden ist.

Im **Mittelalter** gewann die Gattung der Fabel zunehmend an Bedeutung: Im Schulunterricht nahm sie ihren festen Platz ein. Geistliche nutzten sie für christlich-moralisierende Exempel in ihren Predigten. Zahlreiche Fabelsammlungen und volkssprachliche Übersetzungen entstanden (zu Geschichte und Funktion der mittelalterlichen Fabel s. Grubmüller 1977; für eine Übersicht über deutsche Fabeln und ihre lateinischen Versionen s. Dicke/Grubmüller 1987). Dennoch wurde Phaedrus im Mittelalter weitgehend vergessen und blieb es über viele Jahrhunderte; es gab im Mittelalter nur wenige Phaedrushandschriften. Anders erging es seinem spätantiken Nachfolger Avian, von dem über 100 Handschriften im Umlauf waren. Phaedrus entfaltete seine Wirkung vor allem indirekt durch die Prosaadaptationen seiner Fabeln, die im *Aesopus Latinus* (bzw. *Romulus*) zusammengefasst werden. Aus diesem ›Klassiker‹ schöpften die meisten mittelalterlichen Fabelerzähler wie etwa Marie de France (12. Jh.), Vinzenz von Beauvais (12./13. Jh.) und der Anonymus Neveleti (vermutlich 12. Jh.). Ob die elegische Fabelsammlung *Novus Aesopus* des englischen Gelehrten Alexander Neckham (12./13. Jh.) direkt auf Phaedrus zurückgeht, ist in der Forschung umstritten. Im deutschen Sprachraum entstanden die Fabeln des wohl ersten deutschen Fabeldichters *Der Stricker* (13. Jh.) und Ulrich Boners erste deutsche Fabelsammlung *Der Edelstein* (14. Jh.), die sich vor allem an Avian und den *Aesopus Latinus* (bzw. *Romulus*) anlehnt.

In der **Frühen Neuzeit** nahm der Einfluss der Volkssprachen im Literaturbetrieb zu. Der Ulmer Humanist Heinrich Steinhöwel veröffentlichte 1476/77 unter dem Titel *Esopus* eine illustrierte Sammeledition äsopischer Fabeln aus Antike, Mittelalter und Früher Neuzeit in lateinischer Sprache mit deutscher Übersetzung. Enthalten sind neben der Äsopvita und Avians Fabeln vor allem die Fabeln des *Romulus* aus dem *Aesopus Latinus*-Corpus. Der *Ulmer Äsop* entwickelte sich zu einem frühneuzeitlichen Bestseller und trug so indirekt zur Verbreitung der Fabeln des Phaedrus innerhalb Europas und über seine Grenzen hinaus bei. Er wurde immer wieder nachgedruckt und ins Französische (1480), Englische (1484), Niederländische (1485), Spanische (1488), Dänische (1556), Ungarische (1566), ja sogar ins Aztekische (vor 1590) und Japanische (1593) und in viele weitere Sprachen übersetzt. Zu seinem großen Erfolg hat gewiss auch die anschauliche Illustration mit etwa 200 Holzschnitten beigetragen, die sich durch ihre schlichte Gestaltung auf das Wesentliche der Fabel konzentrieren, häufig mit der Darstellung von zwei Erzählsituationen (*actio* und *reactio*) in demselben Bild (zu Steinhöwels Bucherfolg s. Dicke 1994 und Holzberg 2018, S. 31–32; zu weiteren deutschen und lateinischen Fabeln der Frühen Neuzeit s. Elschenbroich 1990).

Seine außerordentliche Wertschätzung der äsopischen Fabeln brachte der Reformator Martin Luther zum Ausdruck, als er Melanchthon 1530 schrieb, er wolle für Äsop einen Schrein errichten: *aedificabimus ... ibi tria tabernacula, Psalterio unum, Prophetis unum, et Aesopo unum* (Luther, S. 13). Der *Ulmer Äsop* war die Hauptquelle der 1530 entstandenen, jedoch erstmals 1557 veröffentlichten Fabelsammlung, in welcher der Reformator 13 Fabeln des *Romulus* neu übersetzte.

Mit 400 äsopischen Fabeln, Schwänken und Anekdoten gilt der *Esopus* (1548) des ehemaligen Franziskaners und protestantischen Pfarrers Burkard Waldis als eines der bedeutendsten literarischen Werke der Reformationszeit. Für eine mündliche Verbreitung der äsopischen Fabeln sorgte der Nürnberger Schuhmacher und Meistersinger Hans Sachs, der Fabeln aus dem *Aesopus Latinus*-Corpus in Meisterliedern und Spruchgedichten verarbeitete, die er im 16. Jh. in vielen deutschen Städten vortrug.

Als Epoche der Wiederentdeckung der Antike war die Frühe Neuzeit auch eine günstige Zeit für unseren bis dahin nahezu vergessenen Fabelerzähler. Der französische Gelehrte Pierre Pithou machte die Welt durch die Publikation der Editio princeps 1596 wieder direkt mit Phaedrus und seinen Fabeln bekannt und leitete eine Hochphase der Phaedrusrezeption ein.

Mit seinen rund 240 *Fables choisies, mises en vers* (1668–93), in denen er auf Babrios, Phaedrus, Avian und orientalische Quellen rekurrierte, war Jean de La Fontaine gewiss der bedeutendste Vertreter des **17. Jh.s**, der sich bei seinen Zeitgenossen den Titel des »Königs der Verse« (*roi des vers*) und des »zweiten Phaedrus« (*alter Phaedrus*) erwarb.

Im Zeitalter der **Aufklärung** erreichte die europäische Fabelproduktion ihren Höhepunkt. In keiner anderen Zeit wurden mehr Fabeln geschrieben, veröffentlicht und rezipiert. Diese Begeisterung für die Fabel, die auch neue Fabelstoffe außerhalb der antiken Tradition hervorbrachte, schlug sich nicht nur auf die Rezeption unseres Dichters, sondern auch auf die Originallektüre nieder: Das 18. Jh. brachte rund 100 Ausgaben und 15 deutsche Übersetzungen des Phaedrus hervor. In Deutschland allein gab es mehr als 50 Fabeldichter, von denen Friedrich von Hagedorn, Christian Fürchtegott Gellert, Johann Wilhelm Gleim und Magnus Gottfried Lichtwer nur exemplarisch zu nennen sind. Die Fabel galt in der Aufklärung als höchste Dichtform, da sie als Verbindung von heiter-gelöster Plauderei mit bürgerlicher Lebensklugheit und Lehrhaftigkeit das Ideal des *prodesse et delectare* erfülle (»nützen und unterhalten«; s. von Wilpert 2001, S. 254). Der wohl prominenteste Fabelerzähler der Aufklärung, der größten Wert auf Klarheit und Kürze legte, war Gotthold Ephraim Lessing, dessen 90 Fabeln etwa zur Hälfte auf Äsop und Phaedrus zurückgehen. Obwohl er sich die »zierliche Kürze des Römers« zum Vorbild nahm, war er kein Freund des Phaedrus. So schreibt Lessing in seinen Abhandlungen: »ich bin mit dem *Phädrus* nicht so recht zufrieden«. Seine Kritik »läuft dahinaus, daß *Phädrus*, so oft er sich von der Einfalt der griechischen Fabeln auch nur einen Schritt entfernt, einen plumpen Fehler begehet.« (Lessing, S. 405) Dieser negativen Bewertung der lateinischen Fabeln gegenüber dem griechischen Original schließt sich Jacob Grimm an, der 1834 in seiner grundlegenden Abhandlung über Reinhart Fuchs an Phaedrus die Unbelebtheit der Sprache und die Kargheit der Erzählung bemängelt. Diese Kritik hat noch lange Zeit nachgewirkt (zum negativen Phaedrusbild in der Wissenschaft s. Holzberg 1991).

Goethe hat in seiner Jugend einzelne Fabeln von Äsop und Phaedrus übersetzt (Weimarer Ausgabe 1.53.479). Und in seinem hexametrischen Tierepos *Reineke Fuchs* (1794) legt er dem schlauen Fuchs Erzählungen in den Mund, die Tierfabeln des Phaedrus wiedergeben (vgl. 1,2 und 8 sowie 4,4).

Mit dem russischen Fabeldichter Iwan Andrejewitsch Krylow, der sich von der äsopischen Fabel und La Fontaine inspirieren ließ, klang die Hochblüte der Fabel im **19. Jh.** ab, als sie sich mit Wilhelm Hey, Hans Christian Andersen und Wilhelm Busch zunehmend zur Kinderlektüre entwickelte. Dass der äsopische Motivschatz Kinder noch heute anspricht, beweisen populäre Kinderbücher wie *Frederick* von Leo Lionni (1967) und *Die Fiedelgrille und der Maulwurf* (1985) von Janosch, die die Fabel von Ameise und Zikade (Babrios 140) aufbereiten.

Im **20. Jh.** lebte die Fabelproduktion nicht nur in Kinder- und Jugendbüchern (James Krüss), sondern mit Franz Kafka, Joachim Ringelnatz, James Thurber und Helmut Arntzen auch in der Erwachsenenliteratur auf. Mit Blick auf Phaedrus ist Thurber herauszustellen, der sich in *The Crow and the Oriole* (*Fables for Our Time*, 1939) in satirischer Weise mit Fabel 1,13 auseinandersetzt. 1969 verkündete der DDR-Dissident Reiner Kunze dann das Ende der Gattung, griff dabei mit dem Verhältnis von Stärkeren und Schwächeren das Urthema der Fabel seit Hesiod auf und spielte auf die typische Funktion der Fabel als Mittel der verdeckten Kritik gegenüber Mächtigen an (vgl. 3 prol.): In einem politischen System, in dem es keine Meinungsfreiheit gibt, sieht er keinen Raum mehr für Fabeln. Hoffen wir, dass das Ende der Fabeln noch lange nicht gekommen ist.

Inhalt